인물로 보는 중국철학사

中國哲學史

전남대 철학연구교육센터 중국철학총서 1

인물로 보는
중국철학사

중국철학은 지난 2천여 년 동안 동아시아 사회의 현실 문제를 회피하지 않고 정면으로 마주하여 해결의 실마리를 제공했으며 동아시아 사회의 제도와 문화 근간에 깊은 영향을 미쳤다. 따라서 중국철학은 동아시아 사회의 과거 역사를 파악하기 위해 그리고 미래에 나아갈 길을 모색하기 위해 새롭게 이해되어야 할 철학이다.

김경호 · 서영이 · 양순자 · 이경환
이향준 · 정영수 · 조배균 · 조우진 공저

전남대학교출판문화원

■ 서 문

이 책은 2천년 동안 중국 철학의 토대를 마련한 철학자들의 주요 사상을 개괄적으로 소개하기 위해 기획되었다. 중국철학은 2천년 동안 동아시아 사회의 현실 문제를 회피하지 않고 정면으로 마주하여 해결의 실마리를 제공하고자 하였다. 이런 이유로 중국철학은 동아시아 사회의 제도와 문화적 근간에 깊은 영향을 미쳤으며 동아시아인들의 심성에 뿌리 깊게 자리 잡고 있다.

오늘날 중국에서는 '유학열(儒學熱)'이라고 불리는 중국철학에 대한 재조명이 사회적 현상으로 대두하고 있다. 이것은 중국철학이 동아시아 사회의 과거 역사를 파악하기 위해 그리고 미래에 나아갈 길을 모색하기 위해 매 시대마다 새롭게 이해되어야 할 철학 사조 가운데 하나라는 것을 말해주고 있다. 문제는 현재 국내에서 중국철학을 특징짓는 유가, 도가, 묵가, 법가 등의 사유를 쉬우면서도 체계적으로 소개한 서적이 찾아보기 힘든 상황이라는 점이다.

현재 전남대학교 철학과에서는 2학년 전공과목으로 〈중국철학사〉를 강의하고 있다. 〈중국철학사〉 과목은 중국철학의 사상적 토대를 마련한 선진시대의 유가, 도가, 묵가, 법가 철학을 비롯하여 통일제국의 안정을 위해 기여했던 한·수·당 시대의 유학 및 불교의 도전으로부터 새로운 유학적 이론체계를 제시한 성리학과 양명학 등을 강의하고 있다. 수강생의 증가에 따른 강의의 분반에도 불구하고 강좌 사이의 일관성이 부재한 채, 강의자 개인의 학술적 수준과 관심사에 따른 내용상의 불일치 등이 두드러졌다. 이것은 교과목표를 성취하기 위한 기준 역할을 할 수 있는 적절한 교재의 부재 때문이다. 이 책은 바로 이러한 약점을 극복하기 위해 중국철학의 철학적 방향성과 다양성을 일관성 있고 손쉽게 비교 가능한 방식으로 학생들에게 전달하기 위한 필요성에 의해 추진되었다.

이 책은 학생들의 눈높이에 맞게 쉽게 구성하면서도 학문적 체계성을 갖춘 교재를 개발하려고 노력했다. 우선, 익숙한 키워드를 중심으로 책의 차례를 구성하고 쉽게 읽힐 수 있는 대중적 글쓰기를 시도하였다. 인물과 역사적 배경을 먼저 다루고 세 가지 키워드를 중심으로 그들의 사상 개요를 서술하고, 각각의 철학자들이 비교 대조가 가능하도록 유기적으로 구성했다. 이 책에서 다루고 있는 인물들로는 공자, 노자, 묵자, 장자, 맹자, 순자, 한비자, 동중서, 왕충, 왕필, 지의, 법장, 혜능, 주돈이, 소옹, 장재, 정호, 정이, 주희, 육구연, 왕수인, 왕부지 등이다.

이 책은 전남대학교 철학과 김경호, 서영이, 양순자, 이경환, 이향준, 정영수, 조배균, 조우진 등의 집필자들이 나누어 원고를 작성하고 윤독을 통해 완성했다. 다수의 집필자들이 작업했다는 점에서 약간의 어투의 차이나 어휘의 불일치가 있을 수밖에 없지만 수정과 보완을 통해 개선해 나가고자 한다. 어려운 상황에도 불구하고 성실하게 원고를 써주신 여러 선생님들과 원고의 집필과 출판을 위해 지원해준 〈대학 인문역량 강화사업(CORE)〉, 그리고 책의 출판을 위해 노력해주신 출판문화원의 관계자들에게 감사를 전한다.

2019. 11. 30.

저자 일동

제1장

공자, 사람다움의 길

1. 생애와 시대

공자(B.C 551～479)[1]는 이름이 구(丘)이고, 자(字)가 중니(仲尼)이다. 그는 중국 최초의 평민출신 지식인으로 유가의 시조이다. 공자는 노(魯)나라 곡부(曲阜)에서 아버지 숙량흘(叔梁紇)과 어머니 안씨(顔氏) 사이에서 태어났다. 아버지는 3살 때 세상을 떠났고 어머니는 17살 때 돌아가셨다. 19살 때 송나라 여인과 결혼했다. 공자는 20살 때 가난 때문에 위리(委吏: 창고를 관리하는 것)와 승전(乘田: 가축을 방목하는 것)의 관직을 담당했다. 공자는 배우는 것을 좋아하였지만 일정한 스승이 없었고, 아랫사람에게 배우는 것을 부끄럽게 여기지 않았다. 35세 때 노나라 소공(昭公)이 삼환(三桓: 孟孫·叔孫·季孫)과 다툼이 있어서 제나라로 망명하자 함께 2년 정도 머물다가 다시 노나라 되돌아와 제자들을 가르쳤다. 48살 때 계손씨의 가신(家臣) 양호(陽虎)가 계환자(季桓子)를 감옥에 가두고 정공(定公)을

1 공자와 같은 시기에 태어난 인물은 석가모니(B.C 557～477)가 있고, 공자가 죽은 지 10년 뒤에 소크라테스(B.C 470～399)가 태어났다. 우리는 일반적으로 이들을 3대성인이라 부른다.

위협하여 3년간 정권을 잡자 정치에서 물러나 본격적으로 제자를 가르치는데 전념하였다. 양호는 공자를 관직에 등용하려고 했지만, 공자는 정명(正名)의 원칙을 어긴 것으로 여기고 거절하였다. 『사기』에 "공자는 관직에 나아가지 않고서 『시(詩)』·『서(書)』·『예(禮)』·『악(樂)』을 닦으니 사방에서 제자들이 몰려와 배우지 않은 사람이 없었다."고 기록되어 있다. 51살 때에 삼손씨가 연합하여 양호를 공격했을 때 제나라로 망명하였는데, 정공과 계환자가 민심을 수습하기 위해 공자를 초빙하자 중도(中都)를 다스리는 책임을 맡았고, 다시 사공(司空)과 대사구(大司寇)의 벼슬을 지냈다. 52살 때에 노나라 정공과 제나라 경공이 회합하였는데, 의례를 맡고 있는 공자가 예로써 노나라가 빼앗긴 땅을 돌려받았다. 이때는 공자가 정치적으로 최고의 전성기였다. 그래서 공자는 삼손씨의 세력을 무력화시키려는 계획을 세웠는데 실패로 돌아갔고, 많은 제자들과 고국을 떠나 여러 나라를 돌아다니면서 14년간의 유랑생활을 하였다.

다시 고국으로 돌아 왔을 때가 68세였다. 이후 공자는 국가의 원로로 대우 받았지만 자신의 정치적 이상이 받아들여지지 않자 학문을 가르치고 문헌을 정리하는데 전념하였다. 이 시기에 공자는 『시』·『서』·『예』·『악』을 정리하고 『역』의 「십익(十翼)」을 편찬하였다. 그런데 이때 가장 아끼던 제자 안연(顔淵)이 죽자 "아! 하늘이 나를 버리셨구나! 하늘이 나를 버리셨구나!"[2]라고 말하면서 매우 슬퍼했다. 그리고 72살 때에 위나라에서 일어난 정변에 휘말려 자로(子路)가 죽자 "오호라! 하늘이 나를 끊어버리는구나."[3]라고 크게 탄식하였다. 그래서 『예기대전』에 "공자는 자로를 중정(中庭)에서 곡하였다. 스

2 『논어』, 「선진」. "噫! 天喪予! 天喪予!"
3 『춘추공양전』 애공 13년. "噫! 天祝予."

승처럼 존경하는 벗으로 여기는 예이다."[4]라고 했다. 마침내 공자는 73살 때에 세상을 떠나 노나라 도성(都城) 사수(泗水) 가에 묻혔다. 제자들은 모두 삼년상(三年喪)을 지내고 떠났는데, 자공(子貢)은 6년을 지냈다. 공자는 이러한 삶의 기준을 나이로 표현하였다. "나는 15살 때에 학문에 뜻을 두었고, 30살 때에 자립하였고, 40살 때에 의혹됨이 없었고, 50살 때 천명을 알았고, 60살 때 귀로 들으면 그대로 이해했고, 70살 때에 마음에 하고자 하는 것을 따라도 법도에 어긋나지 않았다."[5] 만년에 공자는 자신의 삶을 완성시켜주는 단적 표현으로 "배우고 때때로 익히면 또한 기쁘지 아니한가? 친구들이 먼 지방으로부터 찾아온다면 또한 즐겁지 아니한가? 사람들이 알아주지 아니하여도 화내지 않으면 또한 군자가 아니겠는가?"[6]라고 하였다.

『논어』는 공자와 그 제자들이 문답하는 형식으로 기록한 책으로 총 20편으로 구성되었다. 『논어』라는 책의 명칭은 공자의 말을 모아서 편집한 것이라는 뜻인데 누가 지은 것인지 분명하지 않다. 『논어』는 공자 자신이 기록한 것도 아니고, 어떤 한 사람이 기록한 것도 아니다. 공자의 제자들이나 그 제자의 제자들에 의해 편집된 어록이다. 각각의 편명은 대부분 편마다 시작하는 첫 부분의 글자 2~3자를 가지고 지었다. 그러므로 편의 이름은 그 편의 전체 내용과 전혀 관계가 없다. 각 편마다 주제가 있기는 하지만 죽간의 양에 따라 나누었기 때문에 통일되어 있지 않고 같은 문장도 반복되는 경우가 있다. 그러나 『논어』의 문장은 간결하면서도 의미가 함축되어 있는 부

---

4 『예기대전』 권3. "孔子哭子路於中庭, 師友之禮也."

5 『논어』, 『위정』. "吾十有五而志于學, 三十而立, 四十而不惑, 五十而知天命, 六十而耳順, 七十而從心所欲, 不踰矩."

6 『논어』, 「학이」. "學而時習之, 不亦說乎? 有朋自遠方來, 不亦樂乎? 人不知而不慍, 不亦君子乎?"

분이 많다. 그리고 문장 사이에 서로 연관이 없는 것 같지만 더욱 깊이 사고해보면 하나의 인생관이나 세계관으로 통일된다. 그리고 공자는 제자들이 묻는 조건이나 상황에 맞게 답을 하였다. 같은 질문을 하더라도 대답은 각기 다르다. 공자는 철저하게 현실주의자로 실천을 전제로 한 도덕철학을 이야기하고 있다. 그래서 그가 당시에 무엇보다 강조하고 싶었던 것이 예(禮)이다.

2. 질서를 회복하라[禮]

공자는 개인적인 이익만을 주장하는 당시의 시대상황 속에서 전쟁이 없는 이상 국가를 만들고 싶었던 인물이다. 그는 시대를 따르기는 하지만 시대에 맹목적으로 흘러가지 않았고, 현실에 동화되기는 하지만 현실에 매몰되지 않는 삶을 살았으며, 무조건적으로 현실과 타협하고 않고 어느 정도 거리를 두면서 인간적인 것을 추구하였다. 이러한 입장에서 공자는 주나라의 상황이 어려워진 이유를 예(禮)의 붕괴로 보았다. 춘추시대 예의 관념은 제사와 밀접하게 관련되어 있다. 예(禮)라는 글자를 시(示)와 풍(豊)으로 파자해보면 그 의미를 더욱 확인할 수 있다. 한자에서 시(示)자가 나오면 대부분 신(神)과 관련되고, 풍(豊)자는 제기에 밥을 담아놓은 모습이다. 그러므로 예(禮)자는 신에게 제사를 풍성하게 올리는 것을 의미한다. 즉 예라는 것은 신에게 좋은 음식을 올리는 것처럼 정성을 다하는 것을 말한다. 이것은 천자의 입장에서 보면 하늘의 덕을 받는 것이고, 백성의 입장에서 보면 복을 받는 것이다. 훗날 이러한 예의 의미가 외적인 규범이나 표준으로 확장되었다. 그래서 예는 정당성과 합리성을 담보로 하고 있다. 그런데 공자가 살던 시대는 예가 무너졌기 때문에 그 예를 회복하는 것이 중요했다.

공손하되 예가 없으면 수고롭고, 삼가되 예가 없으면 두렵고, 용감하되 예가 없으면 어지럽고, 강직하되 예가 없으면 너무 급하다.[7]

예가 아니면 보지도 말고, 예가 아니면 듣지도 말며, 예가 아니면 말하지도 말고, 예가 아니면 행동하지 말라.[8]

위의 두 인용문은 여러 가지 덕목 가운데 무엇보다 예의 중요성을 말하고 있다. 공자의 시대에 신구 세력의 격렬한 투쟁으로 사회적 불안과 예의 붕괴를 맞이하면서 천자의 권위가 땅에 떨어지기 시작했다. 그래서 공자는 그의 유가학설 속에서 예에 대하여 언급한 것이 가장 많은데, 실제로는 사람들에게 노예사회 종법제도의 합리성을 인정하면서 주대(周代)의 전통을 회복하고 계승하고자 하였다. 공자는 예를 회복하는 방법으로 정명(正名)사상[9]을 주장한다.

임금은 임금다워야 하고, 신하는 신하다워야 하며, 아버지는 아버지다워야 하고 자식은 자식다워야 한다.[10]

진실로 만약 임금이 임금노릇을 못하고, 신하가 신하노릇을 못하고, 아버지가 아버지노릇을 못하고, 자식이 자식노릇을 못한다면, 비록 곡식이 있을지라도 내 그것을 먹을 수 있겠는가?[11]

나라의 기강을 확립하기 위해서는 반드시 지위와 그에 해당하는

7 『논어』, 「태백」. "恭而無禮則勞, 愼而無禮則葸, 勇而無禮則亂, 直而無禮則絞."

8 『논어』, 「안연」. "非禮勿視, 非禮勿聽, 非禮勿言, 非禮勿動."

9 서양의 플라톤은 통치와 교육을 담당하는 통치계급의 지혜(智惠)와 국가의 수호에 전념하는 방위계급의 용기(勇氣)와 국가의 물질적 수요를 충당하는 생산자계급의 절제(節制)의 덕이 각자의 자리에 충실하게 역할을 할 때 완전한 조화를 이루어 정의(正義)가 실현된다고 보았다.

10 『논어』, 「안연」. "君君, 臣臣, 父父, 子子."

11 『논어』, 「안연」. "信如君不君, 臣不臣, 父不父, 子不子, 雖有粟, 吾得而食諸?"

책임을 바르게 행해야 하며 타인의 권한을 침범해서는 안 된다. 군신부자는 모두 각자의 지위와 이름이 있고 그 지위에 맞는 직분이 있다. 군주라는 지위에 있는 사람은 반드시 군주의 직분에 맞는 임무를 수행해야한다.[12] 즉 군주는 군주라는 직분에 맞게 임무를 수행했을 때 군주의 권리를 가질 수 있다. 각자의 지위에서 명분이 바르지 못하기 때문에 백성들의 생활이 어려워지고, 아무리 많은 곡식이 있을지라도 베풀지 않아 백성들은 늘 배고플 따름이다. 그러므로 천하의 모든 사람이 각자의 자리에서 자신의 본분에 맞는 행위를 했을 때 정의로운 사회가 완성된다. 즉 이것이 바로 명칭과 그 실질적인 모습이 일치하는 명실상부(名實相符)이다. 예는 외적으로 드러나는 질서성의 의미를 가지고 있지만, 경중과 상관없이 반드시 합리적이고 합당해야 한다. 합리적이고 정당한 것이 바로 의(義)이다.

3. 사람이 살아가는 이치이다[義]

의(義)라는 글자는 양 양(羊)자와 나 아(我)자가 결합한 것이다. 아(我)자는 손 수(手)자와 창 과(戈)자가 결합한 것이다. 즉 양의 탈을 쓰고 손에 창을 들고 있는 제사장의 모습이 의롭고 바르다는 것이다. 이 의(義)자 또한 제사와 관련해서 나온 글자이다. 공자는 의로움을 군자의 본질로 삼았다.

> 군자는 의로써 본질을 삼고, 예로써 행하며, 겸손으로써 나타내고, 믿음으로써 이루는 것이다.[13]

---

12 신하가 신하다운 행위를 하기 위해서는 군주에 대한 올바른 충(忠)이 무엇인지 알아야 하고, 자식이 자식다운 행위를 하기 위해서는 부모에 대한 올바른 효(孝)가 무엇인지 알아야 한다. 이것이 바로 진정한 정명(正名)이다.

13 『논어』, 「위령공」. "君子義以爲質, 禮以行之, 孫以出之, 信以成之."

예라는 것은 군자가 지켜야 할 생활규범에 속하지만 군자의 본질은 예에 있는 것이 아니라 의를 실현하는데 있다. 하지만 실질적으로 의는 예를 통해서 나온다. 즉 예를 벗어나서 의를 이야기할 수 없고, 의를 벗어나 예를 논의할 수 없다. 예와 의는 상보적인 관계이다. 예와 의에 따라서 겸손으로 나타나고 믿음으로 완성된다. 합당성이 전제된 의(義)는 정직(正直)의 문제와 연관된다.

> 사람이 살아가는 이치는 정직(正直)하니 정직하지 않으면서도 살아 있는 것은 요행으로 죽음을 면한 것이다.[14]

정직이라는 것은 사람이 살아가는 생명의 이치이다. 정직하지 않은데 잘 사는 것은 요행히 그렇게 된 것일 뿐이다. 정직이란 선(善)을 좋아하고 악(惡)을 싫어하는 것을 말한다. 그래서 공자는 "오직 어진사람만이 사람을 좋아할 수 있고 미워할 수 있다."[15]고 하였다. 좋아하는 것과 미워하는 것을 모두가 공유할 수 있는 올바른 기준을 제시는 것이 바로 정직이다. 그러므로 정직은 합리적인 올바름이다. 사람의 나쁜 점만을 드러내는 것은 헐뜯음[毁]이고, 사람의 좋은 점을 지나치게 드러내는 것은 칭찬[譽]이다. 훼(毁)와 예(譽)는 정직함에서 벗어난 것이기 때문에 합리적인 올바름이 아니다. 공자는 정직함의 실례를 다음과 같이 말한다.

> 섭공이 공자에게 말했다. '우리 마을에 정직한 사람이 있다. 그의 아버지가 양을 훔쳤는데 아들이 그것을 증언했습니다.'라고 했다. 공자가 말하길 '우리 마을의 정직한 사람은 이와 다르다. 부모는 자식을 위해 숨겨주고, 자식은 부모를 위해 숨겨준다. 정직함은 그 속에 있다.'[16]

---

14 『논어』, 「옹야」. "人之生也直, 罔之生也幸而免."

15 『논어』, 「이인」. "唯仁者能好人, 能惡人."

이것은 사실의 문제와 가치의 문제를 다루고 있는 부분이다. 섭공은 도둑질한 사실을 증명하는 것을 정직함으로 여겼다. 하지만 공자는 가치의 차원에서 합리적 행위를 말하였다. 천륜으로 맺어지지 않았다면 양을 훔친 사실에 대해 증명할 수 있겠지만, 자식과 아버지의 관계는 천륜으로 맺어진 관계이기 때문에 공자는 합리적 올바름에 따라 판단할 것을 주문하고 있다. 즉 각자의 책임에 따라 양을 훔친 것에 대해 증명하던지 숨기던지 함으로써 정직을 행하는 것이다. 즉 어떤 행위가 올바르다는 것은 사실 그대로만을 말하는 것이 아니라 각자의 입장과 상황에 따라 본말과 선후를 구별하고, 이것을 바탕으로 각자의 책임과 의무를 다할 때 의에 부합하는 것이다. 이것이 바로 유가의 특징 중에 하나인 시중(時中)이고 권도(權道)이다. 예(禮)와 의(義)의 가치에 대한 규정은 더 높은 단계의 인(仁)에 있다. 공자는 "사람으로서 인(仁)하지 못하면 어찌 예를 할 수 있겠는가?"[17]라고 하여 내적으로 존재하는 덕목인 인(仁)을 더욱 강조한다.

4. 사람이 가야할 길이다[仁]

인(仁)[18]이란 무엇인가? 인이란 두 사람의 관계를 뜻하는 말로 인간다운 길을 의미한다. 공자는 인을 최고의 덕목으로 볼 뿐만 아니라, 학문의 목표까지 인을 실현한데 두고 있다. 공자는 인이라는 덕목에 대해 하나로 정의하지 않고 질문자들의 상황에 따라 다르게 대답한다. 인에 대한 질문에 명확하게 대답했던 곳은 두 곳이 있다.

16 『논어』, 「자로」. "葉公語孔子曰, '吾黨有直躬者, 其父攘羊, 而子證之.' 孔子曰, '吾黨之直者異於是, 父爲子隱, 子爲父隱. 直在其中矣.'"

17 『논어』, 「팔일」. "人而不仁, 如禮何?"

18 주자, 『논어집주』, 「학이」. "인이란 사랑의 이치이고 마음의 덕이다.[仁者, 愛之理, 心之德也.]"

첫째, 마차를 끄는 번지(樊遲)가 인에 대한 묻자 "사람을 사랑하는 것이다."[19]고 했다. 공자의 대답은 아주 평범한 말인 것 같지만 정말 실천하기 어려운 것이다. 인간은 누구나 자신의 입장에서 자신의 이익에 집중한다. 그러나 인이란 그와 반대로 자신의 이익에만 집착하는 것이 아니라 남의 상황을 이해하면서 형성되는 것이다. 여기서 더욱 중요한 것은 먼저 자기를 사랑하는 것이 중요하다. 그래서 장재(張載)는 "자신을 사랑하는 마음으로 남을 사랑하면 인을 다한다."[20]고 했다. 그러므로 자신을 사랑하는 진심을 바탕으로 타자를 사랑하는 것이 공자가 말하는 메시지이다. 그런데 남을 사랑하기 위해서는 그 사람의 상황이나 입장을 잘 알아야 한다. 그 사람의 상황이나 입장을 파악하지 못한다면 아무리 사랑한다고 해도 제대로 전달되지 못할 것이다. 오히려 오해를 부르거나 잘못된 방향으로 흐를 수 있다. 공자의 인은 무조건적인 사랑이 아니다. 타자를 제대로 알고 사랑하는 것이 중요하다. 그래서 공자는 인(仁)과 더불어 지(知)에 대한 물음에 "사람을 아는 것이다."[21]고 하였다.

둘째, 공자의 제자 중에 가장 깊은 사유를 하는 안연이 인을 물었을 때, "자기를 이기고 예를 회복하는 것이 인이다. 하루 동안이라도 자기를 이기고 예를 회복하면 천하가 인으로 돌아갈 것이다. 인을 하는 것은 자기로 말미암는 것이지 남에게 말미암는 것이겠는가?"[22]라고 했다. 극기(克己)는 인간이 가지고 있는 사적인 욕망[私欲]을 버리고 공적인 욕망[公欲]을 추구해야 한다는 의미에서 개인의 문제이다. 인간의 내면에는 늘 악의 싹이 자라나고 자신만을 위하는 사적

19 『논어』, 「안연」. "愛人."

20 장재, 『장자전서』 권2, 「신화」 4. "以愛己之心愛人則盡仁."

21 『논어』, 「안연」. "知人."

22 『논어』, 「안연」. "克己復禮爲仁. 一日克己復禮, 天下歸仁焉. 爲仁由己, 而由人乎哉?"

사유가 피어오른다. 극기는 이러한 인간 내면의 욕망을 이겨내는 것이다. 복례(復禮)는 주나라 예법을 회복하는 것인데 예(禮)를 통해서 당시의 도덕적 해이와 혼란을 극복하고자 한다는 의미에서 사회의 문제이다. 더 나아가 복례는 천리의 도덕적 법칙을 회복하는 것이다. 인간이 살아가면서 하루라도 자신의 욕망을 이기고 주나라의 예법을 회복한다면 천하가 인으로 귀결될 것이다. 이러한 인을 행하는 것은 자신에게 달려있는 것이지 남에게 달려있는 것이 아니다. 인이란 외부에 있는 것이 아니라 내안에 내재해 있다. 그러므로 인이라는 것은 그 기틀이 나에게 있기 때문에 자신의 실천의지의 문제에 달려있다. 송대 주자는 극기복례에 대해 "인욕을 막고 천리를 보존하는 것"[23]이라고 하였다. 즉 인이란 극기로부터 복례로 나아가는 작업으로 내성외왕(內聖外王)·수기치인(修己治人)이며, 『대학』의 수신(修身)·제가(濟家)·치인(治人)·치국(治國)·평천하(平天下)의 과정이다.

그렇다면 인을 실천하는 구체적은 방법은 무엇인가? 공자는 인의 실천 방법으로 바로 효제(孝悌)와 충서(忠恕) 두 가지 방법을 제시하였다. 공자가 현대사회의 우리들에게 하고 싶은 말은 아마도 이 두 가지 덕목일 것이다. 우리는 세상에 태어나 가장 먼저 관계를 맺는 사람이 부모와 형제, 가족이다. 부모와 형제에 대한 사랑과 배려 혹은 친밀함을 표현하는 효도와 우애는 가족 안에서 인을 실천하는 기본 개념이다.

> 그 사람됨이 효도하고 공경하면서 윗사람을 범하기를 좋아하는 자는 드물며, 윗사람을 범하기를 좋아하지 않고서 난을 일으키기를 좋아하는 자는 있지 않다. 군자는 근본을 힘쓰니, 근본이 확립되면 도가 생겨나는 것이다. 효(孝)와 제(弟)라는 것은 그 인을 행하는 근본일 것이다.[24]

---

23 『맹자집주』, 「양혜왕 하」. "遏人欲而存天理."

효(孝)라는 글자는 자식이 부모를 업고 가는 의미를 가지고 있으니 부모를 잘 섬기는 것이고, 제(弟)는 형제간에 우애를 지키거나 어른을 공경하는 것으로 가족의 기본윤리에 해당한다. 즉 사람이 부모에게 효도하고 어른을 공경하면 그 마음이 화순해져서 윗사람을 범하는 것을 좋아하지 않는다.[25] 그런데 당시 사회는 아들이 아버지를 해하고 자신만을 위해 형제간에 싸움이 일어났다. 그래서 공자는 효제를 삶에서 가장 중요한 기초적인 덕목으로 여겼다. 그러므로 인을 해하는 것은 효제로 말미암아 시작 되고 효제는 인의 한 가지 일이다. 이러한 효제(孝弟)의 실천은 가족관계에만 한정되지 않고 가족 이외의 사람들에게도 효제의 덕목을 확충함으로써 인(仁)이 자기의 이웃과 사회, 국가로 확대 적용되는 토대가 된다. 즉 가족의 의미를 적극적으로 표현하면 우리가 소속되어 함께 생활하는 식구로 확대할 수도 있다. 이러한 확산이 바로 충서(忠恕)[26]로 발전된다. 공자는 다음과 같이 말했다.

> 공자께서 '삼(參)아! 우리 도는 한 가지 이치가 만 가지 일을 꿰뚫고 있다.'고 말씀하시니, 증자(曾子)께서 '예!'라고 대답했다. 공자께서 나가시자, 제자들이 '무슨 말씀입니까?'라고 물으니, 증자께서 '부자(夫子)의 도(道)는 충(忠)과 서(恕)일 뿐이다.'고 말했다.[27]

충(忠)이라는 것은 수직적인 상하관계의 충(忠)을 의미하는 것이

---

24 『논어』, 「학이」. "其爲人也孝弟, 而好犯上者, 鮮矣, 不好犯上, 而好作亂者, 未之有也. 君子務本, 本立而道生. 孝弟也者, 其爲仁之本與!"

25 주희, 『논어집주』, 「학이」. 善事父母爲孝요 善事兄長爲弟라

26 『중용』 13장. 충서는 도와 거리가 멀지 않으니 자신에게 베풀어 원하는 것이 아니면 또한 남에게 베풀지 말아야 한다.[忠恕違道不遠, 施諸己而不願, 亦勿施於人.]

27 『논어』, 「이인」. "子曰: '參乎! 吾道一以貫之.' 曾子曰: '唯.' 子出, 門人問曰: '何謂也?' 曾子曰: 夫'子之道, 忠恕而已矣.'"

아니라, 수평적인 측면에서 마음[心]에 중심[中]을 두는 것이다. 즉 어떤 하나의 상황에 중심을 세우고 끊임없이 정진해 가는 것이다. 마음에 중심이 두 개가 있으면 근심이 생기는 것이다. 즉 이러한 근심이 바로 환(患)이다. 그러므로 공자가 말하는 충(忠)은 마음을 가운데 두고서 어떠한 개인적인 이익과 힘에 의한 타협에 흔들리지 않는 태도이다. 즉 충은 흔들리지 않는 마음으로 보편적 기준을 세우는 것이다. 그리고 어떤 일을 판단하고 선택하고 실천하고 책임지는 마음이다. 이러한 충(忠)의 태도가 완성되었을 때 비로소 신뢰가 쌓이는 것이다. 충(忠)의 확대는 서(恕)로 나아간다.

서(恕)는 상하좌우 간에 마음[心]을 같이[如] 하는 것이다. 서(恕)라는 글자에는 용서의 의미를 가지고 있는데, 가해자가 피해자에게 일방적으로 헤아려주는 마음이 아니라 서로 당사자 간의 마음을 이해하는 것이다. 그것이 바로 역지사지(易地思之)의 태도이다. 서(恕)를 실천하는 방법은 다시 두 가지로 말할 수 있다. 예를 들면 공자는 소극적인 면에서 "내가 하고자 하는 것이 아니면 그것을 남에게 시키지 말라."[28]고 했다. 적극적인 면에서 "자기가 하고자 하면 남도 세워주고 자기가 이루고자 하면 남도 이루게 해라."[29]고 했다. 효제[30]와 충서[31]를 실행하여 인을 실천하는 사람이 바로 공자가 주

---

28 『논어』, 「안연」. "己所不欲, 勿施於人."

29 『논어』, 「옹야」. "己欲立而立人, 己欲達而達人."

30 주희, 『맹자집주』, 「고자 하」. "진씨가 말했다. 효제라는 것은 사람의 양지(良知)와 양능(良能)으로 자연의 본성이다.[陳氏曰: '孝弟者, 人之良知良能自然之性也.']"

31 정이, 「이정유서」 권11, 78조목. "자기로써 남에까지 미치는 것은 인이고, 자기를 미루어 남에게 미치는 것은 서이다. '도와 거리가 멀지 않다'는 것이 이것이다. 충서는 하나로 관통되었다. 충은 천리이고, 서는 인도이다. 충은 망령됨이 없으니, 서는 충이란 기초에서 행할 수 있다. 충은 본체이고, 서는 작용이니 대본과 달도의 관계다. 이것이 '도와 거리가 멀지 않다'는 것과 다른 점은 하늘로써 움직인다는 것뿐이다.[以己及物, 仁也. 推己及物, 恕也. 違道不遠是也. 忠恕一

장하는 군자이다.

5. 도덕적 인간의 모습[君子]

군자는 본래 귀족계층인 사대부인데, 공자에 의해서 도덕적 인간으로 바뀌었다. 공자가 말하는 군자란 바람직한 인간의 모습을 갖추고 인을 실천하는 사람을 말한다.

> 군자가 인을 버리면 어떻게 (군자라는) 이름을 이룰 수 있겠는가? 군자는 밥 먹는 동안이라도 인을 어기지 않고 급한 때에라도 반드시 그것을 지키며, 역경을 당하여도 반드시 하는 것이다.[32]

군자는 잠시라도 어떤 상황에서라도 인을 어기지 않고 반드시 실천하는 존재이다. 아무리 높은 자리에 있다고 하더라도 인을 겸비하지 못하면 군자라고 할 수 없다. 공자는 군자가 갖추어야 할 덕목으로 "의로써 본질을 삼고, 예로써 행하며, 겸손으로써 나타내고, 믿음으로써 이루는 것이다."[33]고 했다. 군자는 비록 곤궁한 삶을 살더라도 의로움을 본질로 삼고, 자기 처지에 맞게 예의를 행하고, 어떤 위치에서나 겸손의 미덕을 갖추고, 신뢰 있는 언행을 실천하는 사람이다. 군자가 지켜야할 세 가지 덕목이 있다.

以貫之. 忠者天理, 恕者人道. 忠者無妄, 恕者可以行乎忠也. 忠者體, 恕者用, 大本達道也. 此與'違道不遠'異者, 動以天爾.]" 주희, 『논어집주』, 「이인」. "자기의 마음을 다함을 충(忠)이라 하고, 자기 마음을 미루어 남에게 미침을 서(恕)라 한다. [盡己之謂忠, 推己之謂恕.]"

32 『논어』, 「이인」. "君子去仁, 惡乎成名? 君子無終食之間違仁, 造次必於是, 顚沛必於是."

33 『논어』, 「위령공」. "君子義以爲質, 禮以行之, 孫以出之, 信以成之. 君子哉!"

군자의 도가 세 가지가 있는데 나는 능히 할 수 없다. 지혜로운 사람은 의혹되지 않고, 어진 사람은 근심하지 않고, 용감한 사람은 두려워하지 않는다.[34]

군자의 도는 지(智)·(仁)·(勇)[35] 세 가지가 있다. 지혜로운 사람은 사리에 밝아서 선악시비의 판단을 정확히 하기 때문에 사사로움에 치우치 않아 의혹되지 않는다. 어진 사람은 도리에 따라 행하고 어떤 것에도 거리낌이 없기 때문에 근심하지 않는다. 용감한 사람은 의로움으로써 모든 상황을 결정하고 행하기 때문에 어떤 것도 두렵지 않다. 또한 군자가 마땅히 경계해야 세 가지 계율이 있다.

군자에게는 세 가지 경계해야 할 있이 있다. 젊을 때는 혈기(血氣)가 정해지지 않았으므로 경계할 것이 여색(女色)에 있고, 장성해서는 혈기(血氣)가 한창 강하므로 경계할 것이 싸움에 있고, 늙어서는 혈기(血氣)가 쇠하므로 경계할 것이 얻음에 있다.[36]

군자가 일반인과 같은 것은 혈기이다. 젊은 혈기를 가지고 있을 때는 여색을 조심해야 하고, 장성한 혈기는 가지고 있을 때는 다른 사람과 다투는 일이 없어야 하고, 늙으면 혈기가 쇠약해지기 때문에 물욕에 빠지지 말아야 한다. 또한 군자가 두려워해야 할 세 가지 것이 있다.

군자에게는 세 가지 두려워함이 있다. 하늘의 명을 두려워하고, 대

---

34 『논어』, 「헌문」. "君子道者三, 我無能焉, 知者不惑, 仁者不憂, 勇者不懼."

35 『중용』 20장. "天下之達道五, 所以行之者三, 曰君臣也, 父子也, 夫婦也, 昆弟也, 朋友之交也. 五者 天下之達道也. 知仁勇三者, 天下之達德也. 所以行之者 一也."

36 『논어』, 「계씨」. "君子有三戒. 少之時, 血氣未定, 戒之在色. 及其壯也, 血氣方剛, 戒之在鬪. 及其老也, 血氣旣衰, 戒之在得."

인을 두려워하며, 성인의 말씀을 두려워한다.[37]

두려워한다는 것은 엄격하게 여기고 수용한다는 의미를 내포하고 있다. 군자는 항상 천명을 따르고 이것을 두려워할 줄 알기 때문에 하는 일이 모두 이루어진다. 학덕이 높은 대인과 성인은 모두 천명을 두려워할 줄 알기 때문에 대인과 성인의 말을 두려워하지 않을 수 없다. 하지만 소인은 천명을 알지 못하여 두려워하지 않으며, 대인을 함부로 대하고 성인의 말씀을 업신여긴다. 그래서 군자는 어떤 것이 옳은 것인지 잘 알고, 소인은 어떤 것이 이익이 되는 지 잘 안다. 또한 군자는 훌륭한 덕을 갖출 것을 생각하고, 소인은 편히 살 것을 생각한다. 즉 "군자는 도리에 밝고 소인은 이익에 밝다."[38] 이러한 군자는 개인적인 차원의 도덕성을 넘어서 국가를 운영하는데 필요한 인재이다. 그래서 공자는 군자에 의한 이상 정치를 꿈꾸었다. 군자가 정치를 맡아야 올바른 정치가 실현된다. 공자는 "정치란 바로 잡는 것이다. 그대가 바름으로써 다스린다면 누가 감히 바르지 않겠는가?"[39] 정치라는 것은 바름을 실현하는 것이고 덕에 의해 다스리는 것이다. 그래야 백성에 대한 신뢰를 확보할 수 있다. 군자가 인을 실현하는 방법인 효제와 충서를 통해서 이루고자 하는 이상정치의 최종목표는 무엇인가? 그것은 바로 즐거움[樂]의 세계이다.

6. 즐거운 세상을 꿈꾸다[樂]

공자가 꿈꾸는 세계는 도대체 무엇이었을까? 인의 실현을 통해서

37 『논어』, 「계씨」. "君子有三畏. 畏天命, 畏大人, 畏聖人之言."

38 『논어』, 「이인」. "君子喩於義, 小人喩於利."

39 『논어』, 「안연」. "政者, 正也. 子帥以正, 孰敢不正?"

어떤 세상을 기대했을까? 공자는 이러한 인(仁)의 실천방법을 통해서 즐거움의 세상을 만들고 싶었던 것이다. 즉 인(仁)은 이상사회를 만들기 위한 하나의 덕목이며, 공자가 꿈꾸는 세계는 즐거움의 세계이다. 『논어』 첫 구절에서부터 즐거움을 말하고 있다.

> 배우고 때때로 익히면 또한 즐겁지 아니한가? 친구가 있어 먼 곳으로부터 오면 또한 즐겁지 아니한가? 남들이 알아주지 않아도 성내지 아니하면 또한 군자 아니겠는가?[40]

공자는 세 가지 즐거움[41]을 이야기 한다. 첫째는 배우는 즐거움이다. 즉 자신의 의지를 가지고 때에 맞게 정도를 지키면서 배우는 즐거움이다. 여기서 배움이란 현대적인 공부가 아니라 예(禮)·악(樂)·사(射)·어(御)·서(書)·수(數) 등의 육예(六藝)를 익힌다는 말이다. 둘째는 벗들이 찾아오는 즐거움이다. 즉 자신이 현실세계에서 이루고자 하는 뜻을 알고서 먼 곳에서도 찾아와주는 동지(同志)들이 있는 즐거움이다. 셋째는 군자의 즐거움이다. 즉 남이 자신의 삶을 알아주지 않아도 화내지 않는 즐거움이다. 그래서 공자는 "남이 자신을 알아주지 못함을 걱정하지 말고, 내가 남을 알지 못함을 걱정해야 한

---

40 『논어』, 「학이」. "學而時習之, 不亦說乎? 有朋自遠方來, 不亦樂乎? 人不知而不慍, 不亦君子乎?"

41 『공자가어』 「육본」 편에서 삶의 세 가지 즐거움에 대해 "사람으로 태어난 것이 첫 번째 즐거움이요[吾得爲人 一樂也], 남자로 태어난 것이 두 번째 즐거움이요[吾得爲男 二樂也], 95세가 되도록 장수하는 것이 세 번째 즐거움이다[吾行年九十五有矣 三樂也]."고 했다. 『맹자』 「진심 상」에서 군자에게 세 가지 즐거움이 있는데 "부모가 모두 살아계시고 형제에게 아무 탈이 없는 것이 첫 번째 즐거움이요[父母俱存, 兄弟無故, 一樂也], 우러러 하늘에 부끄럽지 않고 굽어 사람들에게 부끄럽지 않는 것이 두 번째 즐거움이요[仰不愧於天, 俯不怍於人, 二樂也], 천하의 영재를 얻어 교육하는 것이 세 번째 즐거움이다[得天下英才而教育之, 三樂也]"고 하였다.

다."[42]고 말했다. 즉 여기에서 공자는 즐거움에 대해 열심히 공부하기, 벗과 사귀기, 자기할 일을 최선을 다하기를 말하고 있다.

공자의 즐거움은 시대의 속박에 정면으로 대응하여 그것을 넘어서는 과정에서 얻어지는 적극적 즐거움이다. 그가 말한 안빈락도(安貧而樂道)는 가난한 가운데서도 배우고 의로움을 실천하고 어짊을 구현하는 데에서 얻어지는 즐거움이지, 달빛을 노래하며 술잔이나 기울이는 무위의 즐거움이 아니었다. 더 나아가 공자는 제자들에게 너희들을 알아준다면 무엇을 하겠느냐고 묻자, 증점은 다음과 같이 말했다.

> 봄날 옷이 만들어졌으면 어른 대여섯 명과 아이 예닐곱 명을 데리고 기수(沂水)에 가서 목욕하고 무우(舞雩)의 대 아래서 바람을 쐬면서, 시를 읊조리다가 돌아오고 싶다.[43]

공자는 증점의 대답에 대해 감탄하면서 "나는 증점과 함께하리라.[吾與點也]"고 하였다. 이것은 무엇인가를 이루려는 속세의 야망을 내려놓고 노인, 어린이들과 더불어 즐기겠다는 의미이다. 증점은 사사로운 인욕의 삶을 버리고 천리의 유행에 따라 살고 싶었던 것이다. 즉 증점은 남에게 드러나는 '직위'보다는 자족에 바탕한 자신의 현재 소망을 말했고, 그것을 간파한 공자는 함께하고 싶다고 말씀한다. 이것이 바로 "지혜로운 사람은 물을 좋아하고, 어진 사람은 산을 좋아하니, 지혜로운 사람은 물같이 움직이고, 어진 사람은 산같이 고요하며, 지혜로운 사람은 즐기고 어진 사람은 오래 산

42 『논어』, 「학이」. "不患人之不己知, 患不知人也."
43 『논어』, 「선진」. "莫春者, 春服旣成, 冠者五六人, 童子六七人, 浴乎沂, 風乎舞雩, 詠而歸."

다."[44]는 것이다.

그리고 공자는 "아는 것은 좋아하는 것만 못하고 좋아하는 것은 즐거워하는 것만 못하다."[45]고 하여 즐거움의 가치를 최고로 여겼다. 즉 안다는 것은 도(道)가 있음을 아는 것이고, 좋아한다는 것은 좋아하지만 얻지는 못한 것이고, 즐겁다는 것은 얻음이 있어 즐겁다는 것이다. 이것은 머릿속에서 아무리 좋은 일이라 생각하고, 그 일을 좋아해도 스스로 즐겁게 하는 것만 못하다는 말이다. 자신에 닥친 것이 일이 아니라 놀이 즉 즐거움으로 등장해야 한다. 요즘의 노동해방은 일이 놀이가 되었을 때를 말하는 것 아닐까 생각된다. 현대 사회는 자본을 중심으로 돌아가는데 궁극적으로는 즐거움이 바탕이 되지 않으면 어떠한 행복도 추구할 수 없을 것이다. 행복이란 바로 즐거움일 것이다. 그래서 공자는 "아침에 도를 들으면 저녁에 죽어도 좋다."[46]고 하였다. 즉 이것은 아침에 일어났더니 내가 꿈꾸는 이상세계가 실현되어 있으면 내가 더 이상 할 일이 없기 때문에 죽어도 여한이 없다는 의미이다.

공자가 이 세상에 다시 살아서 돌아온다면 현대 우리들에 하고 싶은 말은 아마도 인(仁)의 실천 덕목인 효제(孝悌)와 충서(忠恕)를 통해서 즐거움의 세계에 도달하기를 바라는 마음일 것이다. 즉 공자의 이상은 어려운 현실임에도 불구하고 자신의 충실함을 사회의 현실로 확대시킬 수 있는 발판을 제공하고, 모두 더불어 살아가는 즐거운 사회를 만드는 것이다.

---

44 『논어』, 「옹야」. "知者樂水, 仁者樂山. 知者動, 仁者靜. 智者樂, 仁者壽."

45 『논어』, 「옹야」. "知之者不如好之者, 好之者不如樂之者."

46 『논어』, 「이인」. "朝聞道, 夕死, 可矣."

7. 철학적 의의 및 평가

공자 당시의 시대상황은 전쟁하는 춘추전국시대로 자식이 아버지를 죽이고, 신하가 왕을 죽이는 사회이다. 즉 예가 완전히 무너진 사회로 한 존재가 살아가기 위한 처절함이 있었다. 공자는 여러 나라를 돌아다니면서 자신의 이상을 설파했지만, 그 뜻을 펼치지 못하고 고향인 노나라로 돌아와 제자를 육성하고 고전편찬에 전념하였다. 공자는 제후들이 자신의 뜻을 받아주지 않자 자신과 뜻을 같이하는 사람들을 모아놓고 훗날을 기약한 것이다. 이러한 공자가 다시 살아나 지금 이 자리에 선다면 무슨 말을 할까?

공자의 사상을 하나로 집약하는 개념은 인(仁)이다. 일반적으로 공자의 사상을 인을 중심으로 한 윤리도덕의 학문으로 간주한다. 하지만 필자의 입장에서 보면, 공자는 인이라는 덕목을 실천하는 군자의 덕치를 통해서 즐거운 세계를 만드는 것이 목표였다. 공자의 사상은 유교를 바탕으로 한 통치이념이며, 동아시아에서 현대 철학과 문화에 영향을 주고 있다. 공자는 사회제도적인 측면에서 주나라 예법을 지킴으로써 전통을 고수하려는 보수주의자이며, 정치적 측면에서 여러 제후들에게 자신의 이상을 설파함으로써 전통을 벗어나려는 개혁주의자이다.

■ 토론 주제

1. 공자가 다시 환생한다면 현대사를 어떻게 진단할 것인가?

2. 공자는 보수주의자인가? 아니면 개혁주의자인가?

3. 오늘날 공자의 이념이 어떻게 수용될 수 있는가?

■ 참고문헌 및 더 읽어야할 책

공자 저, 김원중 역, 『논어』, 휴머니스트, 2017

공자 저, 김형찬 역, 『논어』, 홍익출판사, 2016.

공자 저, 소준섭 역, 『논어』, 현대지성, 2018.

김경일, 『공자가 죽어야 나라가 산다』, 바다출판사, 2010.

류종목, 『논어의 문법적 이해』, 문학과지성사, 2000.

박종연, 『논어』, 을유문화사, 2006.

성백효, 『최신판 논어집주』, 한국인문고전연구소, 2017.

신창호, 『논어의 지평』, 우물이있는집, 2018.

이기동, 『논어강설』, 성균관대학교출판부, 2005.

정태현, 『현토완역 논어집주』(상·하), 전통문화연구회, 2018.

제2장

노자, 자연을 따르는 삶

선진시대는 중국철학이 발생하고 형성된 시기이다. 선진철학 중에서 후대에 가장 많은 영향을 준 학파는 유가와 도가이다. 노자, 장자, 황로학 등의 선진 도가 철학은 이후 도학(道學: 道家·道教·丹道)의 기반을 형성하였다.

1. 시대적 배경

춘추전국시대는 기원전 771년 주나라 유왕(幽王)이 동천한 이후 기원전 221년 진(秦)나라에 의해 천하통일이 이루어진 때까지의 기간을 말한다. 춘추전국시대는 다시 춘추시대와 전국시대로 나누어지는데 분열과 통일의 시대라고 말할 수 있다. 춘추시대와 전국시대의 시대적 구분은 일치된 견해가 없다.[1] 그러나 일반적으로 기원전 453년 한(韓)·위(魏)·조(趙)가 진(晋)을 3분하여 독립한 때를 분기점으로 삼는다.[2]

---

1 徐連達·吳浩坤·趙克堯, 중국사연구회 옮김, 『중국통사』, 청년사, 1989, 79-80쪽 참조.

2 중국사연구실 편역, 『中國歷史』(상권), 신서원, 1993, 123-124쪽 참조.

주대 예악문화는 동주시대(춘추전국시대)로 넘어오면서 점차 붕괴하기 시작했다. 서주 말기 때 유왕(幽王)은 신후(申后)와 태자 의구(宜臼)를 폐하고 포사(褒姒)를 왕후로 삼고 그의 아들 백복(伯服)을 태자로 삼으려 하였다. 결국 기원전 771년 신후가 반란을 일으켜 견융(犬戎)과 연합하여 호경(鎬京)을 쳐들어가 종주(宗周)를 함락하고 여산(驪山) 아래에서 유왕을 죽였다. 그 결과 신후의 아들 의구가 평왕(平王)이 되었다. 평왕은 기원전 770년 주나라 수도를 낙읍(洛邑)으로 동천하였다. 이 동천 과정에서 평왕은 진후(晉侯)·정백(鄭伯)·진백(秦伯) 등의 도움을 받게 된다.[3] 이것은 주나라 천자가 이미 주나라 왕실을 보호할 수 없었음을 보여준다.

춘추시대에 접어들면서 주나라 천자를 중심으로 한 예악제도는 점차 붕괴되기 시작하였다. 이 무렵부터 패자의 나라[覇國]가 등장하는데 주나라 천자는 더 이상 제후국들을 관할할 수 없게 되었고 제후들이 패자(覇者)가 되어 '회맹'(會盟)의 형식을 통해 천하를 통제해 가게 되었다. 패자의 권위는 천명과 조상신에 의하여 지탱되기도 했지만 춘추전국시대로 진행되면서 패자의 힘에 의한 통제가 강화되었다. 춘추오패(春秋五霸), 전국칠웅(戰國七雄)의 등장은 바로 이러한 시대적 변화를 반영한다.

제자백가의 출현은 이러한 시대적 문제를 어떻게 해결할 것인가 하는 것에 대한 해답을 제시하면서 등장하였다. 그런 까닭에 사마담(司馬談)은 「논육가요지(論六家要旨)」에서 제자백가에 대해 "치국을 그 임무로 한다[此務爲治者也]"라고 말한 것이다.

3 徐連達·吳浩坤·趙克堯, 『중국통사』, 78쪽.

2. 노자의 생애와 『도덕경』

노자는 도가철학의 창시자이다. 노자가 창시한 도가철학은 주대 예악문화에 대한 비판과 대안으로 제시되었다.

노자철학의 연원은 원시모계사회(原始母系社會)의 문화전통이다. 원시모계사회는 여성성을 강조한다. 따라서 유학을 강건함[强健]을 강조하는 남성철학이라고 말한다면 도학은 유약함[柔弱]을 강조하는 여성철학이라고 말할 수 있다.

1) 노자의 생애

사마천은 『사기』「노자열전」에서 노자로 언급되는 인물로 노담(老聃), 노래자(老萊子), 태사담(太史儋)을 말하였다. 여기에서 노담과 노래자는 춘추시대 말기의 인물이고, 태사담은 전국시대 중기의 인물이다. 그런데 노래자는 『상하편(上下篇)』 15편의 저자이다. 그러므로 『노자』와는 무관하다.

전통적으로 노자는 춘추 말기의 인물이라고 생각하였다. 노자는 「노장신한열전」의 기록에 의하면 주나라 수장실(守藏室)의 사관(史官)이었다. 그는 주나라가 장차 쇠락하는 것을 보고 주나라를 떠나 함곡관[關]에 이르렀는데 그곳의 관리 윤희(尹喜, 關尹이라 부르기도 한다)의 청으로 『노자』를 써주었다고 한다.

『사기』의 기록에 의하면 공자는 일찍이 노담에게 가르침을 받았다. 그러나 다른 증거 자료가 없어서 확실하지 않다.

사마천은 「노자열전」에서 "그 종적을 알 수 없다[莫知所終]"고 하였다. 노자가 주나라 수장실의 사관에서 물러난 뒤의 삶은 『장자』를 통해 살펴볼 수 있다.

2) 『도덕경』 판본

『노자』는 또 『도덕경』이라 부르는데 크게 죽간본(竹簡本: 또 郭店本, 楚簡本이라 부르기도 한다), 백서본(帛書本), 통행본(通行本) 세 가지 판본으로 나누어진다.

1973년 마왕퇴 한묘에서 백서본 『노자』가 출토되었다. 백서본 『노자』는 갑본(甲本)과 을본(乙本)으로 나누어진다. 이 판본은 「덕경(德經)」이 앞에 있고 「도경(道經)」이 뒤에 있다. 1993년 호북성(湖北性) 형문시(荊門市) 곽점촌(郭店村)에서 초간본(楚簡本) 『노자』가 다시 발굴되었다. 이것을 죽간본(竹簡本)이라고 부르기도 한다. 초간본 『노자』는 갑조(甲組)·을조(乙組)·병조(丙組)로 나누어진다. 이 판본은 기원전 300년 무렵 이전, 즉 전국시대 중기 이전의 문헌이다. 통행본은 여러 판본이 있지만 『왕필본(王弼本)』과 『하상공본(河上公本)』이 중요하다.

최근 곽점본 『노자』가 발견되면서 『노자』 판본의 형성에 대한 학자들의 견해가 약간 달라졌다. 학자들은 일반적으로 통행본 『노자』는 곽점본 『노자』를 바탕으로 형성되었다고 생각한다. 따라서 통행본 『노자』의 성립은 춘추 말기의 인물 노담과 전국시대 중기의 인물 태사담 두 사람에 의해 성립된 것으로 추정한다.[4]

3. 무위자연의 철학

철학은 시대 문제에 대한 해결책을 제시하는 작업이다. 노자철학

---

4 장길량(張吉良)은 초간본 『노자』의 저자는 춘추말기의 인물 노담의 저작이고, 함곡관(函谷關)의 관령(關令) 윤희(尹熹)에게 상하편을 써서 준 인물은 바로 태사담이라는 견해를 견지한다.(『老聃《老子》太史儋《道德經》』, 齊魯書社, 2001, 3쪽.) 김충렬(金忠烈) 역시 이 관점을 지지한다.(『노자강의』, 예문서원, 2004, 27-28쪽.)

역시 그가 살았던 시대 문제에 대한 해결책의 하나로 제시되었다.

춘추·전국시대는 주나라가 분열되던 시대이다. 이것은 주나라 왕실의 권위가 무너졌음을 의미한다. 뿐만 아니라 춘추시대에 이르자 천의 절대적 권위는 무너지기 시작했고 점차 자연과 인사를 천이 아닌 도로써 해석하는 움직임이 일어났다.

노자와 공자는 서로 다른 각도에서 "하늘의 도[天之道]"와 "인간의 도[人之道]"를 발전시켰다. 노자가 "하늘의 도"를 제시한 것은 기존의 천 관념이 가졌던 의지가 있는 천의 권위를 박탈하는 것으로 당시 통치 권력의 정당성 확보의 근간을 뒤흔드는 것이었다. 주대 문화를 받아들인 유가는 인간은 "덕으로 하늘에 짝한다[以德配天]"고 생각하였다. 이러한 유가의 천관은 종교적 차원의 천관에서 정치적 차원으로 확대되었다. 또 민심(民心)의 향배를 통하여 천명을 살펴볼 수 있다고 하였다. 유가의 천관의 변화에서 중요한 점은 인간의 주체적 노력을 강조한 점이다. 그런데 공자의 도는 당위적·윤리적 개념에 한정된다.

유가는 유목적(有目的)적인 세계관을 바탕으로 주례가 붕괴된 당시 현실 사회를 극복하고자 시도하였다. 노자는 인격적(人格的) 천을 부정한다. 노자는 무목적(無目的)적인 세계관을 통하여 현실 문제를 극복하고자 하였다. 그렇지만 노자가 "하늘의 도"를 언급한 것은 어디까지나 "인간의 도"를 말하고자 한 것이다. 즉 노자가 "하늘의 도"를 말하는 것은 "하늘의 도"에 목적이 있는 것이 아니라 "인간의 도"에 그 주된 목적, 궁극적 목적이 있다. 그러므로 노자의 도는 윤리적 당위와 자연법칙이 떨어지지 않고 일체를 이루어서 도 개념으로 확장된 것이다. 따라서 노자의 도는 존재(存在)와 당위(當爲)가 통일된 것이다.

1) 도

노자는 도를 천지만물이 존재하는 형이상학적 근거로 제시하였다. 도란 존재의 면에서는 '맨 처음'의 것으로서 현상 만유의 근원적 시원이 되는 존재론적 함의를 지닌다.[5] 존재론적으로 파악된 도는 본체로서의 특징을 갖는다. 그 특징은 시간적(時間的)으로 선재성(先在性, 超時間的 存在), 공간적(空間的)으로 보편성(普遍性, 超空間的 存在), 그 자체로는 자재성(自在性 獨立常存的 存在)으로 나누어 말할 수 있다.[6] 도의 선재성이란 도가 다른 그 무엇에 의하여 생겨난 것이 아니라 그 자체가 다른 존재물의 최종적 근원이라는 의미이다. 도의 보편성은 도는 어디에나 존재한다는 것이다. 도가 존재하지 않는 세계는 있을 수 없다. 도는 천지만물의 존재 근거로서 언제, 어느 곳에나 존재한다. 그러므로 천지·만물의 존재는 도에서 벗어날 수 없다. 도의 자재성은 도의 항상성(恒常性)이라고 말할 수 있다. 도는 변화하는 것이 아니다. 도는 언제나 도이다. 도는 다른 무엇으로 될 수 없다.

우주생성론의 측면에서 말하면 도는 생성과 복구의 과정이 있다. 이것은 도에서 만물로, 다시 만물에서 도로 돌아가는 순환적 구조를 이룬다.

먼저 생성의 과정을 살펴보면, 도는 천지만물을 낳는다. 『노자』 제42장의 내용이다.

> 도가 하나를 낳고, 하나가 둘을 낳고, 둘이 셋을 낳고, 셋이 만물을 낳는다. 만물은 음기(陰氣)를 등에 지고 양기(陽氣)를 가슴에 품고 있

---

5 이종성, 「『노자』 제25장의 존재론적 검토」, 새한철학회, 『철학논총』 제26집, 2001, 204쪽.

6 金忠烈, 『時空與人生』, 法仁文化社, 1994(影印), 51-52쪽.

다. 이 음양의 두 기운이 작용하여 조화로운 기[冲氣]를 이룬다.[7]

도는 무(無)이다. 무인 도가 유의 출발점에 해당하는 '하나'를 낳게 된다. 여기에서 '낳는다[生]'라고 표현했지만 사실은 도 자체가 '하나'로 전환되는 것을 의미한다. 둘, 셋, 만물의 과정 역시 마찬가지이다. 결국 도 → 일 → 이 → 삼 → 만물의 생성구조이다. 그러나 이러한 생성과정이 영원히 뻗어나가는 것이 아니라 다시 도의 상태로 되돌아가게 된다.

노자는 다음과 같이 말하였다.

천지만물은 유(有)에서 생겨나고, 유는 무(無)에서 생겨난다.[8]

이것은 도에서 만물까지의 우주 생성 과정을 만물, 유, 무의 역순으로 설명한 것이다. 천지 만물의 존재는 유에서 생겨난다. 유는 다시 무에서 생겨난 우주생성론으로 파악된 노자의 도에는 음과 양이라는 두 가지 대대적인 기를 내포하고 있다. 이 점은 제42장에서 "만물은 음기를 등에 지고 양기를 가슴에 숨고 있다[萬物負陰而抱陽]"고 말한 구절에서 분명하게 알 수 있다. 이것은 음과 양을 품은 천지만물이 생성되는 과정이다. 그렇지만 노자가 말하는 우주생성론은 무한적으로 뻗어나가는 세계가 아니다. 이것은 다시 도에로 복귀하는 운동을 한다. 그러므로 노자철학에서 이 세계는 순환적 구조라고 말할 수 있다.

다음은 복귀의 도이다. 천지 만물까지 분화된 뒤 천지 만물은 다시 그 본래의 도에로 되돌아간다. 다시 말해 생성의 과정을 걸쳐 완성된

7 『老子』 제42장. "道生一, 一生二, 二生三, 三生萬物. 萬物負陰而抱陽, 冲氣以爲和."
8 같은 책, 제40장. "天地萬物生於有, 有生於無."

만물은 음과 양이라는 두 대대적인 기의 부단한 상호작용을 통하여 다시 만물의 근원[도]으로 돌아간다.

> 만물이 어우러져 자라나면 나는 그 돌아가는 것을 본다. 대저 만물이 무성히 자라나면 다시 그 뿌리도 돌아간다.[9]

변화와 변형을 계속하는 현상계의 모든 만물은 그 근원으로 돌아간다. 만물이 운행하는 대로 내버려두면 그들은 변화의 극에 도달하게 되고, 그렇게 되면 만물은 다시 도에 복귀한다. 다시 말해 변화와 변형을 계속하는 현상계의 모든 만물은 그 근원으로 돌아간다.

이처럼 본체인 무에 의하여 분화한 만물이 다시 본체인 무로 소급되고, 본체인 무가 실현한 유의 세계의 본래성이 다시 무의 세계에서 구해지는 것이다.

> 무극(無極)으로 복귀한다.[10]

복귀는 하나(一)의 입장에 서서 보면 도의 복귀이고, 다(多)의 입장에 서서 보면 만물의 복귀이다. 이처럼 노자의 도는 생성과 복귀라는 대립·모순적으로 보이는 운동을 함으로써 완전한 도의 운동이 이루어진다.

도 ⇄ 만물

그러므로 노자철학에서 이 세계는 완전한 하나의 원을 이룬다. 즉

9 같은 책, 제16장. "萬物並作, 吾觀其復. 夫物芸芸, 復歸於無物."
10 같은 책, 제28장. "復歸於無極."

동양철학의 순환적·유기적 세계관을 보여준다. 노자에 의하면 이 세계는 생생불식하는 유기적 세계이다. 그는 이것을 '천망'(天網)이라 이름하였다. 따라서 앞에서 말한 도 → 만물, 만물 → 도의 관계는 사실 도=만물을 의미한다.

노자는 이러한 도의 운동에 대해 이렇게 지적하였다.

> 되돌아가는 것이 도의 움직임이다. 유약한 것이 도의 쓰임이다.[11]

"되돌아가는 것[反]"은 두 가지 의미를 갖는다. "되돌아가는 것"이 도의 운동이라면 여기에서 "반"이란 것은 한 편으로는 무로 돌아가는 운동이고, 한 편으로는 음에서 양으로, 양에서 음으로 향하는 운동이다. 이것을 순환운동(循環運動)의 법칙과 대립전화(對立轉化)의 법칙이라고 한다.[12] 천지만물이 생성되었다가 다시 소멸하는 것은 순환운동의 법칙이고, 음에서 양으로 양에서 음으로 변화하는 것이 대립전화의 법칙이다.

노자는 천지만물은 음과 양을 갖춘 존재로 파악한다. 이처럼 노자가 천지만물을 음과 양의 대대관계로 파악한 것은 천하에 존재하는 모든 것들이 서로 반대되는 성질을 공유하고 있음을 나타낸다. 천지만물은 천과 지, 낮과 밤, 남과 여 등등의 대대관계 속에서 상대방을 자신의 존재·변화·운동의 근거로 삼았다는 것을 의미한다.

그렇다면 우리는 도를 어떻게 인식할 수 있는가? 노자는 제1장에서 이렇게 지적하였다.

---

11 『老子』 제40장. "反者, 道之動. 弱者, 道之用."

12 이강수, 『도가사상의 연구』, 고려대학교민족문화연구소, 1989, 184-188쪽; 이강수, 『노자와 장자』, 길, 2005, 44-46쪽; 陳鼓應, 『老子註譯及評介』, 中華書局, 1987, 7-11쪽 참조.

항상 무욕함으로써 그 오묘함을 보고 항상 유욕함으로써 그 차별상을 본다.[13]

이것은 노자철학의 수양론에 해당하는 부분이다. 노자는 우리가 무욕함으로써 그 오묘함[妙]을 볼 수 있고, 유욕함으로써 그 차별상[徼]을 본다고 생각하였다.

노자의 도는 우리의 감각·사유와 언어에 포착되지 않는 '무엇'이다.

보려고 해도 볼 수 없으므로 은미하다고 하고, 들으려 해도 들을 수 없으므로 희미하다고 이름하며, 잡으려고 해도 잡을 수 없으므로 미묘하다고 한다. 이 세 가지는 더 이상 따져 물을 수 없으므로 섞어서 하나로 된다. 위는 밝지 않고, 아래는 어둡지 않다. 이어지고 이어져서 이름을 붙일 수 없으니 다시 아무 것도 없는 상태로 돌아간다. 이것을 모양이 없는 모양이며, 사물이 없는 형상이라고 말한다. 이것을 일러 황홀(恍惚)이라고 부른다. 맞이해도 그 머리를 볼 수 없고, 뒤따라가도 그 끝을 볼 수 없다.[14]

도를 도라고 규정하면 영원한 도가 아니다. 이름을 이름이라고 규정하면 영원한 이름이 아니다.[15]

나는 그 이름을 알지 못한다. 글자로 형용하면 도라고 할 수 있다. 억지로 말하자면 크다[大]고 할 수 있다.[16]

도는 항상 이름이 없다.[17]

---

13 『老子』 제1장. "故常無欲以觀其妙; 有欲以觀其徼."

14 같은 책, 제14장. "視之不見名曰夷, 聽之不聞名曰希, 搏之不得名曰微, 此三者不可致詰, 故混而爲一. 其上不皦, 其下不昧, 繩繩不可名, 復歸於無物, 是謂無狀之狀, 無物之象. 是謂恍惚. 迎之不見其首, 隨之不見其後."

15 같은 책, 제1장. "道可道, 非常道; 名可名, 非常名."

16 같은 책, 제25장. "吾不知其名, 字之曰道, 强爲之曰大."

17 같은 책, 제32장. "道常無名."

노자에 의하면 우리가 도를 인식할 수 있는 유일한 방법은 마음의 수양이다. 앞에서 지적한 것처럼, 그는 우리가 마음의 수양을 통해 '무욕'의 상태에 도달하면 도를 인식할 수 있다고 생각하였다.

2) 덕

노자철학에서 도와 더불어 중요한 것이 덕이다. 즉 노자철학에서 도와 덕은 서로 중요한 짝을 이룬다. 도가 없는 덕은 불가능하고, 덕이 없는 도는 무의미하다고 할 수 있다. 도가 우주의 발생, 만물의 생성에서 형이하의 차원으로 유행(流行)한 뒤에 덕(德)을 말할 수 있다. 노자의 도는 천지를 포괄하고 초월해 있는 것으로, 그 자체 완전무결한 공능(功能)을 갖추고 있으므로 그대로 덕에도 일관한다.[18]

노자는 도와 덕에 의하여 만물은 생겨나고 길러진다고 말한다.

> 도는 만물을 낳고, 덕은 만물을 길러준다. 사물이 형태를 짓고, 형세가 이루어진다. 이러한 까닭에 만물은 도를 높이고, 덕을 귀하게 여기지 않는 것이 없다. 도가 높고 덕이 귀한 것은 명령하지 않아도 항상 스스로 그러한 것이다. 그러므로 도는 낳고, 덕은 길러준다. 기르고 자라게 하여 성숙하고 여물게 하며 보살피고 덮어준다. 낳아도 소유하지 않고 짓되 내세우지 않고 길러주되 주재하려고 하지 않으니, 이것을 현묘한 덕(玄德)이라고 한다.[19]

천지 만물이 이처럼 천지 만물이라는 다양한 모습을 가지고 서로 화합할 수 있는 것은 그것이 모두 도가 낳은 것이고, 덕이 길러준

---

18 金忠烈, 『노장철학강의』, 예문서원, 1996, 197-198쪽 참조.

19 『老子』 제51장. "道生之, 德畜之, 物形之, 勢成之. 是以萬物莫不尊道而貴德. 道之尊, 德之貴, 夫莫之命而常自然. 故道生之, 德畜之: 長之育之, 亭之毒之, 養之覆之. 生而不有, 爲而不恃, 長而不宰, 是謂玄德."

것이기 때문이다. 그러므로 천지 만물은 서로 다투지 않고 각자 가지고 있는 본성대로 살아가는 것이다. 따라서 천지 만물의 입장에서 보면 도와 덕은 존귀한 것이다.

노자는 인간 사회에서 온갖 문제가 나타나는 것은 바로 인간이 도를 잃게 되었기 때문이라고 한다. 노자에게 있어서 덕은 상덕(上德)과 하덕(下德)으로 구분된다. 그런데 노자의 덕론에서 그가 말하는 만물의 참된 본성으로서의 상덕은 도의 하위 개념이 아니다.[20] 하나는 형이상학 본체라는 측면에서 말한 것이라면 다른 하나는 만물의 본성이라는 측면에서 말하였다는 차이가 있을 뿐이다. 노자는 도와 덕이 사라지자 인·의·예가 있게 되었다고 말한다.

> 대도가 사라지자 인의(仁義)가 있게 되었다. 지혜가 나타나자 큰 거짓이 있게 되었다. 육친(六親)이 화목하지 못하자 효성스러움과 자애로움이 있게 되었다. 국가가 혼란스러워지자 충신이 있게 되었다.[21]

노자는 도와 같은 성격의 덕을 상덕이라고 하고, 그밖에 당시 인위적인 가치 규범[仁·義·禮]을 하덕이라고 말한다.

노자는 상덕(上德)이 만물의 참된 본성이라고 생각한다. 그러므로 상덕은 도의 공능이 만물 속에서 완전하게 발휘되는 것이라고 말할 수 있다. 그 공능이 완전하게 발휘된 것을 무위이무불위(無爲而無不爲)라고 표현한 것이다.

> 상덕은 덕이라고 하지 않으므로 덕이 있게 된다. …상덕은 작위하지 않기에 이루지 않는 것이 없다.[22]

---

20 金忠烈, 『노장철학강의』, 196쪽 참조.

21 『老子』 제18장. "大道廢, 有仁義. 智慧出, 有大僞; 六親不和, 有孝慈; 國家昏亂, 有忠臣."

상덕은 덕이라고 여기지 않는다. 왜냐하면 상덕은 너무도 자연스럽게 만물 속에 내재하고 있는 것이기 때문이다. 그러므로 밖으로 드러나지 않는다. 노자는 상덕을 가진 성인을 “어린 아이[赤子]”에 비유한다. 노자에게 있어서 “어린 아이”는 생명력이 가장 충만한 존재이기 때문이다.

> 덕(德)을 두텁게 간직한 사람은 어린 아이에 비유할 수 있다.[23]

상덕을 잘 간직하고 있는 사람은 어린 아이처럼 순수함, 자연스러움을 간직하고 있다. 노자는 언제나 인간은 이런 어린 아이와 같은 마음을 간직할 것을 강조한다.

> 기운을 온전히 모아서 부드럽게 하여 능히 어린아이와 같이 될 수 있는가?[24]

상덕의 특징은 “이것은 덕이다” 혹은 “나는 덕을 간직하고 있다”고 여기지 않는다. 도가 천지 만물을 생겨나게 하는 것이 지극히 자연스럽고, 그 자신을 드러내지 않는 것처럼, 상덕을 간직한 성인은 그 자신 덕이 있다고 자처하지도 않고, 어떤 면에서는 자신이 상덕을 간직하고 있다는 그 자체마저도 잊어버린 사람이다.

노자에 의하면 대도(大道, 즉 上德)가 무너지고 나서 하덕이 있게 되었다. 하덕의 특징은 “작위함”(有爲)과 “이루지 못함이 있음”(有不爲)이다.

---

22 같은 책, 제38장. “上德不德, 是以有德; …上德無爲而無不爲.”

23 같은 책, 제55장. “含德之厚者, 比於赤子.”

24 같은 책, 제10장. “專氣致柔, 能嬰兒乎?”

> 하덕은 덕을 잃지 않으려고 하기에 오히려 덕이 없게 된다. …하덕은 작위를 하여도 이루지 못하는 것이 있다.[25]

노자에 의하면 하덕은 언제나 그 한계를 드러낸다. 노자가 말하는 하덕에는 유가에서 말하는 인·의·예가 대표적인 것이다. 그런데 노자는 인간이 본래의 순박한 마음[樸]을 잃어버리게 되자 그 순박했던 마음은 변질되게 되었다고 생각하였다. 유가에서 말하는 인에는 친애함(親)과 소원함(疎)의 구별이 있다. 의(義)는 어진 사람을 존중하는 것(尊賢)으로 존존(尊尊)이다. 여기에는 귀천(貴賤)의 구별이 있다. 노자는 예에 정통한 인물이다. 그러나 노자의 예에 대한 평가는 매우 비판적이다. 그러므로 노자는 하덕 중에서 가장 낮은 예를 가지고서 인간 사회의 현실 문제를 해결한다는 것은 더욱더 불가능하다고 생각하였다.

> 최상의 예(上禮)는 작위하여도 그것에 응해 주지 않으면 (강제로) 팔을 끌어당겨 억지로 따르게 한다.[26]

'예'는 이미 차별과 등급을 기초로 하여 성립된 까닭에 그 속에는 근본적으로 불평등을 담고 있다.

> 친족에 대한 친애의 강쇄(降殺), 현인을 높이는 등급이 예가 나오게 된 근본이다.[27]

이러한 관념이 지배하는 사회에서 인간의 평등, 만물의 평등이라

---

25 같은 책, 제38장. "下德不失德, 是以無德. …下德有爲而有不爲."
26 같은 책, 제38장. "上禮爲之而莫之應, 則攘臂而仍之."
27 『中庸』 제20장. "親親之殺, 尊賢之等, 禮所生也."

는 사상이 나오기는 어렵다. 뿐만 아니라 한 번 사회규범으로 고정되면 경직되어 인간을 속박하고 강제하는 질곡(桎梏)으로 변하게 된다.

3) 무위와 자연

도는 인위적으로 하는 작위가 없다. 그것을 무위하고 말한다. 형이상학적으로 보면 도와 만물의 관계는 도 무위/만물 자연이다. 이것은 도가 만물의 존재에 관여하지 않는다는 의미이다. 달리 말하면, 이것은 도의 무위를 통해 만물의 자연을 이룬다는 의미이다. 이것을 정치철학적으로 해석하면 군주가 백성들의 삶에 간섭하지 않는다는 의미이다. 즉 군주가 무위함으로써 백성들의 자연을 이룬다는 뜻이다.

노자철학은 결국 군주의 무위를 통해 백성의 자연을 이루려는 것이다. 이러한 관계를 제57장에서 가장 잘 나타냈다.

> 내가 무위(無爲)하니 백성은 스스로 올바르게 변하고, 내가 고요함을 좋아하니 백성은 스스로 바르게 되며, 내가 일 없음을 하니 백성은 스스로 부유하게 되고, 내가 무욕하니 백성은 스스로 소박해진다.[28]

노자가 말하는 '소국과민'이라는 이상적 사회는 군주와 백성의 관계가 역동적으로 나타난다. 이 문제는 군주의 무위와 백성의 자연으로 표현할 수 있다. 노자가 말하는 자연세계에서 도와 만물의 관계는 인간세계에서는 군주와 백성의 관계로 나타난다.

4. 소국과민

노자철학을 정치철학의 측면에서 고찰하면 무위정치의 실현을 그

---

28 『老子』 제57장. "我無爲而民自化, 我好靜而民自正, 我無事而民自富, 我無欲而民自樸."

목표로 삼는데 그가 이상적 세계로 그린 이상향을 소국과민(小國寡民)으로 표현하였다.

> 나라의 영토는 작게 하고 백성의 수는 적게 하며, 사람의 노력을 열 배 백 배 정도 줄일 수 있는 기구가 있더라도 사용하지 못하게 하고, 백성이 죽음을 중히 여겨 멀리 이사하지 못하게 한다면, 배와 수레가 있더라도 탈 일이 없고, 날카로운 무기와 튼튼한 갑옷이 있더라도 전쟁을 할 일이 없다. 백성들은 다시 새끼를 꼬아서 쓰고, 자신의 음식을 달게 먹고 의복을 아름답게 여기며, 거처를 편안하게 여기고 풍속을 좋아하게 한다면, 이웃 나라가 서로 바라보이고 닭이나 개 짖는 소리가 들릴지라도 늙어 죽을 때까지 서로 오가는 일은 없을 것이다.[29]

노자가 말한 소국과민이라는 이상 국가에서 각자의 삶의 주체는 백성이다. 백성들은 치자가 존재하는지 여부에 아무런 관심도 없다. 이것을 노자는 "최상의 다스림[太上]"이라고 표현하였다. 이 "최상의 다스림"이 노자철학의 궁극적 목적이다.

노자가 말한 이 최상의 다스림을 위해서는 세 가지가 필요하다.

첫째, "백성의 마음으로 자신의 마음을 삼는[以百姓心爲心]" 것이다.

노자철학에서 이상적 치국은 치자가 자신의 사사로운 마음으로 국가 경영을 하는 것이 아니라 백성의 마음으로 자신의 마음을 삼는다.

> 성인은 (자신의 사사로움을 바탕으로 한) 항상된 마음이 없기에 백성의 마음으로 자신의 마음을 삼는다.[30]

---

29 같은 책, 제80장. "小國寡民, 使有什佰之器而不用, 使民重死而不遠徙, 雖有舟輿, 無所乘之, 雖有甲兵, 無所陳之, 使人復結繩而用之, 甘其食, 美其服, 安其居, 樂其俗, 隣國相望, 鷄犬之聲相聞, 民至老死不相往來."

30 같은 책, 제49장. "聖人無常心, 以百姓心爲心."

국가는 백성을 그 근간으로 삼는다. 백성이 없는 국가가 존재할 수 없듯이 백성이 없는 군주란 존재할 수 없다. 그러므로 치자는 백성들을 그 기반으로 삼아야 한다.

노자는 무위를 통하여 치자를 무력화(無力化)시켜 최종적으로는 백성들의 자연을 획득하고자 한다. 이 자연은 자화(自化), 자정(自正), 자부(自富), 자박(自樸)을 포괄한다. 그러므로 노자철학에서 무위와 자연은 서로 긴밀한 동태적 관계를 형성한다. 이것을 정치철학으로 해석하면 군주의 무위를 통하여 백성의 자연을 이루는 것이다. 즉 "무위는 자연에 도달해 가는 과정에서는 수단이지만 최종적인 단계에서는 무위가 곧 자연이다. …자연을 가능하게 하는 가장 확실한 수단인 이 무위를 노자가 정치의 근본적인 방식으로 제시한다는 점이다."[31] 노자는 치자의 무위를 통하여 백성들의 자연을 획득하고자 하는 전략이다.

둘째, 천하로 천하를 살피는[以天下觀天下] 것이다.

노자에 의하면 천하는 천하 사람의 천하이고, 천하의 문제는 천하가 돌아가는 원리로 살펴보아야 한다고 말한다.

> 그것을 내 몸에서 닦으면 그 자신의 덕이 진실하게 되고, 그 자신의 집안에서 닦으면 그 덕이 넉넉해지고, 마을에 닦으면 그 덕이 오래가고, 나라에서 닦으면 그 덕이 풍요로워지고, 천하에서 닦으면 그 덕이 널리 퍼진다. 그러므로 자신으로 자신을 살피고, 집안으로 집안을 살피고, 마을로 마을을 살피고, 나라로 나라를 살피고, 천하로 천하를 살핀다.[32]

31 박원재, 「先秦道家의 문제의식과 그 대응방식」, 한국철학회, 『철학』 56, 1998, 42쪽.

32 『老子』 제54장. "修之於身, 其德乃眞; 修之於家, 其德乃餘; 修之於鄕, 其德乃長; 修之於國, 其德乃豊; 修之於天下, 其德乃普. 故以身觀身, 以家觀家, 以鄕觀鄕, 以

이것은 신(身)·가(家)·향(鄕)·국(國)·천하(天下)의 논리가 다르기 때문이다. 노자는 몸, 집안, 마을, 국가, 천하를 다스리는 그 원리가 같지 않다고 말한다.

셋째, 최상의 통치란 백성들이 그것을 알지 못하는[太上不知有之] 것이다.

노자에 의하면 최상의 통치란 백성들이 치자가 있다는 것도 알지 못한다.

> 최상의 통치란 백성들이 그것이 있는지도 알지 못한다. 그 다음은 백성들이 치자를 친근하게 여기고 칭송한다. 그 다음은 백성들이 치자를 두려워한다. 그 다음은 백성들이 치자를 경멸한다.[33]

여기에서 노자는 치국의 상태를 네 가지로 나누어 설명하고 있다. 첫 번째, 최상의 통치이다. 둘째, 백성들이 좋아하는 통치이다. 셋째, 백성들이 두려워하는 통치이다. 넷째, 백성들이 경멸하는 통치이다.

소국과민이라는 이상적 국가에서 백성들은 치자의 존재마저도 잊고 하늘이 자기 자신에게 준 삶을 살아간다. 이것은 만물이 "저절로 각각의 존재양식에 따라 개성 있게 자라며 존재"[34]하는 세계이다.

이 세계를 우리는 무위자연의 세계라고 말할 수 있다. 그런 까닭에 비록 이 이상적 세계에 치자와 백성이 존재한다고 하더라도 그 차이는 거의 무의미하다고 할 수 있다. 이 세계에서 치자는 노자가 말하는 성인으로 무위의 덕을 완벽하게 체현하는 인물이기 때문이다.

노자가 제시한 소국과민이라는 이상적 세계에서 천지 만물은 온

國觀國, 以天下觀天下."

33 『老子』 제17장. "太上不知有之, 其次親之譽之, 其次畏之, 其次侮之."

34 高橋進, 「東西哲學에 있어서의 自然과 自由에 대하여」, 퇴계학연구원, 『퇴계학보』 제68, 1990, 407쪽.

전하게 조화로운 세계를 형성한다. 노자는 가장 훌륭한 위정자는 백성들에게 어떤 일을 강요하지 않을뿐더러, 자신의 은덕(恩德)을 자랑하지도 않는다고 생각하였다. 백성들은 다만 그의 존재를 알고 있을 뿐(혹은 있다는 것조차도 모른다), 그의 존재를 이해할 필요도 없고, 더욱이 그의 위대함을 칭송하거나 감사할 필요도 없다.[35] 그 세계에서 백성들은 자신에게 주어진 삶을 살아가고, 또 그렇게 죽어갈 것이다. 도는 만물을 무성하게 자라게 하고, 또 때가 되면 거두어들인다. 그러므로 "하늘의 도"는 이로움만이 있을 뿐이다.

> 하늘의 도는 이로울 뿐 해롭지 아니하다.[36]

이처럼 "하늘의 도"를 본받아 천하를 다스리는 성인은 백성들에게 도움을 줄 뿐 자신의 사사로운 이익[私欲]을 채우기 위하여 다투지 않는다.

> 성인의 도는 (백성들이) 잘 살 수 있도록 위해줄 뿐 다투지 아니한다.[37]

5. 철학적 의의 및 평가

노자철학은 고대 중국철학에서 최초로 형이상학적 사유를 전개한 인물이다. 노자는 주대 예악문화의 뿌리인 천명에 대해 비판적이었다. 주대 예악문화는 천명에 근거한 유목적적 세계관을 나타내는데 노자에 의하면 이것은 인위의 정치를 낳게 될 뿐이다. 노자는 유가의

---

35 劉笑敢, 김용섭 옮김, 『노자철학』, 청계, 2000, 122쪽.

36 『老子』 제81장. "天之道, 利而不害."

37 같은 곳. "聖人之道, 爲而不爭."

이러한 목적론적 세계관을 무목적적 세계관을 통해 비판하였다.

노자철학은 도가 무위인 것처럼 군주 역시 무위정치를 함으로써 백성(넓게는 만물)들의 자연을 획득하고자 하였다. 노자는 무위청치를 통해 백성들이 자연스럽게 자신에게 주어진 삶을 살아갈 수 있는 자연이연의 세계를 소국과민으로 그렸다. 이 소국과민에서 백성들은 통치자의 간섭이 없이 자신의 삶을 주체적으로 꾸려갈 수 있게 된다. 오늘날의 정치체제로 말한다면 노자가 말한 소국과민은 중앙집권이 아닌 지방분권을 통해 각자가 주인이 된 삶을 살아가는 것이다.

■ 토론 주제

1. 도의 형이상학적 특징은 무엇인가?

2. 만물의 본성인 덕과 욕망의 관계는?

3. 노자 무위자연의 정치철학적 의미는 무엇인가?`

■ 참고문헌 및 더 읽어야할 책

金忠烈, 『노장철학강의』, 예문서원, 1996.

徐連達·吳浩坤·趙克堯, 중국사연구회 옮김, 『중국통사』, 청년사, 1989.

이강수, 『도가사상의 연구』, 고려대학교민족문화연구소, 1989.

이강수, 『노자와 장자』, 길, 2005.

王 弼, 임채우 옮김, 『왕필의 노자주』, 한길사, 2005.

劉笑敢, 김용섭 옮김, 『노자철학』, 청계, 2000.

중국사연구실 편역, 『中國歷史』(상권), 신서원, 1993.

高橋進, 「東西哲學에 있어서의 自然과 自由에 대하여」, 퇴계학연구원, 『퇴계학보』 68, 1990.

박원재, 「先秦道家의 문제의식과 그 대응방식」, 『철학』 56, 한국철학회, 1998.

이종성, 「『노자』 제25장의 존재론적 검토」, 새한철학회, 『철학논총』 제26집, 2001.

임채우, 「노자의 심성론에 있어서 앎과 욕망의 구조와 문제」, 한국동서철학회, 『동서철학연구』 14, 1997.

金忠烈, 『時空與人生』, 法仁文化社, 1996(影印).

楊 寬, 『戰國史』, 上海人民出版社, 1998.

張吉良, 『老聃≪老子≫ 太史儋≪道德經≫』, 齊魯書社, 2001.

陳鼓應, 『老子註譯及評介』, 中華書局, 1987.

제3장

묵자, 백성의 이익 대변

1. 생애와 시대

묵자는 공자의 철학을 비판함으로써 중국철학사에서 최초로 합리적 논쟁을 시작한 철학자이다.[1] 하지만 묵자가 과연 어떤 사람인지에 대해서는 명확하게 파악하기 힘든 상황이다. 묵자의 철학을 담고 있는 『묵자』라는 책에서도 묵자가 과연 어떤 사람인지에 대해서는 정보를 거의 제공하고 있지 않다. 묵자는 과연 어떤 사람일까? 사마천의 『사기』에서는 묵자에 대해서 다음과 같이 말하고 있다.

> 묵적은 송나라의 대부로서 방어술에 능했고 비용절약을 주장했는데, 공자와 같은 시대 사람이라고도 하고 그 이후 사람이라고도 한다.[2]

『사기』의 묵자에 대한 언급은 매우 간략하다. 심지어는 묵자에 대한 편을 따로 마련해서 소개하고 있는 것이 아니라 맹자와 순자를 소개하는 부분에서 간략하게 언급하는 정도이다. 『사기』에 의하

---

1 앤거스 그레이엄 지음, 나성 옮김, 『도의 논쟁자들』, 새물결, 2001, 71쪽 참조.

2 『사기』, 「맹자순경열전」.

면 묵자는 춘추시대 말기를 살았던 공자(BC. 551-479)와 비슷한 시기 내지는 약간 후대인 전국시대 초기에 활동했던 철학자이다. 하지만 묵자가 과연 어떤 사람이었는지에 대해서는 여러 가지 추측들이 있다.

우선, '묵자(墨子)'에서 '묵(墨)'이라는 것은 단순히 성(姓)을 지칭하는 것이 아니라 고대 형벌의 하나로서 그 형을 받은 무리 즉 노역하는 부류를 가리킨다. 이것으로부터 '묵자'는 묵형을 받은 무리 출신의 철학자일 것이라고 추측한다. 다른 하나는 '묵(墨)'이라는 글자가 '검다'라는 뜻이 있듯이 묵자는 얼굴이 검게 그을린 노동자 계급의 철학자일 것으로 추측한다. 『사기』에서 말하는 '비용절약을 주장'했다는 것 자체가 귀족을 위한 철학이 아니라 노동자 계급의 하층민을 위한 철학자였음을 알 수 있다. 실제로도 묵자가 공자를 비판한 주요 내용 중에는 상례를 지나치게 후하게 치르는 것과 음악을 즐기는 것에 반대하는 내용이 주를 이룬다. 또한 공자가 자신의 이상적인 성왕으로 요순을 들고 있다면 묵자는 치수 사업을 통해 백성들에게 이익을 주었던 우(禹)를 이상적인 성왕으로 추존하고 있다.

다음으로, '방어술에 능했다'라는 『사기』의 기록에 의하면 묵자는 방어전쟁에 능한 용병집단의 우두머리였다는 것이다. 예를 들어, 『묵자』 「공수」 편에는 다음과 같은 기록이 있다.

> 공수반이 초나라를 위해서 운제(雲梯, 구름 사다리)라는 공격용 무기를 만들었는데, 완성되자 송나라를 공격하려고 했다. 묵자가 이 소식을 듣고, 공수반을 만났다. […] 묵자는 허리띠를 풀어서 성으로 삼고 작은 막대기를 묵기로 삼아 가상전투 상황을 설정했다. 공수반이 성을 공격하는 술책을 아홉 번이나 바꿔가며 시도했지만 묵자는 그때마다 여지없이 막아냈다. 공수반의 공격용 무기의 성능은 바닥이 났어도 묵자의 방어술은 여유가 있었다. […] 그리하여 묵자는 초나라 왕에게

말했다. '[…] 저의 제자 금활리 등 300명은 이미 이와 같은 방어용 무기를 가지고, 송나라 성 위에서 초의 군사(적병)들을 기다리고 있습니다. 비록 저 한 사람을 죽인다고 할지라도 저들을 다 죽일 수는 없을 것입니다.' '좋습니다. 우리가 송을 공격하지 않도록 하겠소.'[3]

선진시대 여러 문헌들과 『묵자』에서 묵자는 공자와 논쟁하는 철학자로서 등장하는 것이 아니라 공수반이라는 당대의 유명한 장인과 경합을 겨루는 사람으로 등장한다. 『묵자』「공수」편에 의하면, 묵자는 공수반이 초나라의 송나라 공격을 돕기 위해 '운제(雲梯, 구름 사다리)'를 만들었다는 소식을 듣고 초나라로 가서 공수반과 아홉 가지 성(城) 공격 전략에 대응할 방책이 있음을 주장한다. 이러한 「공수」편의 이야기를 통해 우리는 다음과 사실을 추측해 볼 수 있다. 먼저, 묵자는 평화를 위한 방어전쟁에 능한 용병 집단을 이끈 우두머리였다는 사실이다. 다음으로, 묵자는 비공(非攻, 공격전쟁을 하지 않음)을 주장한 평화주의자였다는 것이다. 이러한 평화주의 철학은 그의 철학의 핵심인 겸애(兼愛)로 드러나게 된다.

그렇다면 묵자는 왜 하층민을 위한 철학, 평화주의 철학 등을 주장하게 되었을까? 물론 그 원인은 그가 노동자 계급 출신의 철학자라는 것이 많은 작용을 했을 것이다. 뿐만 아니라 묵자 자신의 시대에 대한 통찰이 반영된 것이라 할 수 있다. 묵자가 살았던 시대는 대략 춘추시대 말기에서 전국시대 초기이다. 춘추시대는 BC. 11세기 이후 주나라의 혈연 중심의 봉건제가 와해되던 시기였다. 뿐만 아니라 이 당시 중국 사회는 청동기에서 철기시대로 넘어가게 됨으로써 생산력의 증대로 경제가 발달하게 되고 봉건 제후국들이 급격히 성장하게 되던 시기이다. 경제적 측면과 정치적 측면의 변화는 제후국들

---

3 『묵자』, 「공수」.

간의 정복 전쟁을 일으키는 계기가 된다.[4] 묵자가 살았던 시대는 끊임없는 전쟁으로 인해 일반 백성들이 삶을 영위하기 힘든 고난의 시대였다. 묵자는 이러한 사회적 현실을 목격하고 시대의 문제를 해결하기 위한 방책으로서 정복전쟁에 반대하는 비공(非攻), 겸애(兼愛) 등을 주장한 것이다. 또한 묵자는 백성들을 힘들게 만드는 예(禮)나 악(樂)에 반대하여 '비례(非禮)' '비락(非樂)', '절용(節用)', '절장(節葬)' 등을 주장한 것이다.

이러한 묵자의 철학은 현재 『묵자』라는 책으로 남아 전해지고 있다. 『묵자』는 원래 71장으로 구성되어 있었지만 현존하는 것은 53장뿐이다. 이 가운데 11개의 장은 전쟁방법 등 군사적 내용을 다루고 있고, 6개의 장은 논리, 윤리, 과학 등을 말하고 있다.[5] 또 「경」, 「경설」, 「대취」, 「소취」 등의 편들은 후기 묵가 철학자들의 저작으로 추정되고 있다.

2. 공리주의 철학자

묵자는 자신의 철학적 근거로서 하늘과 귀신을 중시한다. 묵자에 의하면, 하늘과 귀신이 바라는 것은 인간사회의 평화와 안정이다. 하늘을 본받은 성인들은 인간들을 이롭게 하는 것을 목표로 한다. 여기에서 이롭게 한다는 것은 '이(利)'로써 중국고대철학에서 '의(義)'와 대립되는 가치이다. '이'에 반대하고 '의'를 중시한 학파는 유가철학이다. 특히 공자는 '이'를 개인적 이익으로 이해하고, 군자는 '의'를 추구해야지 '이'를 쫓지 말 것을 주장한다. 왜냐하면 인간이 '이'를 쫓아 행동을 하게 된다면 사람들에게 피해를 주게 되어 원망을 받는

4 송영배 편저, 『제자백가의 사상』, 현음사, 1994, 69쪽.
5 벤자민 슈월츠 지음, 나성 옮김, 『중국고대사상의 세계』, 살림, 1996, 204쪽.

일이 많게 되기 때문이다. 이와 달리 묵자는 '이'에 대해 긍정적으로 말한다. "인간은 필연적으로 이기적이거나 또는 기본적으로 자신의 필수적 이익들에 관심을 가지고 있다. 의로운 사람은 '최대 다수에 대한 최대의 행복'이 실현될 때에야 비로소 자신과 모든 사람들이 이로울 수 있다는 사실을 분명히 이해하는 사람이다."[6] 묵자철학의 중요한 원칙은 백성들에게 이익이 되는 것을 추구하는 것이다. 그렇다면 어떤 것이 이익이 되는지 되지 않는지를 어떻게 분별할 수 있는가? 묵자는 이익에 대한 분별을 위해 세 가지 기준을 제시한다.

> 모든 주장은 반드시 표준에 입각해야 한다. 주장에 표준이 없으면 돌림판 위에 해시계를 올려놓은 격이어서, 시시비비와 이해득실을 명확히 파악할 수 없다. 따라서 모든 주장에는 반드시 세 표준이 있다. 그러면 그 세 표준이란 무엇인가? 묵자가 이렇게 언명했다. 첫째는 근거[本之], 둘째는 실증성[原之], 셋째는 효용성[用之]이다. 어디에 근거해야 하는가? 위로 옛 성왕의 사적(과거에 경험한 역사적 교훈)에 근거해야 한다. 어디에서 실증되어야 하는가? 아래로 뭇 사람들의 이목의 실제 경험에서 실증되어야 한다. 어디에 응용할 수 있어야 하는가? 정치제도에 응용하여 국가와 모든 인민의 이익에 적중할지를 살펴야 한다. 이것이 '주장에는 세 표준이 있다'는 말이다.[7]

묵자는 이러한 세 가지 표준에 근거에 백성들에게 이익이 있는지 없는지를 실증적으로 검증하고자 하였다. 첫째는 근거이다. 즉, 판별해야 것의 역사적 근거가 있는지를 살펴보는 것이다. 둘째는 실증성이다. 즉, 백성들이 직접 보고 들은 경험적 사실을 통해 보면 알 수 있다는 것이다. 셋째는 효용성이다. 어떤 것이 국가와 백성들에게 이

6 벤자민 슈월츠, 『중국고대사상의 세계』, 215쪽.

7 『묵자』, 「비명상」.

익이 되는가가 구체적인 정치나 제도를 통해 효용성이 있는지를 살펴보는 것을 의미한다. 이처럼 묵자가 이익을 철학적 목표로 삼고 있다는 것은 '의'를 중시한 유가철학에 대한 비판을 의미한다. 묵자는 자신의 철학적 원칙에 근거하여 유가철학의 폐해를 비판하고 백성들에게 이로운 것들을 제시한다.

그렇다면 백성들을 이롭게 할 수 있는 방법이란 어떤 것이 있는가? 옛 성왕들은 백성들을 이롭게 하기 위한 방법으로 절용(節用)의 법을 제정했다. 묵자는 절약의 원칙에 근거해 절약과 검소를 숭상하고 사치를 반대했다.

> 옛날에 사람이 처음 생기고 집을 지을 줄 몰랐을 때에는 언덕에 굴을 파고 살았다. 성왕은 이렇게 굴을 파고 사는 것을 염려하여 말하기를 '비록 겨울에는 바람과 추위를 피할 수 있을지라도, 여름이면 바닥은 축축하고 위는 후덥지근하니 사람의 건강에 해롭겠다'고 했다. 그리하여 편리한 집을 짓고 살게 했다. 그렇다면 그 집 짓는 법은 어떠했는가? 묵자가 말하기를 '외벽은 추위와 바람을 막을 수 있고, 지붕은 눈, 서리, 비, 이슬을 막을 수 있고, 방은 깨끗하여 제사를 모실 수 있고, 내벽은 남녀유별을 유지할 수 있는 정도에서 그치게 했다. 인민의 이익에 보탬이 되지 않는 재화의 소비를 성왕은 일절 용납하지 않았던 것이다'고 했다.[8]

인간이 삶을 영위 하는데 필요한 세 가지는 의(衣)·식(食)·주(住)이다. 묵자는 의·식·주에 있어서 본래의 기능 이상을 요구하지 말 것을 주장한다. 다시 말하면, 의(衣)는 추위를 피할 수 있는 정도면 되고, 식(食)은 배고픔을 해결 할 수 있으면 되고, 주(住)는 추위와 더위, 그리고 비바람 등 자연 환경으로부터 삶을 유지할 수 있는 최소한의

8 『묵자』, 「절용 중」.

정도만 누릴 것을 주장한다. 묵자는 인간이 생존을 넘어 지나치게 비싼 옷을 입는다거나, 맛있는 음식을 먹는다거나, 화려하고 좋은 집에 살면 안 된다고 주장하고 있는 것이다. 묵자의 관점에서는 그러한 것들은 모두 백성들의 삶을 피폐하게 만드는 근원이다. 묵자는 이러한 절약과 검소라는 원칙 아래 당시 유가철학에서 중시한 지나치게 예를 차리는 상례(喪禮)와 장례(葬禮)에 대해 반대한다. 묵자는 장례와 관련하여 절장(節葬)과 단상(短喪)을 주장한다.

> 옛날에 성왕은 절장의 법을 제정하여, 수의는 세 벌로 하여 살이 잘 썩을 수 있는 정도에서 그리고 묘혈의 깊이는 지하수에 닿지 않고 시신의 냄새가 새어나오지 않을 수 있는 정도에서 그치게 했다. 즉 죽은 사람은 이미 장사했으니 산 사람이 오랜 치상으로 슬픔에 잠기지 말도록 하셨던 것이다.[9]

> 후장(厚葬)은 애써 벌은 재물을 매장하는 짓이요, 구상(久喪)은 오래도록 생업에의 종사를 방해하는 것이다. 이미 벌은 재화는 몽땅 쓸어다 묻고서 그 후의 생계의 도모까지도 오래도록 금하는 것인즉, 그러고도 부를 추구한다고 함은 농사를 금지하면서 수확을 바라는 격이다. 부에 관한 주장 자체가 성립할 수 없다. 따라서 국가를 부유하게 하는 일은 이미 불가능하다. 그러니 인구증가는 생각이나 할 수 있겠는가? 도대체 성립할 수 없다.[10]

묵자는 절용의 입장에서 그 당시 장례 문화는 백성들의 삶을 피폐하게 만드는 것이라 주장한다. 그 당시 장례에 사용하는 수의(壽衣)는 간소하게 하고, 묘의 깊이는 적당히 깊게 파고, 관도 적당히 두껍고 화려하게 장례를 치를 것을 주장한다. 특히 오랜 기간 동안 상(喪)

---

9 『묵자』, 「절용 중」.
10 『묵자』, 「절장 하」.

을 치르는 것은 그 당사자의 감정을 장기간 동안 슬픔에 젖어들게 하여 일상적 삶을 살아가는데 방해가 된다. 묵자는 이런 이유로 장례를 짧게 할 것을 주장한다. 즉, 묵자는 유가철학이 주장하는 3년 상(喪)은 후장으로서 '부를 추구하고', '인구증가를 추구하는' 것을 힘들게 하기 때문에 절장과 단상을 추구해야 한다고 주장한다.

다음으로, 묵자는 유가철학에서 의례와 인간의 심성 교육에 있어서 중요한 기능을 하는 음악을 즐기는 것에 대해 반대한다. 묵자는 음악을 즐기는 것에 대해 다음과 같은 이유로 반대한다.

> 묵자가 음악을 비난하는 까닭은 큰 종이나 울리는 북 또는 금(琴)과 슬(瑟)과 우(竽)와 생(笙) 같은 악기의 소리가 즐겁지 않다고 여기기 때문이 아니다. 조각한 무늬와 색깔이 아름답지 않다고 여기기 때문이 아니다. 짐승고기를 볶고 구운 맛이 달지 않다고 여기기 때문이 아니다. 높은 누대나 큰 별장이나 넓은 집에서 사는 것이 편안하지 않다고 여기기 때문이 아니다. 비록 몸은 그 편안함을 알고, 입은 그 단 것을 알고, 눈은 그 아름다운 것을 알고, 귀는 그 즐거운 것을 알지만, 그러나 위로 생각하여 볼 때 성왕들의 일과 부합되지 아니하고, 아래로 헤아려 볼 때 만백성들의 이익과 부합되지 않기 때문이다.[11]

묵자는 음악의 역기능성에 대해 주장하고 있다. 음악은 즐거움을 추구하는 것이지만 그것이 현실적으로 백성들이 즐길 수 없으며, 많은 폐단을 지니고 있음을 주장하고 있다. 묵자는 음악의 즐거움을 모르기 때문에 비판하는 것이 아니라 그것이 백성들에게 이롭지 않기 때문이다. 묵자 당시의 왕을 비롯한 귀족들은 백성들에게서 세금을 많이 거둬들여 아름다운 음악을 연주하는 데 필요한 것들을 마련

11 『묵자』, 「비악 상」.

하였다. 당시의 지배계급이 음악을 즐기는 것은 백성들의 삶에 아무런 이익을 주지 못한 것이다. 묵자의 음악에 대한 반대는 유가철학에 대한 비판이 전제되어 있다. 왜냐하면 유가철학에서는 음악이란 예(禮)와 함께 인간의 심성을 고양시키고 사회의 풍속을 순화시키는 데 중요한 기능을 하는 것으로 말해지고 있기 때문이다. 묵자는 음악에 대해 비판하는 것은 음악이 즐겁지 않기 때문이 아니라 음악을 듣고자하는 과정 속에서 백성들의 삶에 해로움을 초래하기 때문이다.

이처럼 묵자는 공리주의적이고 실리적인 입장에서 백성들에게 이로움을 줄 수 있는 것이 중요한 도덕과 정치의 원칙이라 주장한다. 묵자는 백성들에게 해로움을 주는 사치스러운 생활 보다는 최소한의 욕구를 해결해 줄 수 있는 의식주만을 누릴 것을 주장한다. 뿐만 아니라 묵자는 3년 상(喪)과 화려한 장례 문화를 바꿔서 기간을 줄이고 간소한 장례를 치르고 음악을 즐기지 말 것을 주장한다.

3. 모든 사람을 사랑하라, 겸애

묵자는 춘추시대 말기에서 전국시대 초기에 활동한 것으로 추정되고 있다. 이 시기는 주나라의 혈연적 봉건제가 해체되고, 각각의 제후국들이 역사의 주인공으로 등장하기 시작한다. 각 제후국들은 철제 농기구와 무기를 근간으로 경제적 측면에서는 농업생산량과 상업이 발달하게 되고, 군사적인 측면에서는 철제무기로 무장한 대규모 보병을 갖추게 된다. 경제적 발전과 군사적 막강함을 바탕으로 각 제후국들은 정복 전쟁을 시작하게 된다. 각 나라들은 전쟁 비용을 조달하기 위해 백성들로부터 막대한 세금을 거둬들였으며, 성을 쌓는 노역에 시달리거나 징병되어 전쟁에 직접 참여하게 된다. 이러한 전쟁 속에서 가장 고통을 받는 것은 바로 일반 백성이다. 묵자는 민중들의 비참한 현실을 어떻게 극복할 수 있을 것인지를 고민하게 된다. 먼저 묵자는 왜 이러한 혼란의 원인이 무엇 때문인가를 고민한다. 묵자는 다음과 같이 말한다.

> 혼란은 어디에서 일어나고 있는가 살펴보았을 때, 서로 사랑하지 않는 데에서 일어나고 있다. 신하와 자식이 그의 임금이나 아버지에게 도리에 어긋나는 짓을 하는 것이 이른바 혼란이다. 자식은 자신은 사랑하면서도 그의 아버지는 사랑하지 않는다. 그래서 아버지를 해치면서 자신을 이롭게 하는 것이다. 아우는 자신은 사랑하면서도 형은 사랑하지 않는다. 그래서 형을 해치면서 자신을 이롭게 하는 것이다. 신하는 자신은 사랑하면서도 임금은 사랑하지 않는다. 그래서 임금을 해치면서 자신을 이롭게 하는 것이다. 이것이 이른바 혼란인 것이다. 그리고 아버지가 자식에 자애롭지 않고, 형이 아우에게 자애롭지 않고, 임금이 신하에게 자애롭지 않다 해도 이것도 역시 천하의 이른바 혼란인 것이다. 아버지는 자신은 사랑하면서도 자식은 사랑하지 않는다. 그래서 자식을 해치면서 자신을 이롭게 하는 것이다. 형은 자신은 사랑하면서도 아우는 사랑하지 않는다. 그래서 아우를 해치면서 자신을 이롭게 하는 것이다. 임금은 자신은 사랑하면서도 신하는 사랑하지 않는다. 그래서 신하를 해치면서 자신을 이롭게 하는 것이다. 이것은 무엇 때문인가? 모두가 서로 사랑하지 않는 데서 일어나는 것이다.[12]

묵자는 천하의 큰 혼란은 사람들이 서로 사랑하지 않은 데에 있다고 말한다. 따라서 겸애설로써 구제해야 한다. 겸애의 도는 타인에게 유리할 뿐만 아니라 겸애의 도를 행하는 사람 자신에게도 유리하다. 묵자는 공리적인 측면에서 겸애의 필요성을 주장하고 있는 것이다. 이것이 묵가의 겸애설이 유가가 주장한 인(仁)과 다른 이유이다. 천

12 『묵자』, 「겸애, 상」.

하의 큰 이익은 사람들이 겸애하는 데 있고, 천하의 큰 해악은 사람들이 서로 투쟁하는 데에 있기 때문에 인간은 전쟁을 멈춰야 한다는 것이다.

묵자 사상의 핵심은 겸애이다. 겸(兼)이란 말은 '겸하다', '널리'의 뜻으로 겸애란 일체 인간을 무차별적으로 사랑한다는 뜻이다. 애(愛)라는 점에서는 공자의 인(仁)과 유사한 것 같아 보이지만 양자 사이에는 본질적인 차이가 있다. 묵자에 의하면 공자의 인은 '별애(別愛)', 즉 차별애여서 평화는커녕 도리어 분쟁이 생긴다는 것이다.

공자의 인은 가족애를 출발점으로 한다. 이는 주나라 초기 가족주의 정치의 부활을 이상으로 삼은 데서 오는 당연한 결과이다. 인은 무엇보다도 먼저 내 부모형제를 사랑하는 것에서 시작한다. 이 가족에 대한 사랑을 국가에 대한 사랑으로, 그리고 국가의 집합인 천하로 넓혀간다고 하는 것이 유학의 이상이다.

묵자는 인류애는 가족애나 애국심이라는 특정 집단에 대한 사랑을 확대함으로써 얻을 수 없고, 도리어 그것에 대한 완전한 부정위에서 성립한다고 생각했다. 묵자의 겸애는 인류 모두에 대한 보편적 사랑을 의미한다. 겸애는 특정 공동체를 근본으로 하는 유학의 인(仁)과는 이질적일 뿐만 아니라 바로 그것의 부정으로부터 성립한다. 바로 그런 이유로 묵자는 "유가의 인은 차별애이며, 그것은 천하의 평화를 가져오기는커녕 도리어 다툼의 근원을 만드는 것이다"라고 말한다. 겸애는 자기를 위하 듯 친구를 위하고, 내 부모를 위하듯 친구의 부모를 위하는 것이다.

> 천하의 사람들이 모두 서로 사랑하지 않는다면 강한 자가 반드시 약한 자를 잡아 누르고, 부유한 자가 반드시 가난한 사람들을 업신여기며, 귀한 사람들은 반드시 천한 사람들에게 오만하고, 사기꾼은 반드

시 어리석은 사람들을 속이게 될 것이다. 모든 천하의 재난과 남의 것을 빼앗는 짓과 원한이 일어나는 까닭은 서로 사랑하지 않는 데에서 생겨나는 것이다. 그래서 어진 사람들은 그것을 비난한다. 그것을 비난한다면 무엇으로써 이를 대신해야 하는가? 묵자는 말했다. '모두가 아울러 서로 사랑하고 모두가 서로 이롭게 하는 방법으로써 이에 대신해야 한다.'[13]

묵자는 큰 나라가 작은 나라를 공격하고, 강한 자가 약한 자를 못살게 굴고, 많은 것을 가지고 있는 자가 적게 가진 자를 괴롭히고, 귀한 자리에 있는 자가 천한 자리에 있는 사람을 함부로 부리고, 교활한 자가 어리석은 사람을 이용해 먹는 것은 모두 차별적인 사랑 때문이라고 주자한다. 이러한 사람들 간의 다툼을 극복하기 위해서는 겸애, 즉 무차별적인 사랑으로 극복해야 한다고 주장한다. 묵자는 인간사회의 가장 큰 해악인 다툼을 종식시키기 위해 단순히 전쟁에 반대한 것을 넘어 정의롭지 못한 침략에 대해 방어 전쟁에 직접 참여하고 방어를 위한 전략 및 새로운 무기를 제조하였다. 이러한 점에서 묵자의 철학은 평화주의자적인 면모를 지니고 있다. 묵자는 맹자의 표현처럼 "머리부터 발꿈치까지 닳아 없어지더라도 그렇게 해서 세상을 이롭게 할 수 있다고 하겠다"는 신념으로 자신의 철학을 실천해 갔다.

4. 인간은 왜 서로 사랑해야 하는가, 천귀(天鬼)

『묵자』에서는 겸애설의 근거를 두 가지로 말하고 있다. 첫째, 「천지(天志)」편에서는 천지(天志) 혹은 천의(天意)를 말하고 있다. 둘째, 「명귀(明鬼)」편에서는 귀신이라 말한다. 묵자의 철학에서 귀신

13 『묵자』, 「겸애 중」.

의 종류에는 세 가지가 있다. 첫째는 천귀(天鬼) 즉 상제요, 둘째는 산천의 귀신이고, 셋째는 인간의 영혼인 인귀(人鬼)이다. 이러한 귀신의 존재는 인간의 행위에 대해 상벌을 내리는 존재이다.

> 천자란 천하에서 가장 귀하고 가장 부유한 존재이다. 따라서 부유하고 귀한 존재가 되려면 당연히 천의(天意)에 순종하지 않으면 안 된다. 하늘의 뜻에 순종하는 자는 서로 똑같이 사랑하고(兼相愛) 서로 똑같이 이롭게 하므로(交相利) 틀림없이 상을 받고, 하늘의 뜻에 거스르는 자는 서로 차별하여 미워하고(別相惡) 해롭게 하므로(交相賊) 틀림없이 벌을 받는다. 그렇다면 역사상 하늘의 뜻에 순종하여 상을 받은 자는 누구이고, 하늘의 뜻을 거슬러 벌을 받은 자는 누구인가?
>
> 묵자가 말했다. 옛날 삼대 성왕이신 우왕, 탕왕, 문왕, 무왕은 하늘의 뜻에 순종하여 하늘로부터 상을 받은 인물이고, 옛날 삼대 폭군인 걸왕, 주왕, 유왕, 여왕은 하늘의 뜻을 거슬러 하늘로부터 벌을 받은 인물이다. 그렇다면 우왕, 탕왕, 문왕, 무왕은 왜 상을 받았는가?
>
> 묵자가 말했다. 그 분들은 위로 하늘을 받들고, 중간으로 귀신을 섬기고, 아래로 백성을 사랑했기 때문에, 하늘의 뜻이 이르기를 '이들은 내가 사랑하는 사람을 평등하게 사랑했고, 내가 이롭게 하는 사람을 평등하게 이롭게 했다. 사람에 대한 사랑이 그토록 광범했고, 사람에 대한 이로운 행위가 그토록 두터웠다'고 했다. 따라서 하늘은 그들을 귀하기로는 천자가 되게 하고, 부유하기로는 천하를 소유하게 하고, 만세토록 업을 계승하여 자자손손 그들의 선정을 칭송하게 하고, 그 가르침을 온 천하에 널리 베풀어 지금까지 성왕으로 칭송하게 했던 것이다. 그렇다면 걸왕, 주왕, 유왕, 여왕은 왜 벌을 받았는가?
>
> 묵자가 말했다. 그들은 위로 하늘을 모독했고, 중간으로는 귀신을 욕되게 했고, 아래로 백성을 해쳤기 때문에, 하늘의 뜻이 이르기를 '이들은 내가 사랑하는 사람을 차별하여 미워했고, 내가 이롭게 하는 사람을 해쳤다. 사람에 대한 미움이 그토록 광범했고, 사람에 대한 해악이 그토록 심했다'라고 했다. 따라서 하늘은 그들이 제 목숨을 다하지

못하게 하고, 그들이 죽기 이전부터 지금에 이르기까지 폭군의 대명사로 비방하도록 하셨던 것이다.[14]

묵자는 이처럼 인간에게 상벌을 주는 천지와 귀신이 존재함에도 불구하고 인간 사회가 혼란한 이유를 사람들이 귀신의 존재를 믿지 않고 행위를 마음대로 하기 때문이라고 주장한다.

> 천하가 혼란스럽게 된 이유는 무엇 때문인가? 그것은 다름 아니라 모든 사람이 귀신의 존재를 의심하고, 또 귀신이 현자에게는 상을 주고 악을 행한 자에게는 벌을 줄 수 있다는 사실을 명확히 깨닫지 못하기 때문이다. 만약 사람들로 하여금 귀신이 현자에게는 상을 주고 악을 행한 자에게는 벌을 줄 수 있다는 사실을 믿게 한다면, 천하에 어찌 혼란이 발생하겠는가?[15]

묵자는 이처럼 귀신의 존재에 대해 회의를 품는 것을 논박하기 위해 예로부터 인귀(人鬼)가 인간의 행위에 대해 상벌로써 길흉화복을 내려주었음을 근거로 제시한다. 또 묵자는 예로부터 성왕(聖王)이 천하를 다스릴 때 반드시 천귀(天鬼)에게 제사를 지낸 것은 귀신이라는 존재가 있다고 믿었기 때문이라고 주장한다. 『시』「대아」편에서 "문왕의 영혼은 오르내리며, 제(帝)의 좌우에 있다[文王陟降, 在帝左右]"라는 말을 인용해 귀신의 존재가 분명히 존재한다고 역설한다. 비록 귀신이 인간의 행위에 대해 상벌을 주관하지만 그렇다고 해서 귀신에게 도와주기만을 빌어서는 안 된다고 묵자는 주장한다.

묵자는 상벌이란 한 개인의 행위가 초래한 결과이지 숙명론적으로 정해진 것이 아니라고 주장한다. 왜냐하면 인간의 길흉화복이 이

---

14 『묵자』, 「천지 상」.

15 『묵자』, 「명귀」.

미 정해져 있다면 상벌은 효과를 상실하기 때문이다.

묵자는 귀신의 존재에 대한 확신을 바탕으로 인간의 도덕적 행위의 근거로 삼고자 한다. 즉, 천귀(상제)는 의(義)를 좋아하고 불의를 싫어하며, 인간의 행위에 대해 상벌을 내리고, 인간의 소원을 들어주는 존재이다.

> 그렇다면 하늘이 천하의 백성을 사랑하신다는 것을 어떻게 알 수 있는가? 하늘이 그들의 길을 평등하게 밝혀주시기 때문이다. 평등하게 밝혀주신다는 것을 어떻게 알 수 있는가? 평등하게 어루만져주시기 때문이다. 평등하게 어루만져주신다는 것을 어떻게 알 수 있는가? 백성의 재물을 평등하게 흠향하시기 때문이다. 평등하게 흠향하신다는 것을 어떻게 알 수 있는가? 사해 안에 밥을 먹는 백성이면 희생에 바칠 소와 양을 먹이고 개와 돼지를 잡아서 바치고, 정결한 곡식과 술과 좋은 술을 담아 올려 하느님과 귀신에게 제사를 드리지 않는 사람은 아무도 없기 때문이다. 하늘은 모든 읍과 백성의 주인인데, 어찌 그들을 사랑하지 않겠는가? 또 나는 무고한 사람을 죽인 사람은 재앙을 당할 것이라고 말한다. 무고한 사람을 죽이는 자는 누구이겠는가? 바로 사람이다. 사람에게 재앙을 내리는 존재는 누구이겠는가? 바로 하늘이다. 만약 하늘이 천하의 백성을 사랑하지 않는다면 어째서 사람끼리 서로 죽인다고 해서 재앙을 내리겠는가? 이로써 나는 하늘이 천하의 백성을 살아하신다는 것을 안다.[16]

천귀는 인간의 도덕적 행위를 행해야 하는 근거가 된다. 도덕의 근원이 바로 천귀에서 나오는 것이다. 묵자는 인간이 도덕적 행위를 행하고자 한다면 천귀를 본받아야 함을 주장한다. 이러한 점에서 묵자가 말한 천(天)은 의(義)의 신(神)인 동시에 사랑의 신(神)이다. 왜

---

16 『묵자』, 「천지 상」.

냐하면 천하의 모든 읍은 천의 읍이고 그곳에 살고 있는 모든 인간은 장유귀천(長幼貴賤)을 불문하고 모두 천의 백성이다. 이런 이유로 천은 모든 사람을 한결같이 사랑한다. 뿐만 아니라 천은 인간이 서로 사랑하는 것을 좋아하고, 서로 미워하고 해치는 것을 싫어하므로, 인간 또한 천을 본받으려면 겸애해야 한다. 이것이 바로 묵자가 인간이 겸애를 해야 함을 주장하는 근거가 된다.[17]

5. 철학적 의의 및 평가

묵자는 중국사회가 춘추시대로부터 전국시대로 넘어가는 교체기에 활동한 철학자이다. 이 시기는 정복 전쟁으로 백성들의 삶은 나날이 피폐해져 갔다. 묵자의 철학은 지배계급의 입장을 대변하거나 옹호한 것이 아니라 피지배층의 입장, 즉 백성들의 입장을 대변했다. 묵자는 백성들에게 이익이 되는가, 되지 않는가를 공리주의적인 관점을 철학의 제일 원칙으로 삼았다.

묵자는 공리주의적 원칙 아래 백성들의 사람에 이익이 될 상검(尙儉: 검소함을 숭상)과 절용(節用: 소비를 절제함), 겸애(兼愛)와 정치적 평등(尙同) 그리고 비공(非攻: 정복 전쟁에 반대함)을 주장했다. 뿐만 아니라 백성들에게 불이익만 초래하는 예(禮)와 음악에 대해서는 비판한다. 묵자는 장례와 상례에 있어서 절장(節葬, 장례 절차를 간소화 할 것)과 단상(短喪, 장례기간을 줄일 것)을 주장한다. 음악에 있어서는 연주하지 말 것을 주장한다.

이처럼 피지배층인 백성들의 이익을 대변한 묵자의 철학은 한나라 이후 그 명맥이 끊기게 된다. 중국이 전국시대 후기에 이르러 강

17 가노 나오키 지음, 오이환 옮김, 『중국철학사 2』, 지식을만드는지식, 2017, 440-443쪽 참조.

대국을 중심으로 세력이 재편되면서 묵자 사상은 점점 영향력을 상실하기 시작한다. 진시황이 중국을 통일한 이후 왕을 중심으로 한 중앙집권 국가가 출현하면서 중국사회는 안정되기 시작했으며 이후 묵자의 사상도 또한 소멸의 길로 접어들게 된다.

오늘날의 관점에서 볼 때, 묵자의 철학은 피지배층을 대변한 철학으로, 전쟁에 반대한 평화주의 철학으로 숙명론적 세계관에 반대한 철학으로 이해될 수 있다. 이런 이유로 20세기에 한 때 중국에서 인민들의 이익을 대변한 철학으로 각광 받기도 했지만, 묵자가 자신의 철학적 원칙을 실천해야 하는 근거로 천명과 귀신의 상벌에 의존한다는 점에서 비판받게 된다.[18]

---

18 임계유 편저, 전택원 옮김, 『중국철학사』, 까치, 1990, 92쪽 참조.

■ 토론 주제

1. 평화를 위한 전쟁이란 있을 수 있는가?

2. 평화와 불의는 공존할 수 있는가?

3. 다름(차이)은 곧 불평등을 의미하는 것인가?

■ 참고문헌 및 더 읽어야할 책

묵자, 신동준 옮김, 『묵자』, 인간사랑, 2018.

천웨이런, 윤무학 옮김, 『묵자가 필요한 시간』, 378, 2018.

임건순, 『묵자: 공자를 딛고 일어선 천민 사상가』, 시대의창, 2015.

제4장

장자, 놀이하는 삶

철학은 현실 문제에 대한 반응이다. 그러므로 장자철학 역시 전국시대라는 혼란기의 시대적 산물이다. 전국시대의 시대적 위기가 제자백가로 하여금 현실 문제의 해결에 대한 해답을 요구하게 되었다. 장자철학은 전국시대에 활동했던 여러 지식인 집단(장주와 그 후학)이 자신들의 고통스런 삶의 경험 속에서 체험하여 얻은 결과물이다.

1. 장자의 생애와 『장자』

1) 장자의 생애

장자철학의 핵심 인물은 장주(莊周)이다. 『사기』 「노장신한열전」에서 이렇게 말하였다.

> 장자는 몽(蒙) 지방 사람으로 이름이 주(周)이다. 주는 일찍이 칠원(漆園)이라는 곳의 관리로 있었는데 양(梁)나라 혜왕(惠王), 제(齊)나라 선왕(宣王)과 동시대 인물이다. 그의 학문은 살펴보지 않은 것이 없지만 그 요점은 노자의 말로 돌아간다.[1]

1 『史記』, 「老莊申韓列傳」. “莊子者, 蒙人也, 名周. 周嘗爲漆園吏, 與梁惠王、齊宣王同時. 其學無所不窺, 然其要本歸於老子之言.”

장자는 송(宋)나라 사람이다. 그는 송나라 장공(莊公)의 후예로 몰락한 귀족이라고 한다.[2] 장자의 생졸연대와 관련하여 가장 널리 받아들이는 관점은 마서륜(馬敍倫)의 입장이다. 마서륜은 장자의 생졸연대를 기원전 369년에서 기원전 286년으로 추정한다. 장자는 젊었을 때 칠원(漆園)이라는 곳의 낮은 직책의 관리를 지냈다. 그러나 그 기간은 길지 않았던 것으로 보인다. 그 뒤 그는 은사(隱士)의 삶을 살았는데 가난의 연속이었다. 이것은 그 자신이 원해서 선택한 것이 아니다. 또 우리가 일반적으로 말하는 도피·은둔이 아니다. 장자가 선택한 은사의 길은 부득이한 선택이었다. 장자의 일생은 궁핍 속에서 삶을 살아갈 수밖에 없었다. 장자가 출사를 거부한 것은 당시 통치 집단(정치권력)과 지식인 집단(문화권력)에 대해 비판적이었기 때문이다.

장자의 일생은 한 편으로 초월을 추구하고[越世], 즉 "천지 정신과 왕래하며[與天地精神往來]", 다른 한 편으로 현실 속의 삶을 추구하는[不離世], 즉 "세속과 더불어 처하여[以與世俗處]" 여전히 인간 현실의 문제에 관심을 기울였다. 안안세(顔安世)는 장자의 생애에 대해 "장자는 그들과 달랐다. 장자는 사인(士人)이라는 신분을 거절하고 일생 동안 평범한 사람들과 더불어 살아갔다"고 평가하였다.[3]

2) 『장자』 판본

「노장신한열전」에 의하면 본래 『장자』는 52편 10여 만 글자로 되어 있다. 여기에서 「해설」 3편은 회남왕 유안과 문객이 쓴 글이다.

---

2 王葆玹, 『老莊學新探』, 上海文化出版社, 2002, 149쪽; 曹礎基, 『莊子淺論』, 廣東人民出版社, 1987, 6쪽.

3 顔安世, 『莊子評傳』, 南京大學出版社, 1999, 56쪽.

따라서 원래 『장자』는 49편으로 된 문헌이다. 오늘날 우리에게 전해지는 『장자』 판본은 곽상본(郭象本)이 유일하다. 이 곽상본은 33편 약 6만 5천자로 된 판본이다. 곽상본은 상수본을 바탕으로 형성되었다.

곽상본 이전에는 여러 판본이 존재하였다. 육덕명(陸德明)의 『경전석문(經典釋文)』에 의하면 『장자』 판본으로 최선(崔譔)본·상수(向秀)본·사마표(司馬彪)본·곽상본·이이(李頤)본·맹씨(孟氏)본·왕숙지(王叔之)본·이궤(李軌)본·서막(徐邈)본 등이 있다.

2. 시대적 배경

인간은 자신이 처한 시대의 시대적 한계에서 벗어날 수 없다. 이것은 누구도 부정할 수 없는 사실이다. 전국시대라는 잔혹한 환경 속에서 살았던 장주도 마찬가지이다.

춘추전국시대에 이르러 "예악이 무너지던[禮崩樂壞]" 문화위기가 출현하였다. 이 문화위기의 출현은 지식인들에게 현실 문제의 해결에 필요한 해답을 요구하였다. 전국시대의 역사적 배경의 특징은 세 가지로 개괄할 수 있다. 첫째, 전쟁이다. 둘째, 형벌이다. 셋째, 기아이다.

양관(楊寬)은 『전국사(戰國史)』에서 "전국시대의 전쟁의 특징은 전쟁을 하는 쌍방이 모두 적을 참수하여 죽이는 것을 장려하였다"[4] 고 말하였다. 『장자』「서무귀(徐无鬼)」편에서는 빈번한 전쟁을 발동하는 당시의 통치자를 다음과 같이 비판하였다.

> 대저 남의 백성을 죽이고, 남의 토지를 겸병하여 나의 사욕과 즐거움을 채우니, 그 전쟁이 누가 옳은 것인지 알 수 없고 전쟁에서 이긴들

4 楊寬, 『戰國史』, 上海人民出版社, 1998, 183쪽.

그 무엇을 위한 것인가?[5]

춘추시대 때 전쟁의 주체가 국인(國人)이라는 귀족들이었다면 전국시대 때 전쟁의 주체는 농민이었다. 당시 전쟁을 좋아하던 통치자들은 또 한편으로 백성들에게 가혹한 형벌을 가하였다. 끊임없이 발생한 부도덕한 겸병전쟁과 잔혹한 형벌은 백성들에게 엄청난 고통을 가져왔다. 전쟁과 형벌이 백성들에게 가져온 것은 기아의 고통이었다. 그 결과 원래 토지가 있었던 농민들은 생활을 유지할 수 없어서 어쩔 수 없이 땅을 팔게 되었고, 결국은 "추를 꽂을 땅도 없는[無置錐之地]" 사람들이 점차 늘어나게 되었다.

3. 철학

장자철학의 핵심문제는 '놀이[遊]', 즉 '인간의 자유'에 관한 탐구이다. 이 '놀이'라는 개념은 장자철학의 핵심 개념이다.[6]

1) 인간의 실존

우리가 경험적 혹은 역사적으로 잘 알고 있듯이 현실이란 언제나 온갖 모순투성이의 세계이다. 장자철학에서 인간의 부자유는 현실과 이상, 사실과 가치의 모순/대립에 의하여 생겨난 것이다.

인간은 자유를 갈망한다. 인간이 자유를 갈망한다는 사실은 반대로 인간은 현실적으로 그만큼 부자유스럽다는 것을 의미한다.[7] 장자

---

5 『莊子』, 「徐无鬼」. "夫殺人之士民, 兼人之土地, 以養吾私與吾神者, 其戰不知孰善, 勝之惡乎在?"

6 王叔岷(『莊學通論』), 鐘泰(『莊子發微』), 劉笑敢(『莊子哲學及其演變』, 中國社會科學出版社, 1988). 劉笑敢의 통계에 의하면 『莊子』에서 "遊"는 96회, "逍遙"는 6회 사용되었다.(18쪽)

철학의 가장 근본적인 특징은 인간의 "자유에 대한 지혜"[8]이다.

장자의 인간의 부자유에 대한 탐구는 두 가지 측면에서 전개된다. 첫째는 개인적 측면(개체적 존재)이고, 두 번째는 사회적 측면(사회적 존재)이다. 먼저 개체적 존재로서 인간의 실존적 문제는 두 가지 측면이다. 첫째, 삶에서 죽음으로 향하는 실존적 곤경이다. 둘째, 생존의 맹목성이다. 다음은 사회적 존재로서 인간의 실존적 문제 역시 두 가지 측면이 있다. 첫째, 부도덕한 통치자 권력(정치권력)의 폭력이다. 둘째, 지식인 집단(문화권력)의 부도덕성이다.

2) 도와 천

장자철학에서 중요한 형이상학적 개념은 도와 천이다.

(1) 도

장자철학에서 도는 본체론·우주론과 경지론의 의미를 갖는다.[9] 아래에서는 이 두 가지 측면으로 나누어 설명한다.

먼저 장자 도의 본체론·우주론이다.

『장자』에서 도에 대한 비교적 명확한 기술은 「대종사(大宗師)」편에 나타난다.

> 대저 도란 실제로 나타나는 작용이 있고, 그것이 존재한다는 증거가 있으나 작위도 없고 형체도 없다. 그것을 전할 수는 있으나 주고받을 수는 없고, 얻을 수는 있으나 볼 수는 없다. 스스로 모든 존재의 근본이 되어 있고, 천지가 아직 생기기 전의 옛날부터 본래 존재하며, 귀신을 신묘하게 하고 상제(上帝)를 신묘하게 하고, 하늘과 땅을 낳는다. 태극

---

7 福永光司, 이동철·임헌규 옮김, 『莊子-고대 중국의 실존주의』, 청계, 1998, 21쪽.
8 같은 책, 21-23쪽.
9 劉笑敢, 『莊子哲學及其演變』, 中國社會科學出版社, 1988, 103쪽.

(太極)보다 더 위에 있어도 높다고 하지 않고, 육극(六極)의 아래에 있어도 깊지 아니하다. 천지보다 앞서도 오래되었다고 여기지 않고, 상고(上古)시대보다 오래되었어도 늙지 아니한다.[10]

도는 천지 만물이 존재할 수 있는 최종적인 근거이다. 진고응(陳鼓應)은 이 단락에서 도는 실재하고 자존(自存)적이며, 천지만물을 낳고, 시공을 초월하는 본체로서의 특징을 가지고 있다고 분석한다.[11]

비록 도가 존재하기에 물이 존재하지만 도와 물의 관계는 결코 생성관계는 아니다. 장자는 도와 만물의 관계 설정에서 도에 의한 만물의 생성이라는 관점을 부정하였다.

염구(冉求)가 중니(仲尼)에게 물었다. '하늘과 땅이 아직 생겨나지 않았을 때를 알 수 있습니까?' 중니가 말하였다. '알 수 있다. 옛날은 지금과 같다.'[12]

이점은 노자철학에서 한 걸음 더 발전한 것으로 볼 수 있다.

장자철학에서 도는 만물의 생성과 소멸 과정을 초월한다. 그렇지만 동시에 도는 만물의 생성과 소멸 과정을 관통한다. 바꾸어 말하면 도와 만물의 관계는 초월하면서 동시에 내재하는 관계이다.[13]

장자철학에서 도의 본체론·우주론의 특징은 정체성(整體性)과 편재성(遍在性)으로 요약할 수 있다.

장자는 도의 정체성을 '하나[一]'로 표현하였다.

---

10 『莊子』, 「大宗師」. "夫道, 有情有信, 無爲無形, 可傳而不可受, 可得而不可見; 自本自根, 未有天地, 自古以固存; 神鬼神帝, 生天生地; 在太極之先而不爲高, 在六極之下而不爲深, 先天地生而不爲久, 長於上古而不爲老."

11 陳鼓應, 「莊子的"道"」, 『老莊論集』, 齊魯書社, 1987, 91쪽.

12 『莊子』, 「知北遊」. "冉求問於仲尼曰: '未有天地加知邪?' 仲尼曰: '可. 古猶今也.'

13 박원재, 「자연, 마음 그리고 삶의 연속성」, 『철학연구』43, 1998, 8쪽.

> 그러므로 이와 같이 되는 까닭에 가는 풀줄기와 큰 기둥, 문둥병 환자와 미인이라는 서시(西施)는 비교가 매우 기이하고 괴이하지만 도의 세계에서는 '하나[一]'가 된다.[14]

장자에게 있어서 도는 혼연(渾然)한 정체이다.[15] 「제물론」 편에서 이룸(成)과 나누어짐(分)에 대하여 다음과 같이 말하였다.

> '나누어짐[分]'은 '이룸[成]'이 되고, '이룸'은 '무너짐[毁]'이 된다. (따라서) 무릇 만물 가운데 '이룸'과 '무너짐'이 없으며 다시 두루 통하여 하나가 된다. 오직 이와 같은 것을 통달한 자[達者]만이 두루 통하여 하나가 됨을 안다.[16]

장자철학의 특징은 바로 천지 만물 근원으로서 도의 정체성, 즉 '하나'를 강조하고 있다는 점이다. 바꾸어 말하자면, 장자철학의 특징은 전일성(全一性)의 입장에 서서 천지 만물의 통일성을 바라본다는 것이다.

장자의 도는 어디에나 존재한다. 「지북유」 편에서 무소부재(無所不在)한 도를 말하였다.

> 동곽자(東郭子)가 장자에게 물었다. '소위 도란 어디에 있습니까?' 장자가 대답하였다. '없는 곳이 없소.' … (장자가) 말하였다. '똥이나 오줌에도 있소.' … (장자가) 말하였다. '… 도가 사물을 초월한 거라 여겨서도 안 되오. 지극한 도란 이와 같이 모든 것 속에 있소.'[17]

---

14 『莊子』, 「齊物論」. "故爲是擧莛與楹, 厲與西施, 恢恑憰怪, 道通爲一."

15 劉紹瑾, 『莊子與中國美學』, 廣東高等教育出版社, 1992, 85쪽.

16 『莊子』, 「齊物論」. "其分也, 成也, 其成也, 毁也. 凡物無成與毁, 唯達者知通爲一."

17 『莊子』, 「知北遊」. "東郭子問於莊子曰: '所謂道, 惡乎在?' 莊子曰: '無所不在.' … 曰: '在屎溺.' 東郭子不應. 莊子曰: '…無乎逃物. 至道若是.'"

장자의 도론 중에서 본체론과 우주론의 특징은 도가 천지만물에 초월하고 편재하는 것으로 나타난다.

장자 도론에서 경지론은 인간의 수양경지와 관계된다. 장자가 도를 논할 때 도의 본체적 의미는 기본적으로 노자학설을 계승하였다. 그러나 중점은 도의 본체에 있는 것이 아니라 체도(體道), 득도(得道)라는 심미적 인생에 있다.[18] 이런 까닭에 어떤 의미에서 "장자의 도는 인간 밖에 존재하지 않고 인간의 의식을 떠나지 않는다"[19]고 말할 수 있다. 서복관(徐復觀)은 "장자의 주요 사상은 노자의 객관적 도를 내재화하여 인생의 경지로 삼은 것이다"[20]고 하였다. 몽배원(蒙培元) 역시 "장자철학은 경지론이지 실체론이 아니다. 장자의 도는 우주 생명의 표기(標記)이지 우주 실체적 개념이 아니다. 결국 인간의 마음이 자아 초월 중에서 도달하게 되는 최고의 존재 상태이다"[21]고 말한 것이다.

장자의 도의 경지론적 의미에서 중요 내용은 두 가지이다. 첫째, 기(氣)론이다. 둘째, 자화(自化)이다.

장자는 천지 만물의 존재에는 공통적인 특징이 있다고 말한다. 그것은 바로 기이다. 「대종사」편에서 기를 언급하였다.

> 그들은 조물자와 함께하는 사람으로 천지의 '하나인 기[一氣]'에서 노닌다.[22]

여기에서 장자가 말하는 것은 인간의 체도의 경지이다. 인간의 체

---

18 劉紹瑾, 『莊子與中國美學』, 37쪽.

19 止庵, 『樗下讀莊』, 東方出版社, 1999, 77쪽.

20 徐復觀, 『中國人性論史』, 商貿印書館, 民國67, 389쪽.

21 蒙培元, 「莊子的自由觀」, 『第三屆國際莊子學術研討會論文集』, 2000.

22 『莊子』, 「大宗師」. "彼方且與造物者爲人, 而遊乎天地之一氣."

도의 경지는 천지가 '하나의 기'에 의하여 관계를 맺고 있다는 정체적 세계에서 노니는 경지이다.

인간의 삶과 죽음 역시 기의 취산(聚散)에 불과하다. 「지북유(知北遊)」 편에서 기의 각도에서 인간의 생사문제를 말하였다.

> 인간의 태어남은 기가 모인 것으로 기가 모이면 태어나고 기가 흩어지면 죽는다. …그러므로 천하를 통하여 '하나의 기'이다.[23]

기의 각도에서 보면 인간을 포함한 만물의 생멸은 모두 기의 취산이다. 그러므로 전 우주로 볼 때 다만 일기(一氣)일 따름이다.

천지 만물은 자신의 내재적 원인에 의하여 변화한다. 그 변화는 '스스로 그 변화의 원인[自因]'이 된다. 이것을 자화라고 부른다. 그러므로 만물의 자연(自然), 자화(自化), 자동(自動)은 도의 특징을 이룬다. 「제물론」 편에서 천지 만물의 자기 원인에 대하여 말하였다.

> 안성자유(顔成子游)가 말했다. '결국 땅의 퉁소 소리[地籟]는 여러 구멍의 소리이고 사람의 퉁소 소리[人籟]는 피리 소리군요. 그럼 부디 하늘의 퉁소 소리[天籟]에 대해 말씀해 주십시오.' 남곽자기(南郭子綦)가 대답하였다. '수없는 것에 바람이 불어 서로 다른 소리를 내고 있어도 온갖 구멍이나 피리가 각기 스스로가 소리를 내는 거야. 그러나 모두 각자가 제 소리를 택하고 있지만 사나운 소리를 내게 하는 게 누구일까?'[24]

장자가 말하는 도는 바로 천지 만물로 하여금 스스로 변화하도록

---

23 『莊子』, 「知北遊」. "人之生, 氣之聚也, 聚則爲生, 散則爲死.(…)故曰通天下一氣耳."
24 『莊子』, 「齊物論」. "子游曰:'地籟則衆竅是已, 人籟則比竹是已. 敢問天籟.' 子綦曰: '夫天籟者, 吹萬不同, 而使其自己也, 咸其自取, 怒者其誰邪!"

하는 것이다. 장자의 도는 무위를 쓰임으로 삼는다. 도의 작용은 무위이므로 물질세계에 대한 도라는 본체의 결정적 작용은 당연히 무위이다. 도의 무위는 천지 만물의 자위(自爲)를 의미하는 것으로, 즉 천지 만물의 자위와 자연에 내맡기는 것으로 최대한으로 천지 만물 자신의 작용인 것이다.[25]

(2) 천

김충렬은 장자철학에서 중심 개념은 천이라고 한다.[26] 그는 장자가 말하는 천에는 세 가지 특징이 있다고 말한다. 첫째, 자연(自然)이다. 둘째, 자연이연(自然而然)이다. 셋째, 필연(必然)이다.[27] 조초기(曹礎基)는 장자가 말하는 자연은 필연도 우연도 아니지만, 필연도 있고 우연도 있다고 말한다.[28]

장자의 천일(天一)은 천지 만물이 만 가지의 다양한 모습으로 살아가는 세계, 그 화해의 세계이다. '천'의 세계이기에 그것은 인위적 가치규범을 가지고서 분별하고 구분을 짓는 세계가 아니다. '하나'이기에 천지 만물이 화해하고 공존하는 세계이다. 천지 만물이라는 모든 존재를 '하나'라는 입장에 서서 바라보기에 그 세계에서는 그 무엇도 무의미한 존재는 없다. 그러므로 더욱 더 천지만물의 존재 그물망에는 서열/차별이 있을 수 없다. 장자철학에서 '천일' 개념의 중요한 의미는 천지만물의 화해에 있다. '천'인 까닭에 시비가 없고, '하나'인 까닭에 조화를 이룬다. '천일'의 세계에서 인간과 인간, 인간과 사물, 사물과 사물은 화해·조화의 관계를 유지한다.

25 曹礎基, 『莊子淺論』, 中華書局, 2000, 60쪽.

26 金忠烈, 『노장철학강의』, 예문서원, 1996.

27 金忠烈, 「장자철학 체계와 정신 경지」, 『莊子思想論文選集』, 불함문화사(연도미상), 213쪽.

28 曹礎基, 『莊子淺論』, 61쪽.

장자가 말하는 천의 세계는 자연[天]과 인위[人]가 완전하게 조화를 이룬다.

> 내가 말하는 하늘이 어찌 사람이 아니겠는가? 내가 말하는 사람이 어찌 하늘이 아니겠는가?[29]

하늘과 인간이 완전하게 하나가 된 세계에서 인간은 자유로울 수 있다. 이 세계에서 하늘과 인간은 혼일(混一)이 된다.[30] 「응제왕(應帝王)」 편의 마지막 부분에서 혼돈(混沌)의 죽음을 이야기하고 있다. 장자가 말하는 혼돈은 결코 무질서가 아니다. 혼돈은 천지만물의 조화를 의미한다. 그러므로 혼돈의 죽음은 천지만물의 유기적/동태적 평형 관계, 즉 질서/조화가 무너졌음을 의미한다. 혼돈의 세계에서 개별적/개체적 존재들은 평등하고 무차별적이다.

장자가 천일을 제시한 것은 바로 만물이 만물로서 온전히 자신의 삶을 살아갈 수 있는 이상적 세계를 확보하기 위한 전략이다. 장자철학에서 이상적 세계는 지덕지세(至德之世)·건덕지국(建德之國)이다.

> '지극한 덕의 세계[至德之世]'에서는 어진 이를 숭상하지 않았고, 능력이 있는 사람을 부리지 않고, 위에 있는 사람은 나뭇가지처럼 서 있어도 백성들은 사슴처럼 뛰어 놀았다.[31]

지덕지세는 대인(大仁), 대의(大義), 대충(大忠), 대신(大信)의 세계로 백성들은 서로 은혜를 베풀어도 은혜로 여기지 않는다.

---

29 『莊子』, 「大宗師」. "吾之所謂天之非人乎? 所謂人之非天乎?"

30 王明, 「先秦天人關係論」, 『道家與傳統文化硏究』, 中國社會科學出版社, 1995, 59쪽.

31 『莊子』, 「天地」. "至德之世, 不尙賢, 不使能; 上如標枝, 民如野鹿."

백성들에게는 변함이 없는 본성이 있으니, 옷을 짜서 입고, 밭을 갈아서 먹으니 동덕(同德)이라고 한다. 한결같으면서도 치우치지 않으니 천방(天放)이라고 한다. 그러므로 지덕지세(至德之世)에는 백성들의 걸음은 느릿느릿하였고 무엇을 볼 때에도 침착하였다.[32]

지덕지세에서는 천지 만물이 하나가 되어 살아간다. '천일'의 세계에서 '천'과 '인', '인'과 '인', '인'과 '물'은 '하나'이다. 그렇지만 '하나'란 인위적/세속적인 '하나'가 아니라 '천'에서 말하는 것으로 '동덕(同德)'/'천방'(天放)을 의미한다.

3) 초월 자유와 내재 자유

인간의 자유는 초월 자유와 내재 자유 그리고 이 둘의 통일이라는 세 가지 측면으로 나누어 고찰할 수 있다.

(1) 초월 자유

장자는 인간이 도를 체득하는 문제에서 두 가지 실존적 곤경이 존재한다고 말한다. 첫째, 성심(成心)이다. 둘째, 언어이다.

모종삼은 "이 성심(成心)은 「제물론」 전 편의 핵심"[33]이라고 하였다. 인간의 경지와 관련하여 「제물론」편에서는 두 가지를 말하였다. 첫째, 성심이 있는 인간의 경지이다. 둘째, 오상아(吾喪我)에 도달한 진인의 경지이다.

성심은 "이미 이루어진 마음"으로 일반적으로 '편견'이라고 번역한다. 장자는 성심을 가진 존재로서 인간에게는 두 가지의 곤경이 주어져 있다고 말한다. 첫째, "애락(哀樂)"이다. 둘째, "시비(是非)"

---

32 『莊子』, 「馬蹄」. "彼民有常性, 織而衣, 耕而食, 是謂同德. 一而不黨, 命曰天放. 故至德之世, 其行塡塡, 其視顚顚."

33 牟宗三, 『莊子齊物論義理演析』, 中華書局, 1999, 39쪽.

이다.

'애락'은 개체적 존재로서의 곤경이다. 유정(有情)한 개인으로서 처하게 된 것이다.

> 슬픔과 기쁨이 찾아오는 것을 우리는 막을 수 없고, 그것이 떠나가는 것을 그치게 할 수도 없도다.[34]

서복관(徐復觀)은 이것을 욕망을 가진 마음이 만들어낸 시비(是非), 호오(好惡)의 정이라고 말하였다.[35] 장자는 이러한 정이 안으로는 그 몸을 손상할 수 있는 것이기에 극복해야만 하는 대상으로 여긴다. 그는 우리의 삶에 도래하는 어떤 상황에서도 편안하고(安), 그에 따를 것(順)을 권한다.

> (자신이 만난) 때에 편안해 하고 (자신이 처한 상황에) 따른다면 슬픔과 기쁨이 들어올 수 없다.[36]

장자는 우리의 삶에 어떤 상황이 도래하더라도 그 곤경으로부터 자유로워야 한다고 말한다. 그렇지만 '성심'을 가진 존재로서 인간은 '애락'으로부터 자유로울 수가 없다. 이 '애락'의 곤경에서 가장 근본적인 곤경이 바로 인간에게는 삶과 죽음이다. 인간은 '성심'으로 삶과 죽음을 파악하기에 삶을 좋아 하고 죽음을 싫어하게 된다. 그러나 장자는 이 모든 것이 '미혹됨[惑]'에서 나온 것이라고 말한다.

> 내가 어찌 삶을 좋아하는 것이 미혹됨이 아님을 알겠는가! 내가 어

34 『莊子』, 「知北遊」. "哀樂之來, 吾不能禦, 其去弗能止."
35 徐復觀, 『中國藝術精神』, 華東師範大學出版社, 2001, 54쪽.
36 『莊子』, 「大宗師」. "安時而處順, 哀樂不能入也."

> 찌 죽음을 싫어하는 것이 어려서 고향을 떠나 돌아갈 것을 모르는 것이라는 점을 알겠는가![37]

'애락'을 가진 존재로서 인간은 여기에만 머무르는 것이 아니라 동시에 '시비'의 곤경에 빠진 존재이다. 이 '시비'는 사회적 존재로서의 인간이 처한 곤경이다. 이것 또한 인간의 성심에서 비롯된 것이다. 장자는 성심을 가진 존재로서 인간의 판단은 그 근거가 없다는 것이다.

> 아직 성심이 없는데 시비가 있다고 말하는 것은 오늘 월(越)나라에 가서 어제 도착하였다고 말하는 것으로 없는 것을 있다고 하는 것이다.[38]

우리에게 성심이 있기 때문에 우리의 인식대상(자기 자신을 포함하여)도 모두 분별적 존재일 뿐 정체적인 존재가 아니다. 장자철학은 정체성을 매우 강조하여 "그 같음에서 본다면 만물은 모두 하나[自其同者視之, 萬物皆一也]"[39]라고 말한다.

장자는 우리가 성심을 벗어나 도를 체득할 수 있는 방법으로 좌망(坐忘)을 제시하였다.

> 안회(顔回)가 말하였다. '저는 얻은 바가 있습니다.' 중니(仲尼)가 물었다. '무슨 말이냐?' '저는 인의(仁義)를 잊었습니다.' '가하다. 하지만 아직 미흡하다.' 다른 날 다시 안회가 만나서 말하였다. '저는 얻은 바가 있습니다.' '무슨 말이냐?' '저는 예악(禮樂)을 잊었습니다.' '가하다. 그러나 아직 미흡하다.' 다른 날 또 안회가 말하였다. '저는 얻은 바가 있습니다.' '무슨 말이냐?' '저는 좌망(坐忘)하였습니다.' 중니가 깜짝 놀라면서 물었다. '무엇을 좌망이라고 하는

---

37 『莊子』, 「齊物論」. "予惡乎知說生之非惑邪? 予惡乎知惡死之非弱喪而不知歸者邪?"

38 『莊子』, 「齊物論」. "未成乎心而有是非, 是今日適越而昔至也. 是以無有爲有."

39 『莊子』, 「德充符」.

> 가?' 안회가 말하였다. '육신을 무너뜨리고 총명을 내쫓고 형체를 떠나며, 지식을 버리고 크게 통하는 도와 하나가 되는 것을 좌망이라고 합니다.'[40]

여기에서 안회는 좌망의 과정을 먼저 '인의(仁義)를 잊고' → '예악(禮樂)을 잊고' → '좌망(坐忘)으로 나아감'으로 설명한다.

우리는 장자가 말하는 좌망을 두 가지 측면으로 나누어 살펴볼 수 있다. 하나는 망물(忘物)이고, 다른 하나는 망기(忘己)이다. 망물은 객체를 해체시키는 것이고, 망기는 주체를 해체시키는 것이다. 이것을 좀 더 구체적으로 설명한 것이 「대종사」편에 보인다.

> 여와(女偶)가 말하였다. '…3일이 지난 뒤에 천하를 잊고[外天下], …7일이 지난 뒤에 만물을 잊고[外物], …9일이 지난 뒤에 삶을 잊고[外生], …그 뒤에 밝게 알 수 있었고[朝徹], …그 뒤에 도를 체득할 수 있었고[見獨], …그 뒤에 고금(古今)이 없어졌고[無古今], …그 뒤에 불사불생(不死不生)에 들어갈 수 있었습니다[入不死不生].'[41]

장자철학에서 체도의 경지는 ① 외천하(外天下) → ② 외물(外物) → ③ 외생(外生) → ④ 조철(朝徹) → ⑤ 견독(見獨) → ⑥ 무고금(無古今) → ⑦ 입불사불생(入不死不生)으로 나아간다. 이것은 다시 두 부분으로 나눌 수 있다. 첫째, ① 외천하 → ② 외물 → ③ 외생의 단계이다. 둘째, ④ 조철 → ⑤ 견독 → ⑥ 무고금 → ⑦

---

40 『莊子』, 「大宗師」. "顔回曰: '回益矣.' 仲尼曰: '何謂也?' 曰: '回忘禮樂矣.' 曰: '可矣, 猶未也.' 他日, 復見, 曰: '回益矣.' 曰: '何謂也?' 曰: '回忘仁義矣.' 曰: '可矣, 猶未也.' 他日, 復見, 曰: '回益矣.' 曰: '何謂也?' 曰: '回坐忘矣.' 仲尼蹴然曰: '何謂坐忘?' 顔回曰: '墮肢體, 黜聰明, 離形去知, 同於大通, 此謂坐忘.'"

41 『莊子』, 「大宗師」. "曰: '…三日而後能外天下; …七日而後能外物; …九日而後能外生; …而後能朝徹; …而後能見獨; …而後能無古今; …而後能入於不死不生.'"

입불사불생의 단계이다. 왕효어(王孝魚)는 이 9단계의 방법을 "포삼관(破三關)"과 "사오(四悟)"라고 말한다.[42] 첫째 단계에서 외천하, 외물, 외생은 깨부수는 단계(破)이다. 다음으로 조철, 견독, 무고금, 입불사불생은 깨우침(悟)의 단계이다. 그러므로 앞의 세 단계와 뒤의 세 단계 사이에는 그 주체가 다르다. 앞의 세 단계에서 그 주체는 '거짓된 자아[假我]'라고 할 수 있고, 뒤의 세 단계에서 그 주체는 '참된 자아[眞我]'이다.

장자는 인간이 '도를 체득함'으로써 최종적으로 삶과 죽음으로부터 벗어난다고 말한다. 이것이 장자 체도론에서 인간이 도달할 수 있는 최종적 경지이다. 이것이 '오상아[吾喪我]'의 경지이고 '요천일에 들어가는[入於寥天一]' 경지이다. 그러한 경지에 대해 장자는 이렇게 말하였다.

> 천지의 정도(正道)를 타고 육기(六氣)를 부리며 무궁(無窮)에 노닌다.[43]
>
> 저것(彼)이 오면 나는 그와 더불어 오고, 저것이 가면 나는 그와 더불어 간다.[44]
>
> 천지(天地)는 나와 더불어 살고, 만물(萬物)은 나와 더불어 하나이다.[45]
>
> (천지만물과 더불어) 대동(大同)에 합하여 하나가 되면 사사로운 나는 없다.[46]

---

42 姚漢榮·孫小力·林建福 撰,『莊子直解』, 復旦大學出版社, 2000, 155쪽.

43『莊子』「逍遙遊」. "若夫乘天地之正, 而御六氣之辯, 以遊無窮者, 彼且惡乎待哉!"

44『莊子』,「寓言」. "彼來則我與之來, 彼王則我與之往."

45『莊子』,「齊物論」. "天地與我竝生, 萬物與我爲一."

46『莊子』,「在宥」. "合乎大同, 大同而無己."

그러므로 '무기(無己)'인 것이다. '무기'인 까닭에 무궁에 노닐 수 있는 것이다.

(2) 내재 자유

장자는 초월적 자유의 추구에서 인간이 도달하게 되는 최종적 경지를 '요천일(寥天一)'로 표현하였다. 그러나 '요천일'이라는 최종적 경지에 도달한 뒤에는 다시 현실 세계로 돌아와 현실문제에 관심을 기울여야만 한다. 우리에게 주어진 세계는 여전히 이 현실세계뿐이기 때문이다. 만약 초월적 자유의 추구에서 내재적 자유의 추구로 나아가지 않는다면 초월적 자유의 추구는 초월적 세계에 머무는 것으로, 현실적으로 아무런 의미도 갖지 못한다.

내적 자유의 추구에서 그 목적은 인간 현실 속에서 비판적 입장에서서 화해·조화의 세계를 찾아가는 것이다. 또 초월적 자유의 추구에서 외재적 존재가 해체의 대상이 되었다면 내적 자유의 추구에서는 적극적으로 관계 맺음을 실현해야할 타자이다. 따라서 내적 자유의 추구에서 타자가 없는 목적 달성이란 불가능하다.

장자는 인간의 내재 자유의 추구에서 그 수양론으로 심재(心齋)를 제시하였다.

> 안회가 말하였다. '심재(心齋)에 대하여 묻고자 합니다.' 중니가 대답하였다. '너는 너의 뜻을 하나로 하라. 그리고 귀로 듣지 말고 마음으로 듣도록 하고, 마음으로 듣지 말고 기(氣)로 듣도록 하라. 귀는 소리를 들을 뿐이고 마음은 밖에서 들어온 것에 맞추어 깨달을 뿐이다. 기란 허(虛)하여 무엇이나 다 받아들인다. 그리고 참된 도는 오직 허 속에 모인다. 허가 곧 심재이다.'[47]

---

47 『莊子』, 「人間世」. "回曰: '敢問心齋.' 仲尼曰: '若一志, 无聽之以耳而聽之以心,

공자는 심재의 구체적 내용으로 먼저 ① "자신의 뜻을 전일하게 할 것[若一志]", 그 다음으로 ② "귀로 듣지 말고 마음으로 들을 것[無聽之以耳而聽之以心]", ③ "마음으로 듣지 말고 기(氣)로 들을 것[無聽之以心而聽之以氣]"을 말한다. 우리는 '심재'라는 수양론의 구체적 과정을 네 가지로 나누어서 살펴볼 수 있다. ① "자신의 뜻을 전일하게 할 것[若一志]", ② "귀로 듣는 것[聽之耳]", ③ "마음으로 듣는 것[聽之以心]", ④ "기로 듣는 것[聽之以氣]"이다.

장자철학에서 '기(氣)'는 천지 만물의 가장 근본적인 존재 형식이다. 여기에서 기는 "텅 비움[虛]"을 의미한다. "텅 비움"으로써 만물을 받아들일 수 있는 것이다. 그러므로 "텅 비움"을 심재라고 한 것이다. 따라서 "텅 비움"이란 자신의 입장, 관점을 주장하는 것이 아니다. 그렇게 했을 때에만 외재적 존재와의 관계 맺음을 할 수 있다.

장자는 현실 속에서 실천한다는 것이 얼마나 어려운 일인가를 잘 알고 있었다.

> (걷지 않음으로써) 흔적을 남기지 않는다는 것은 쉬운 일이지만 걸으면서 땅을 밟지 않기란 어렵다.48

"(걷지 않음으로써) 흔적을 남기지 않는 것[絕迹]"이란 피세·은둔을 의미한다. 이것은 앞에서 말한 "스스로 원해서 숨어 버리는 것[自隱]"과 같은 것이다.

장자는 심재의 완성된 마음 경지를 "그 울타리에 들어가 노니는 것[能入遊其樊]"이라고 말한다. 여기에서 "울타리(즉 새장)"는 인간

无聽之以心而聽之以氣! 耳止於聽, 心止於符. 氣也者, 虛而待物者也. 唯道集虛. 虛者, 心齋也.'"

48 『莊子』, 「人間世」. "絶迹易, 無行地難."

의 현실이고 "노니는 것[遊]"은 내가 인간 현실 속에서 획득한 자유로움이다. 이와 같은 경지에서 노닐 수 있을 때 상대방이 자신의 말을 들어 주면[入] 그에 따라 행하고[鳴], 들어 주지 않으면[不入] 그칠 수 있다는 것[止]이다.

(3) 초월 자유와 내재 자유의 통일

장자는 우리가 온갖 모순이 난무하는 현실세계에서 살아가기 위해서는 하늘[天]과 인간[人]을 모두 알아야 한다고 말한다.

> 하늘[天]이 하는 바를 알고, 인간[人]이 하는 바를 아는 것이 지극한 것[至]이다.[49]

만약 하늘과 인간이 하는 바를 알지 못한다면 모두 지극한 것일 수 없다.

장자는 우리가 은둔·피세하지 않고 온갖 모순투성이의 인간 현실에서 살아가기 위해서는 '치우치지 않음[中]'이 중요하다고 생각하였다.

> 대저 사물의 변화를 타고 마음을 노닐면서 부득이(不得已)함에 의탁하여 중도[中: 中道]를 지켜간다면 지극하다고 할 것[至]이다.[50]

장자는 초월과 내재를 통일한 지인의 경지를 다음과 같이 말한다.

> 오직 지인만이 세속에 노닐면서도 치우치지 않고, 사람들과 순응하여 살아도 자신을 잃지 않는다.[51]

---

49 『莊子』, 「大宗師」. "知天之所爲, 知人之所爲者, 至矣!"
50 『莊子』, 「人間世」. "且夫乘物以遊心, 托不得已以養中, 至矣."

「천하」편에 다음과 같은 내용이 있다.

> 시비(是非)를 다투지 않으면서 세속과 더불어 함께하였다.[52]

이것은 장자의 철학사상과 그가 살아갔던 삶의 모습에 대한 종합적 평가라고 할 수 있다. 여기에서 "시비를 다투지 않았다"는 것은 유가·묵가와 같이 상대적 입장에 서서 시비논쟁을 하지 않았다는 의미이다. 장자는 상대적 관계맺음에 불과한 시비의 어느 한 쪽에 서 있지 않았기에 '시'와 '비' 쌍방에 대하여 모두 비판적 입장을 견지한 것이다. 또 장자는 이론적 논쟁이 아닌 인간 현실 속에 직접 들어가 당시 평범한 일반 백성들과 함께 하였다. "세속과 함께 하였다"라는 의미는 일반 백성들의 고단한 삶에 대한 연민이다. 장자는 고단한 삶을 살아가는 백성들에 대하여 그 자신 그들과 같이 평범한 삶을 살아가면서 연민하던 철학자이다.

4. 철학적 의의 및 평가

장자철학은 인간이 처한 실존적 문제에 대한 고민이다. 장자에 의하면 인간이 '놀이[遊]'를 완성하기 위해서는 초월 자유와 내재 자유를 통일해야 한다. 그는 초월 자유가 없는 내재 자유는 불가능하고, 내재 자유가 없는 초월 자유는 공허하다고 생각하였다.

이택후(李澤厚), 서복관 등 중국학자들은 장자철학의 특징 가운데 하나를 '개인의 발견'에서 찾는다. 전통 중국 사회에서 이 '개인'은 존재하지 않았다. 언제나 집단과의 관계 속에서 그 위상이 결정

---

51 『莊子』, 「外物」. "唯聖人乃遊於世而不僻, 順人而不失己."

52 『莊子』, 「天下」. "不譴是非, 以與世俗處."

되었다.

오늘날 우리도 이러한 인간의 실존적 문제로부터 자유롭지 않다. 삶에는 정답이 없다. 삶은 우리 자신이 각자 걸어가면서 완성하는 것이다. 장자는 그것을 "길은 걸어가면서 이루어진다[道行而成之]"[53]고 말하였다. 우리에게 주어진 삶 역시 스스로 그 길을 선택하여 완성해야 한다. 그 과정에서 장자철학은 하나의 참고가 될 수 있다.

53 『莊子』, 「齊物論」.

■ 토론 주제

1. 장자는 인간의 자유문제를 '개인'과 '사회'라는 두 측면으로 파악한다. 그렇다면 인간의 자유는 어떻게 가능한가?
2. 장자의 초월자유는 어떻게 가능한가?
3. 장자의 내재자유는 어떻게 가능한가?

■ 참고문헌 및 더 읽어야할 책

강신주, 『장자의 철학』, 태학사, 2004.
김형효, 『老莊 사상의 해체적 독법』, 청계, 1999.
이강수, 『노자와 장자』, 길, 2002.
정세근, 『노장철학』, 철학과현실사, 2002.
정용선, 『장자의 해체적 사유』, 사회평론, 2009.
金忠烈, 『노장철학강의』, 예문서원, 1996.
福永光司, 이동철·임헌규 옮김, 『莊子-고대 중국의 실존주의』, 청계, 1998.
郭慶藩 撰, 『莊子集釋』(전4책), 中華書局, 1985.
牟宗三, 『莊子齊物論義理演析』, 中華書局, 1999.
徐復觀, 『中國人性論史』, 商貿印書館, 1978.
______, 『中國藝術精神』, 華東師範大學出版社, 2001.
顔安世, 『莊子評傳』, 南京大學出版社, 1999.
楊寬, 『戰國史』, 上海人民出版社, 1998.
姚漢榮·孫小力·林建福 撰, 『莊子直解』, 復旦大學出版社, 2000.
王明, 『道家與傳統文化研究』, 中國社會科學出版社, 1995.
王葆玹, 『老莊學新探』, 上海文化出版社, 2002.
劉笑敢, 『莊子哲學及其演變』 中國社會科學出版社, 1988.
劉紹瑾, 『莊子與中國美學』, 廣東高等教育出版社, 1992.
曹礎基, 『莊子淺論』, 廣東人民出版社, 1987.
止　庵, 『樗下讀莊』, 東方出版社, 1999.
박원재, 「자연, 마음 그리고 삶의 연속성」, 『철학연구』 43, 1998.
蒙培元, 「莊子的自由觀」, 『第三屆國際莊子學術研討會論文集』, 2000.
陳鼓應, 「莊子的"道"」, 『老莊論集』, 齊魯書社, 1987.

제5장

맹자, 인간의 선

1. 생애와 시대

당시는 제자백가의 시대로 수많은 사상가들이 자신의 학문적 이론을 전개하는 시기였는데 맹자는 그들 가운데 한 사람이다. 맹자(B.C 372～289)는 공자가 죽고 나서 100년 뒤에 전국시대 노나라에 인접한 추(鄒) 땅에서 태어났다. 이름은 가(軻)이며, 자(字)는 자여(子輿)이고 자거(子車)이다. 주나라 열왕(烈王) 4년에 태어나서 난왕(赧王) 26년에 84세로 세상을 떠났다. 맹자의 묘는 곡부(曲阜)에 있는 공묘(孔廟)와 공부(孔府) 고림(古林)에서 남쪽으로 30킬로 떨어진 곳에 있다. 맹자의 연보는 정확한 기록이 없으므로 자세히 알 수 없다. 맹자는 춘추시대 노환공의 후예가 나뉜 삼손씨(맹손, 숙손, 계손) 가운데 맹손씨의 후대손이다. 노나라에 있을 때는 맹손씨가 강력한 힘을 가진 집권층이었지만, 소국인 추(鄒) 땅으로 이주한 맹자의 가문은 거의 힘이 없는 상태였다. 맹자는 3세 때 아버지(이름은 激이고 자는 公宜)를 여의고 어머니 장(仉)씨 밑에서 자랐다. 그는 장씨가 맹자를 훌륭하게 키우기 위해 세 번 이사를 했다는 맹모삼천지교(孟母三遷之敎)를 통해서 공부했다. 학교의 수업을 마친 뒤, 공자의 고향인 노나라로 가서 공자의 손자인 자사(子思)의 제자들에게 공자가 편찬한 육경(六經)을 배웠다.

맹자의 발자취는 공자와 비슷하다. 맹자는 제자들을 가르치고 여러 나라를 돌아다니면서 국왕에게 자신의 견해를 설명하였지만 받아들여지지 않았다. 그 이유는 맹자의 주장을 현실의 상황에 전혀 맞지 않은 이상적인 것으로 보았기 때문이다. 그래서 사람들은 맹자를 '우활(迂闊: 세상물정에 어둡다는 의미)'하다는 표현을 사용하기도 한다. 후대 사람들은 맹자를 중국 전국시대 유교 사상가로써 공자의 사상을 이어받은 아성(亞聖)이라고 불렀다.

공자의 시대가 춘추시대라면 맹자의 시대는 전국시대(戰國時代)이다. 전국시대는 기원전 403년에서 진나라가 천하를 통일하기 전인 기원전 222년까지이다. 패자(霸者)들의 시대였던 춘추시대가 막을 내리고 전국시대에 들어서면 주나라는 거의 존재감을 잃어 유명무실하게 되었고, 제후들 또한 주나라 왕실의 명분을 중요하게 생각하기 않게 되었다. 춘추시대에 170여개에 달했던 제후국들은 농업 생산력이 발달하고 상업이 발전하면서 전쟁과 외교를 통해 동맹하고 연맹하여 7개의 강대국으로 정리되었다. 이 7개의 제후국을 전국칠웅(戰國七雄)이라 하는데, 한(韓)나라, 위(魏)나라, 조(趙)나라, 연(燕)나라, 제(齊)나라, 초(楚)나라, 진(秦)나라가 이들이다.

전국칠웅은 진나라가 서쪽에 있고, 다른 6국은 동쪽에 있어서 서쪽 진나라와 동쪽의 6국이 좌우로 서로 대치되는 국면이었다. 그런데 초나라는 영토가 가장 넓었지만 다른 나라를 공격하기에 불리할 뿐만 아니라 방어와 수비가 쉽지 않은 곳이었다. 그리고 한나라·위나라·조나라는 진나라·초나라·제나라·연나라의 사이에 위치하여 전쟁이 일어날 때 중요한 교통로였기 때문에 쉽게 공격받을 수 있었다. 연나라는 중앙에서 벗어나 벽지에 위치하고, 제나라 또한 바다를 끼고 있어 발전하기 쉽지 않았다. 반면에 진나라는 서쪽에 치우쳐 있어 동쪽으로 진출하기가 쉬웠을 뿐만 아니라 방어하기 쉬운 지리적 요충지를 가지고 있었다.

『맹자』는 사서오경(四書五經) 가운데 하나로 대표적인 유교경전이다. 『맹자』는 총 7편 14장구로 이루어져 있으며, 이미 주 왕실이 완전히 쇠퇴하여 그 권위를 잃은 상태에서 저술된 책이기 때문에 춘추시대에 저술된 『논어』와는 다르다. 『맹자』는 제후들과 대화하거나 다른 학파들과 논쟁할 때, 『논어』에 비해 많은 비유와 변론을 사용하여 매우 논리적인 저서이다. 비록 사건이나 주장들이 체계적으로 다루어지지 않았지만 전체적으로 볼 때 일관된 사유방식을 가지고 있다.

2. 본성을 회복하라

1) 인간은 본래 착하다[性善]

맹자는 인간의 '본성은 선하다[性善說]'고 규정하고 도덕적인 인간상을 제시하였다. 그렇다면 맹자가 말하는 선(善)은 무엇인가? 맹자는 "자신을 성실하게 하는 것에 방도가 있으니 선에 밝지 못하면 자신을 성실하게 할 수 없다."[1]고 했다. 이 말은 선이 무엇인지 알아야 자신을 성실하게 할 수 있다는 뜻이다. 즉 진실해야 비로소 하나의 인간이 될 수 있다.

맹자는 우산(牛山)의 비유를 통하여 인간은 본래 착하게 태어났지만, 살아가면서 악해질 수 있다는 것을 밝혔다. 우산(牛山)은 제(齊)나라의 동남쪽에 있는데 본래부터 초목이 무성했던 산이다. 제나라

1 『맹자』, 「이루상」 12장. "誠身有道, 不明乎善, 不誠其身矣."

의 교외에 위치하여 많은 사람들이 초목을 베어갔기 때문에 우산의 아름다움이 없어졌다. 비가 오거나 이슬이 내려서 베어갔던 초목의 새싹이 다시 돋아나더라도 소나 양이 와서 새싹을 뜯어먹어 우산은 마침내 벌거숭이가 되어버린 것이다. 사람의 본성 또한 우산의 나무와 같다. 사람은 처음에 아름답고 착하게 태어나지만, 살아가면서 인의(仁義)에 거슬리는 행위를 하여 양심(良心)이나 아름다운 덕성을 잃어버린다. 양심을 잃은 것은 새벽에 사물과 접촉하기 전의 맑은 기운을 존양하지 못하기 때문이다. 새벽에 맑은 기운으로 선을 좋아하고 악을 싫어하는 마음은 모든 사람이 다 가지고 있는 것인데, 낮에 외물과 접촉하면서 양심을 잃고 본성을 잃어버린다. 이렇게 잃어버린 본성은 어떻게 해야 하는가?

> 사람들은 집에서 기르던 개나 닭을 잃어버리면 그것을 찾아야 한다는 것은 잘 알고 있지만, 마음[본성]을 잃어버리면 다시 찾아야 한다는 것은 모르고 있다.[2]

사람들은 가지고 있는 물건을 잃어버렸을 때는 찾으려고 온갖 수단을 가리지 않지만, 착한 본성을 잃어버렸는데도 찾으려고 하지 않는다. 즉 사람들은 외적인 물건을 찾는데 집중하면서 내면을 살피지 않는다. 그런데 인간의 본성이 본래 선하다는 것은 어떻게 확인할 수 있는가? 이것은 마음[心]을 통해서 알 수 있다.

> 사람에게는 모두 남에게 차마하지 못하는 마음이 있다고 말하는 까닭은, 지금 어떤 사람이 어린애가 우물가로 막 들어가려는 것을 순간적으로 보면 모두 빠질까 두려워하고 근심하고 불쌍히 여기는 마음이

2 『맹자』, 「이루상」 8장. "人有雞犬放, 則知求之, 有放心而不知求."

> 있는 것이지 그 어린애의 부모와 친교를 맺으려는 까닭이 아니고, 고향의 붕우들에게 명성을 요구하려는 까닭도 아니며, 그 어린애의 비명소리가 싫어서 그런 것도 아니다. 이것으로 말미암아 살펴볼 때 측은한 마음이 없으면 사람이 아니고, 수오하는 마음이 없으면 사람이 아니며, 사양하는 마음이 없으면 사람이 아니며, 시비를 아는 마음이 없으면 사람이 아니다. 불쌍히 여기는 마음은 어짊의 극치이고, 부끄러움을 아는 마음은 옳음의 극치이고, 사양하는 마음은 예의의 극치이고, 옳고 그름을 아는 마음은 지혜의 극치이다.[3]

맹자는 인간이라면 교육을 받거나 강요받지 않은 상태에서도 누구에게나 모두 불인지심(不忍之心)이 내재해 있다고 보았다. 즉, 어린아이가 우물에 들어가려고 할 때 사람들은 다 두려워 근심하고 깊이 불쌍히 여기는 마음이 있어서 아이가 빠져 죽을까봐 달려가 구하는데 이는 사람에게 내재해있는 차마하지 못하는 마음이 본능적으로 행동하게 할 뿐이라는 것이다. 그래서 고대의 선왕들이 올바른 정치를 했던 것도 불인지심이 있었기 때문이다. 그래서 인간은 태어나면서 하늘로부터 부여받은 인의예지의 덕을 갖추고 있는데, 이것은 남을 불쌍히 여기는 타고난 착한 마음[惻隱之心], 자신의 불선함을 부끄러워하고 남의 불선함을 싫어하는 마음[羞惡之心], 겸손하게 남에게 사양하는 마음[辭讓之心], 옳고 그름을 가릴 줄 아는 마음[是非之心]을 통해서 인간의 본성이 착하다는 것을 알 수 있다. 네 가지 마음이 나타나는 것은 자신에게서 저절로 드러난 것이지 외재적인

3 『맹자』, 「공손추상」 6장. "所以謂人皆有不忍人之心者, 今人乍見孺子將入於井, 皆有怵惕惻隱之心, 非所以內交於孺子之父母也, 非所以要譽於鄕黨朋友也, 非惡其聲而然也. 由是觀之, 無惻隱之心, 非人也, 無羞惡之心, 非人也, 無辭讓之心, 非人也, 無是非之心, 非仁也. 惻隱之心, 仁之端也, 羞惡之心, 義之端也, 辭讓之心, 禮之端也, 是非之心, 智之端也."

기대를 위해서가 아니다. 어려운 상황에 처하면 인간은 본능적으로 범죄자거나 착한 사람이거나 모두 그 상황을 헤쳐 나가려고 한다는 것이다.

2) 인의(仁義)를 실행할 따름이다.

맹자는 인의예지의 사덕을 설파하면서도 그 가운데 특히 인의(仁義)를 강조하였다. 인의는 당시 유교이념에서 무엇과도 바꿀 수 없는 가치 규범으로 도덕적인 인간세계를 지향하고 있다. 공자는 인(仁)을 강조하였는데, 맹자는 의(義)를 언급하면서 인의 실천을 강조하였다. 즉 맹자는 인륜도덕의 인의를 강조함으로써 인간이라면 누구나 지니고 있는 본질적인 특성이라고 보았다.

양혜왕은 나라를 부유하게 하고 군대를 강하게 하는 이로움을 얻고자 했다. 하지만 맹자는 이러한 이로움보다는 인의의 주요성에 대해 말한다. 인의를 뒤로 하고 이로움을 중요하게 여긴다면 군주를 시해하는 하극상이 생길 뿐만 아니라 모두 빼앗지 않고서는 그 마음에 만족함이 없다고 했다. 이로움은 억지로 물질적인 것을 추구하는 것이 아니라 인의에 따라 행하면 저절로 생기는 것이다. 군주가 이와 같이 하면 그 백성들이 저절로 교화되어 군주를 존경하고 받드는 이상사회가 될 것이다. 그래서 맹자는 인의를 기준으로 인간과 금수를 구분하였다.

> 인간이 금수와 다른 것은 매우 드물지만, 보통사람들은 그것을 버리고 군자는 그것을 보존한다. 순임금은 만물의 이치에 밝았고 인륜을 잘 살피셨으니 인의에 따라 행한 것이지 인의를 행하려고 하신 것은 아니었다.[4]

---

4 『맹자』, 「이루하」 19장. "人之所以異於禽獸者幾希, 庶民去之, 君子存之. 舜明於

인간이 금수와 서로 다른 것은 인의를 가진 것인데 일반사람들은 인의를 버리고 군자는 인의를 보존한다. 인간과 금수는 성욕, 식욕, 자기보존, 수면욕 등에서 서로 비슷하다. 인간과 금수의 다른 점은 많지 않지만 그 구분은 인의를 보존하고 확충하는 지의 여부에 따라 달라진다. 즉 맹자는 사람이 금수와 다른 차별성을 육체적 욕구에서 찾지 않고 자율적으로 자신의 의지를 주재하는 인의를 보존하고 확충할 수 있다는 점에서 찾았다. 여기에서 '인의에 따라 행한다'는 것은 선천적으로 가지고 있는 인의라는 이치에 따라 실천한다는 말이다. 그러므로 인의라는 도덕적 실천은 자각적이고 자발적인 명령에서 나온 것으로 자율도덕이다. '인의를 행한다'는 것은 인의를 외부에 있는 가치척도로 보고서 그것을 바탕으로 실천한다는 말이다. 이러한 도덕적 실천은 외부에 있는 피동적 가치기준을 따르는 것이기 때문에 스스로 결정하고 실천하는 자발성이 없는 타율도덕이다.

3. 악을 제거하라

1) 왜 악(惡)이 생기는가?

맹자의 주장대로 인간은 태어나면서부터 본래 가지고 있은 착한 본성을 발휘하는데, 악은 어디로부터 말미암아 생기는 것인가? 여기서 중요한 것은 악이 생기는 이유를 알고 그것을 제거하는 방법을 찾는 것이다. 그렇다면 악의 근원은 무엇인가?

첫째는 환경적인 요인에서 찾는다. 인간은 본래 선한 존재이지만 주의환경의 제약에 의해 사람의 마음이 그 속에 빠짐으로써 착한 본성의 단초를 드러내지 못한다. 즉 인간의 본성은 성인이나 평민이나

庶物, 察於人倫, 由仁義行, 非行仁義也."

모든 사람에게 평등하지만, 개인마다 본성이 다르게 나타나는 이유는 바로 자신이 처해 있는 환경 때문이다. 예를 들면 밀과 보리는 같은 조건에서 파종하고 기르더라도 수확이 다른 이유는 땅에 비옥함과 척박함의 차이, 비와 이슬의 길러줌, 사람이 일하는 능력이 다르기 때문이다. 즉 사람은 모두 선한 본성을 가지고 있다고 해도 반드시 모두 선한 행동을 하는 것은 아니며, 마음이 주의 환경에 빠져들면서 불선하게 된다.

둘째는 귀와 눈과 같은 감각기관의 욕망에서 비롯된다. 사람의 귀와 눈, 외물의 소리와 색은 모두 하나의 사물이다. 귀가 소리를 만나고 눈이 색을 만나면 서로 끌어당겨서 욕심이 생기게 된다. 악은 귀와 눈과 같은 감각기관의 욕심 때문에 발생한다. 여기서 말하는 이목지관(耳目之官)은 귀와 눈만을 말하는 것이 아니라 외물과 접촉하는 우리 몸의 모든 감각기관을 통칭한 것이다. 인간은 외물을 만나게 되면 그 외물에 대해 집착을 하게 되어 도덕적인 행위를 할 수 없게 된다. 예를 들면 우리는 처음에 지갑을 주었을 때 주인을 찾아주려는 마음을 가지고 있었는데, 지갑 속에 있는 돈을 본 순간 가지고 싶은 마음이 생기게 된다. 그런데 맹자는 여기서 생각[思]를 강조하여 생각을 하게 되면 터득할 수 있고, 생각하지 않으면 터득할 수 없다고 한다. 하지만 귀와 눈이나 생각은 하나의 유기체로 작용하는 것이지 다른 이물이 아니다. 눈이 어떤 사물을 보기 위해서는 반드시 '생각'이라는 과정을 거쳐서 형성되지, 몸에서 눈을 분리하면 사물을 볼 수 없다.

셋째는 사람이 갖추어야 할 물질적 욕구가 충족되지 않을 때 사람은 악을 행한다. 사람은 항산이 없으면 항심이 없고, 항심 없으면 방탕해지고 편벽되며 간사해지고 사치스러워진다고 맹자는 생각했다. 여기서 말하는 항산이란 필요 이상으로 넘치는 것이 아니라 인간이라면 갖추어야 할 최소한의 삶을 위한 물질적 기반을 말한다. 최소한의 삶을 위한 물질적 기반은 부모를 모실 수 있는 것, 처자식과 함께 먹고 사는 것, 풍년일 때 배불리 먹을 수 있는 것, 흉년일 때 굶어죽지 않을 정도를 말한다. 이러한 물질적 기반이 유지되면 백성들은 일정한 마음을 가질 수 있다. 항심이란 자신의 본성이 선함을 깨닫고 선을 바탕으로 실천할 수 있는 마음을 말한다. 그러므로 맹자는 기본적인 물질적 욕구가 실현되어야 정신적 행복을 기대할 수 있다고 보았다. 기본적으로 인간이 악해지는 것은 먹고살기 힘들기 때문에 생기는 것이다. 이것은 관중이 말했던 것과 같이 백성들이 배불리 먹지 못하면 예절을 모른다는 말과 비슷하다. 현대적으로 말하면 항산이란 삶을 영위하는데 필요한 일정한 직업이고, 항심이란 사람으로서 지녀야 할 떳떳한 마음이다. 요즘 경제가 좋지 않아 청년실업이 최고를 달리고 있는데 정부차원에서 일정한 직업을 마련해주어야 한다는 의미를 되새기게 한다. 항산(恒産)해야 항심(恒心)한다는 말은 예나 지금이나 우리사회에 유용성을 갖는다.

넷째는 아무리 물질적 욕구를 충족하더라도 인륜교육이 없으면 짐승과 같아진다. 후직은 본래 농사를 주관하는 관직의 이름인데, 주나라 조상인 기(棄)가 이 관직을 맡았기 때문에 그를 후직이라 부른다. 후직은 백성들에게 농사짓는 법을 가르쳐 백성들이 굶지 않고 살아가도록 하였다. 항산은 인간이 살아가는데 기본적인 물질적 욕구인데, 이것이 아무리 갖추어져 있더라도 사람이 인륜의 도리를 제대로 교육 받지 않으면 하늘을 날아다니는 새나 땅에 기어다는 짐승과 같아서 잘못을 저지르고도 그것이 잘못인 줄 모른다. 즉 만약 사람이 새나 짐승처럼 식욕과 성욕과 같은 욕망만을 만족하고자 하고 인륜도덕을 실천하지 않는다면 부자나 군신 사이에 다툼이 생길 것이다. 이러한 악을 근원을 알았다면 어떻게 제거할 것인가?

2) 악을 제거하는 방법

(1) 흔들리지 않는 마음[不動心]

인간의 마음은 늘 흔들린다. 흔들린다는 것은 사사로운 욕망에 동요하는 것이고, 선택의 기로에 서있다는 의미이다. 또한 개인적으로 생명을 위협하는 공포나 자신이 추구하고자 하는 욕심 때문에 동요한다. 맹자는 이러한 상황에서 사적으로 마음에 동요되어서는 안 됨[不動心]을 강조한다.

> 공손추가 물었다. '부자께서 제나라의 정승으로 머물러 제나라에 도를 시행할 수 있다면 이것으로 말미암아 패도나 왕도의 위업을 이루더라도 이상할 것이 없습니다. 이와 같으면 마음이 흔들리십니까?' 맹자가 말했다. '그럴 리 없다. 나는 40부터 마음이 흔들리지 않았다.' 공손추가 물었다. '이와 같다면 부자께서는 맹분(孟賁)보다 훨씬 뛰어나십니다.' 맹자가 말했다. '이것은 어렵지 않다. 고자는 나보다 먼저 마음이 흔들리지 않았다.' 공손추가 물었다. '마음을 동요시키지 않으면 방법이 있습니까?'[5]

'마음이 동요되지 않는다'는 것은 여러 가지 의미를 내포하고 있다. 첫째는 도덕적인 본심이 자신을 안정시키는 것, 둘째는 외부의 사태와 접촉하면서 생기는 욕망을 억제하는 것, 셋째는 어떤 외부의 사태에 대해서도 굴복하지 않는 것, 넷째는 허무적정(虛無寂靜)한 상태를 유지하는 것이다. 그러나 맹자가 말하는 부동심은 도덕적 본심으로 자신을 안정시키는 것이다. 이것은 공자가 "마흔에 의혹을

---

5 『맹자』, 공손추상」 2장 "公孫丑問曰, '夫子加齊之卿相, 得行道焉, 雖由此霸王, 不異矣. 如此, 則動心否乎?' 孟子曰, '否, 我四十不動心.' 曰, '若是, 則夫子過孟賁遠矣.' 曰, '是不難, 告子先我不動心.' 曰, '不動心有道乎?'"

하지 않았다."[6]고 말했던 '불혹(不惑)'의 의미와 상통한다. 어떤 일에 대해 의혹됨이 없으면 그것에 대한 동요가 없는 것이다.

(2) 마음을 동요시키지 않는 방법[養氣知言]

맹자가 40세에 부동심한 것은 양기(養氣)와 지언(知言)의 수양을 통한 것이기 때문에 일반적으로 '양기지언'라고 부른다. 맹자는 당시의 시대 상황에 외부의 위협과 역경을 이겨내기 위해서 올바른 도덕적 신념과 강력한 기백이 필요했으며, 제자백가의 학문이나 사상에 흔들리지 않기 위해서 그 사람이 말하는 의도를 파악이고 그 진위를 판다하는 능력이 필요했다. 그래서 공손추가 맹자에게 마음이 동요하지 않는 방법을 묻자, 맹자는 크게 호연지기(浩然之氣)와 지언(知言)을 말한다.

먼저 호연지기란 무엇인가? 맹자는 호연지기에 대해 말하기 어렵다고 하면서 네 가지로 정리한다. 첫째, 호연지기는 지극히 크고 지극히 강하다. 이것은 평온하고 너그러운 화기(和氣)로 광대하고 굳센 것이다. 둘째, 호연지기는 올바름으로써 길러서 해됨이 없게 하면 호연지기가 천하에 가득 찬다. 이것은 올바름을 전제로 하여 호연지기를 해치지 않는 것이다. 셋째, 호연지기는 의리와 도리에 부합한다. 이것은 호연지기를 물질적 원소가 아니라 도덕적 실천의 문제와 연결한 것이다. 넷째, 호연지기는 의리가 모여서 생긴 것이다. 이것은 마음속에 본래 가지고 있는 의로움을 드러내는 것이다. 호연지기는 정의로운 기상으로 도덕적 용기를 함양하고 마음의 중심을 세워 올바름을 실천하기 위한 것이다. 즉 호연지기는 인간답게 사는 모습으로 의로운 삶을 추구하는 일종의 '깡다구'이다. 이러한 의로움은 밖

6 『논어』, 「위정」. "四十而不惑."

으로부터 오는 것이 아니라 인간의 내면에 갖추어져 있다. '여기에서 반드시 일삼을 것이 있다[必有事焉]'는 것에서 '여기'란 의로움을 축적해서 호연지기를 기르는 일을 말한다. 또한 '여기에서 반드시 일삼을 것이 있다[必有事焉]'는 것은 외부의 욕망으로 달려 나가려는 마음을 거두어 드린다는 구기방심(求其放心)을 의미한다. 그래서 맹자는 호연지기를 기르는 방법을 세 가지로 제시하였다. 첫째, '기대하지 말라[勿正]'는 것은 의로움을 실천하되 언제까지 얼마만큼의 그 결과에 대한 효과를 기대하거나 예상해서는 안 된다는 말이다. 결과를 기대하고 예상하는 것은 이미 욕심이 발현된 것으로 순수한 마음의 상태가 아니다. 또한 둘째, '마음에 잊지 말라[心勿忘]'는 것은 기대하지 않으면 마음이 소홀히 하기 쉽기 때문에 마음에 잊지 말고 간직하라는 말이다. 셋째, '자라는 것을 돕지 말라[勿助長]'는 것은 잊지 않으면 또 빨리 자라게 하고 싶은 마음이 생기기 때문에 억지로 자라는 것을 돕지 말라는 의미이다. 이것은 바로 "말을 물가로 끌어갈 수 있지만 물을 먹일 수는 없다."는 속담과 같은 것이다. 전체적으로 볼 때 호연지기를 기르는 사람은 의로운 일을 하나씩 축척하는 것을 일로 삼아야지 어떤 일에 대해 미리 기대하지 말고, 기대하지 않으면 그 일에 대해 소홀히 할 수 있기 때문에 마음에 간직하여 잊지 말고, 마음에 잊지 않으면 빨리 자라도록 돕고 싶기 때문에 억지로 조장해서는 안 된다.

부동심을 실천하기 위한 또 다른 방법인 지언(知言)이란 무엇인가? 언(言)은 말이다. 말은 자신의 사상과 관념을 표현한다. 이러한 사상과 관념은 행위를 주재한다. 그러므로 행위가 잘못된 것임을 알려면 지언(知言)공부를 해야 한다. 지언(知言)이란 개념은 '남의 말을 안다'는 것이다. 맹자가 말하는 지언은 사람들이 말하는 언어와 거기에 담겨있는 사상의 시비(是非)와 선악(善惡) 등을 명확히 구분하는 것이다. 맹자는 치우치고 음란하고 사악하고 간사한 말이 마음에 나온다는 것을 명확히 했다. 치우친 말[詖辭]이란 말이 어떤 한쪽에 기울어져 전체를 보지 못하는 것을 말한다. 즉 자신의 주장만 옳다고 생각하여 다른 사람의 견해를 살피지 않는 편협한 사유방식을 가지고 말하는 것을 의미한다. 음란한 말[淫辭]이란 나쁜 행동을 하도록 부추기는 언어를 말한다. 음란하고 방탕한 말은 자기 자신을 사악한 곳에 빠지게 할 뿐만 아니라 다른 사람도 방자하게 만든다. 간사한 말[邪死]이란 다른 사람에게 거짓말을 하거나 다른 사람의 비밀을 폭로하고 허물을 지적하는 말이다. 이러한 말은 사람들 사이를 서로 이간질할 뿐만 아니라 상호신뢰성을 무너트리는 것이다. 회피하는 말[遁辭]이란 잘못을 감추고 거짓을 토로하는 말이다. 대체로 어떤 사태에 대해 계속해서 다른 방식으로 변명하는 말인데, 대충 거짓으로 둘러대거나 눈치를 보면서 하는 말이다. 치우친 말에 가려지는 경우, 음란한 말에 빠지는 경우, 간사한 말에 빠져 도리에 어긋나는 경우, 회피하는 말려 빠져 논리가 궁색한 경우는 비합리적인 언어와 사상에서 나온다. 그러므로 말을 안다는 것은 그 사람의 마음을 아는 것이고 그 사람의 마음을 아는 것은 그 사람의 됨됨이를 아는 것이다.

맹자의 수양론은 성선설에 입각하여 사단(四端)을 통해서 사덕(四德)을 회복하고 수양하고, 진심을 통해서 자신에게 있는 보편적인 본성을 자각하는 것이다. 맹자 또한 수양론을 통해서 각자의 본성을 회복하고 자신이 말하는 이상사회를 구축하고 싶었다. 그렇다면 맹자가 꿈꾸는 이상사회는 어떤 세계일까?

4. 세상을 다스려라

1) 어진 정치를 행하라[仁政]

맹자는 인간이 태어나면서 내면에 갖추고 있는 착한 마음을 회복한 후에 인의(仁義)를 실천할 수 있는 사람이 세상을 다스려야 한다고 주장한다. 이것이 바로 맹자가 말하는 인정(仁政)이다. 어진 정치의 바탕은 인성에 달려있다. 인간의 본성은 본래 선하기 때문에 그 선함을 발현해서 정치를 하는 것이 바로 인정(仁政)이다. 모든 인간은 남에게 차마 보고 넘기지 못하는 마음이 내재해 있다. 이러한 마음은 사람이라면 자연스럽게 우러나는 것이지, 생각하거나 계산해서 나온 것이 아니다. 그래서 남에게 차마 보고 넘기지 못하는 마음을 가지고서 남에게 차마 보고 넘기지 못하는 정치를 실행하고, 이렇게 하면 손바닥 위에서 천하를 운용하는 것처럼 다스리는 일이 쉽다. 어진 정치라는 것은 차마 보고 넘기지 못하는 마음으로부터 시작된다. 이것은 맹자의 '성선설'을 바탕으로 한 정치이다. 맹자는 이러한 어진 정치를 선왕들의 정치를 살펴봄으로써 할 수 있다고 보았다. 선왕은 진실로 백성을 하늘처럼 받드는 이치를 가지고 정치를 하였다.

그렇다면 어떻게 해야 백성들의 마음을 얻을 것인가? 어질고 현명한 사람을 조정에 세우면 많은 인재들이 몰려와 벼슬할 것이고 부당하게 세금을 매기지 않으면 농사짓는 사람이나 시장에서 장사하는 사람들이 모두 좋아할 것이다. 즉 군주가 인재등용과 세금제도의 문제점을 개선하게 되면 백성들의 삶이 안정될 것이고 천하의 왕이 될 것이다. 당시에는 제후들이 이익을 늘리기 위해 물건에 관세를 붙이고 길을 갈 때 통행세를 부과하였다. 특히 맹자의 입장에는 세금을 줄이게 되면 유통이 활발해져서 경제가 활성화 되고 이를 기반으로 백성들의 마음을 얻어 어진 정치를 할 수 있다는 것이다.

맹자는 어진 정치를 실현하기 위한 기본정책으로 정전법 시행을 주장한다. 정전법은 기록상 등장하는 중국 최초의 토지제도이며, 『맹자』와 『주례』와 『춘추』 등에서 언급된다. 정전법이란 정방형의 토지를 우물 정(1井=900무)자 모양으로 나누어 백성들에게 경작하게 하는 제도이다. 그렇게 토지를 나누면 9개의 토지로 구분되는데 8가구가 각각 하나씩 맡아 사전(私田)으로 경작하고, 가운데 토지 100무는 공전(公田)으로 경작하여 그 수확물은 모두 세금으로 나라에 바치는 제도이다. 즉 사전에 거둔 수확은 각자 소유하고 공전에서 거둔 것은 모두 세금으로 내는 조세제도이다. 예나 지금이나 동양에서는 토지를 어떻게 분배할 것인가는 중요한 문제이다. 토지가 바로 재산이기 때문이다. 맹자 시대는 토지를 많이 가진 사람들이 노예를 부려서 대규모로 경작하였기 때문에 안정된 정치를 하기 위해서 토지제도를 정비하는 것은 왕의 중요한 일 중에 하나이다. 그러므로 맹자가 말하는 정전법은 단순히 먹고사는 부강한 나라를 만들기 위한 것이 아니라 어진정치를 이끌어나갈 실질적인 바탕이 된다. 이것이 바로 왕도정치이다.

2) 왕도정치를 시행하다

어진 정치의 출발이 바로 왕도정치이다. 왕도정치는 덕으로 어진 정치를 실시하는 것을 말한다. 즉 강압적인 권력으로 사람을 복종시킬 수 있지만 마음으로는 복종하지 않게 되고, 인(仁)의 덕으로 사람을 복종시키면 사람들은 진심으로 따르게 된다는 것이 왕도정치이다. 그러므로 군주가 어진 정치를 하기 위해서는 왕도와 패도를 구분하는 것이 중요하다. 왕도정치와 패도정치의 차이는 바로 백성들의 복종을 어떻게 이끌어낼 것인가에 따라 다르다. 왕도정치는 덕으로부터 백성의 복종을 이끌어내지만, 패도정치는 힘으로부터 어쩔 수 없는 복종을 이끌어낸다. 즉 법이나 형벌로써 백성을 복종시키면 법이나 형벌이 두려워서 복종이며, 그러한 복종은 마음에 나오는 기쁜 복종이 아니다. 사람들이 반항하지 않고 복종하는 것은 실제로 힘이 부족하기 때문이다. 자신에게도 충분한 힘과 권력이 생기면 반드시 배반하게 된다. 힘으로 인을 가장한다는 것은 패자가 왕자를 가장하는 것으로 마치 향원이 군자를 가장하는 것과 같다. 법령이나 형벌을 지나치게 엄하게 하면 백성들은 자신의 잘못을 수치로 여기지 않고 형벌이 무서워서 자신의 잘못을 감추려고 한다. 이것이 바로 패도정치의 결과이다. 덕으로 백성을 다스리고 예로서 질서를 지키면 백성들 스스로 수치심을 알게 되고 자신을 바로잡을 것이다. 이것이 바로 왕도정치의 결과이다. 그런데 패도정치는 반드시 큰 나라의 역량을 가지고 있어야 가능하지만 왕도정치는 큰 나라의 역량이 필요 없다.

그렇다면 천하를 다스리는 왕도정치는 어디부터 시작하는가? 맹자가 주장하는 왕도정치의 시작은 어려운 일을 하는 것이 아니라 그 때를 어기지 않고 백성을 다스리는 것을 강조한다. 즉 시중(時中)의 중요성을 드러내었다. 가깝게는 살아있는 사람들을 양육하고 죽은 사람들을 장사지낼 수 있도록 해주는 것으로부터 왕도정치가 시작하는 것이다. 즉 백성들의 생활을 잘 살피면서 농사철을 빼앗아 전쟁준비를 하지 않는다면 곡식은 다 먹을 수 없을 정도로 풍족하게 먹을 수 있고, 촘촘한 그물을 사용하지 않으면 물고기도 씨를 말리지 않고 오래도록 먹을 수 있고, 때에 따라 벌목하면 목재를 풍부하게 사용할 수 있다. 왕도정치는 백성을 근본으로 삼아야 하고 백성을 보호하는 것을 목적으로 여기는 정치이다. 그런데 당시 상황은 가축들이 백성들의 곡식을 먹더라도 제재하지 못하고 길가에 굶어죽은 사람들이 많은데도 창고를 열려 않았다. 혹여 백성들이 굶어 죽으면 내 잘못이 아니라 흉년 때문이라고 말할 뿐이었다. 이것은 칼로 사람을 죽이고

도 내가 죽인 게 아니라 칼이 죽였다고 하는 것과 같다.

그렇다면 왕도정치의 최종목표는 무엇인가? 왕도정치의 완성은 백성들을 어질게 하는 것이다. 백성들의 삶을 윤택하게 하는 것만이 왕도정치의 목표는 아니다. 왕도정치는 백성들의 삶을 풍족하게 하고 나라를 부강하게 할 뿐만 아니라 백성들을 도덕적으로 살아갈 수 있는 어진 사회를 만드는 것이다. 맹자가 백성들에게 토지제도 방안과 조제제도의 개선을 말하는 것은 결국 백성들을 도덕적으로 선한 사람으로 이끌기 위한 것이다. 맹자는 백성들이 사회적 안정을 통해서 나아야 할 도덕적 이상을 제시하고 있다. 그런데 왕도정치가 이루지지 않으면 어떻게 해야 하는가?

3) 군주는 군주다워야 한다

어진 정치의 바탕은 인성(人性)에 달려 있다. 누구나 인의예지 사덕을 다 가지고 태어나지만 그것을 실현하는 것은 각기 다르다. 맹자는 백성을 천하에서 가장 중요한 것임을 천명한다. 사직 또한 백성을 위해 존재하는 것이다. 그러므로 이 세상에서 가장 중요한 것은 저 들판에서 농사짓는 백성이고 백성의 마음을 얻어야 비로소 천자가 된다고 하였으나, 천자 또한 백성을 위해 존재하는 사직보다 아래에 존재하다. 천자의 마음을 얻으면 제후가 되고 제후의 마음을 얻으면 대부가 된다. 백성이 하늘 아래 가장 소중한 존재가 된다. 하늘에 제사를 지내도 가뭄이나 홍수가 나면 제단을 허물고 새롭게 쌓는 것은 백성을 위한 것이다. 이것은 세상의 중심이 백성이며 백성의 마음을 얻어야 천자가 되는 것이다. 백성의 마음을 얻어 천자가 되는 방법은 두 가지가 있다. 그것이 바로 선양(禪讓)과 혁명(革命)이다. 유가의 전통적인 인물로 보자면 당(唐)의 요(堯)임금, 우(虞)의 순(舜)임금, 하(夏)의 우왕(禹王), 은(殷)의 탕왕(湯왕), 주(周)의 문무(文武)라고 말할 수 있다. 특히 요순우(堯舜禹)는 선양으로 왕위를 계승한 것이다. 선양은 역성혁명(易姓革命)과는 다르다. 선양이란 왕의 자리를 물려줄 때 전쟁이나 구테타 등의 물리적 방법을 동원하는 것이 아니라 덕을 갖춘 현명한 신하에게 물려주는 것이다. 혁명이란 아주 어질지 못한 군주가 백성의 마음을 잃었을 때 천명(天命)을 받은 아주 어진 사람이 물리적인 방법을 통하여 왕위를 물려받는 것을 말한다.

맹자는 유학의 기본원칙인 선양제도를 주장한다. 맹자의 입장은 아무리 필부라도 천하를 소유할 수 있는데 그것은 순임금과 우금과 같은 덕을 가지고 있어야 한다. 순임금이 없었다면 아무리 덕성이 하늘과 같은 요임금과 같더라도 하나의 필부에 불과할 뿐이다. 그러므로 천자는 어진 신하를 하늘에 천거하는 것이 중요하다. 즉 천자는 훌륭한 사람을 하늘에 천거하고, 하늘부터 천명을 받아 왕위가 계승되는 것이 바로 올바른 선양이다. 유학사에서는 이와 같이 올바른 선양이 기본조건인데 세습하는 과정에서 군주가 천명을 어기고 백성의 마음을 얻지 못하게 된다.

맹자는 군주가 백성의 마음을 얻지 못하면 자신의 자리에서 내려와야 하는 혁명론을 역사적 사실로 증거를 삼는다. 제선왕은 유가철학에 강조하고 있는 '군주는 군주다워야 하고, 신하는 신하다워야 한다'로부터 '신하는 신하의 도리를 다해야 한다'는 관점을 강조하여 군주의 기득권을 보장받으려 한 것이다. 제선왕은 탕왕이 걸왕을 추방하고 무왕이 주왕 죽였다는 것에서 위협을 느낀 것이다. 즉 제선왕은 탕왕과 무왕의 혁명은 신하가 군주를 시해하는 것이라고 부정한 것이다. 맹자는 '군주는 군주다워야 하고, 신하는 신하다워야 한다'는 기본입장을 고수한다. 군주가 군주답지 못하기 때문에 혁명이 일어난 것이다. 군주가 군주답다는 것은 덕을 지니고 백성을 위한 어진 정치를 행하는 것을 의미한다. 군주가 군주답지 못하면 천하의 태평을 보장할 수 없는 것이다. 즉 맹자는 탕왕과 무왕이 걸왕과 주왕을 내쫓거나 죽인 것은 신하가 군주를 죽인 것이 아니라 인의를 해치는 무도한 한낱 사내를 죽인 것에 불과하다고 설명하고 있다.

5. 철학적 의의 및 평가

맹자는 '인간은 본래 착하다'는 성선론을 바탕으로 자신의 이론체계를 이끌어간다. 특히 맹자는 끊임없이 '덕이 없는 자는 결코 천하를 지배 할 수 없다'는 혁명론과 '인의'에 따라 정치해야 한다는 왕도정치를 주장하고 있기 때문에 후대에 군주들에게 인정받지 못했다. 즉 맹자는 항상 반대의 목소리를 내던 야당의 모습이었다. 그래서 『맹자』는 유교를 국교로 삼았던 한나라 때 조금 유행하다가 천 년이 지난 뒤 남송의 주자(朱子)가 『맹자』를 사서(四書)의 하나로 규정하고 『맹자집주』를 주석한 이후에서야 대중에게 인정받았다. 그 후 원나라 때 주자의 유학이 정통성을 차지하면서 맹자는 성인으로 추앙되어 우리나라에서도 모든 문묘에 배향되었다. 그런데 『맹자』가 더욱 대중화 된 것은 원나라 때 주자의 『맹자집주』가 과거시험의 필수과목으로 선정되었기 때문이다. 명나라와 청나라 때에 와서는 『맹자』을 해석하는 것이 더욱 다채로워졌으며, 독창적인 주석서도 많이 등장했다. 현재까지 『맹자』 주석서 가운데 가장 널리 참고하는 책은 청나라 초순(焦循)의 『맹자정의(孟子正義)』로 맹자와 관련 책들을 집대성한 것이다.

풍우란은 공자와 맹자를 평가하길 "중국역사상 공자의 위치는 마치 서양역사상의 소크라테스와 같고, 중국역사상 맹자의 위치는 마치 플라톤과 같은데 그 기상의 고명장쾌함[高明亢爽] 또한 흡사하다"[7]고 했다. 특히 맹자의 혁명론은 혁명의 주체를 백성으로 본 것이 아니라 다른 통치자에게 권력을 이동하는 수단으로 보았다는 점에서 백성을 정치적 주체로 보는 데까지 이르지 못했다는 점이 일정한 한계이다. 하지만 이전까지 거의 무시되어 왔던 백성들에 대한 정치적 고려가 적극적으로 고려되었다는 점에서 시대상 대단한 진보적 이념이다.

---

7 풍우란, 박성규 옮김, 『중국철학사(상)』(서울: 까치글방, 2002), 178쪽.

■ 토론 주제

1. 양심은 선천적인가? 후천적인가?

2. 인간 왜 선하게 살아야 하는가? 선과 악의 경계는 어떻게 결정되는가?

3. 우리는 삶 속에서 도덕과 자유 중에 무엇을 선택할 것인가?

■ 참고문헌 및 더 읽어야할 책

조기(趙岐), 『맹자제사(孟子題辭)』

주희(朱熹), 『맹자집주』

신창호, 『맹자-쉽게 읽고 되새기는 고전』, 생각정거장, 2016.

안병국, 『맹자-한문문법의 구조분석』, 에피스테메, 2018.

양조한 저, 황갑연 역, 『맹자철학』, 서광사, 2005.

윤재근 偏 『희망과 소통의 경전 맹자』, 동학사, 2009.

이정선, 「맹자 인성론 연구」, 성균관대학교 박사학위논문, 2016.

채인후 지음, 천병돈 옮김, 『맹자철학』, 예문서원, 2002.

홍승직 역, 『처음 읽는 맹자』, 행성B, 2018.

황광욱, 『청소년을 위한 맹자』, 두리미디어, 2009.

제6장

순자, 인간의 악

1. 생애와 시대

순자는 전국시대 말기에 활동한 제자백가 중 한 명으로서 성악설을 주장한 철학자로 알려져 있다. 순자는 전국시대 활동한 제자백가들과의 토론을 통해 그들의 이론들을 흡수하여 자신의 철학으로 재구성한 학자이다. 벤자민 슈월츠는 순자를 맹자와 함께 전국시대에 '유가적 신념의 수호자'로 다양한 제자백가 철학들을 비롯하여 타락한 유학자들의 철학까지도 날카롭게 비판한 철학자로 평가하고 있다. 순자가 어떤 사람인지에 대해서는 사마천의 「맹자순경열전」에 잘 나타나 있다.

> 순경(荀卿)은 조나라 출신이다. 나이 쉰 살 때 비로소 제나라 직하학궁으로 와 자신의 학설을 설파했다. […] 전변(田駢)의 무리는 모두 세상을 떠난 까닭에 제양왕 때 순경이 가장 나이가 많은 스승인 노사(老師)가 되었다. 제나라는 열대부가 자리가 모자라면 그때마다 보충했다. 순경이 세 차례나 좨주(祭酒)가 되었다. 제나라 출신 가운데 어떤 자가 순경을 무함하자 순경은 초나라로 떠났다. 춘신군이 그를 난릉(蘭陵)의 현령으로 삼았다. 춘신군이 죽자 순경도 면직되었다. 이후

> 계속 난릉에 살았다. 이사는 일찍이 그의 제자로 있다가 진나의 재상이 되었다. 순경은 혼탁한 세상인 탁세(濁世)의 정사를 미워했다. 멸망하는 나라와 난폭한 군주가 잇달아 나오고, 대도를 닦아 실천하기는커녕 무축(巫祝)에 빠지고, 길흉화복의 징조인 기상(禨祥)을 믿고, 비속한 유생인 비유(鄙儒)가 하찮은 일에 구애되고, 장주(莊周) 같은 무리가 우스갯소리로 풍속을 어지럽히는 것 등이 그러했다. 유가, 묵가, 도가의 학설이 펼쳐진 결과, 이룬 것과 실패한 것을 자세히 살핀 뒤 차례로 정리했다. 수만 자로 된 『순자』를 남기고 죽었다. 사람들이 그를 난릉에서 장례를 치렀다.

순자는 대략 기원전 4세기 말엽인 기원전 310년에 조나라에서 태어났다. 역사상 이 시기는 전국시대로 분류된다. 전국시대는 주나라의 봉건제도가 붕괴되기 시작하면서 각각의 제후국들이 출현하고, 이들 간의 정복전쟁이 끊임없이 일어나던 시기였다. 제후국들 간의 정복전쟁으로 백성들의 삶이 점점 황폐해져만 갔다. 맹자가 살았던 시대는 사람을 죽이지 않고 도덕적 정치를 실행하는 자가 천하를 통일할 수 있다는 정치적 신념에 낙천적인 입장이었지만, 순자가 살았던 시대는 더욱 더 참혹하고 비관적인 시대로 돌입하게 된다. 순자가 살았던 전국시대 말기는 곧 머지않아 진나라가 중국을 최초로 통일을 앞두고 있었다. 이 당시 각 제후국들의 왕들과 사상가들은 사회적 혼란함을 극복할 수 있는 이상적인 정치제도와 철학을 모색하려고 노력했다. 순자의 철학 또한 이러한 혼란한 난세를 극복할 대안에 대한 모색의 결과물이라 할 수 있다.

순자가 태어났던 조나라는 전국시대 지도를 살펴보면 중국 북부 지방, 오늘날의 산서성 중부와 하북성 남부에 해당하는 곳에 위치해 있는 곳이다. 순자의 생애 중 50세 이전에 대해서는 확실한 정보가 부재한 상태이다. 이런 이유로 사마천도 순자가 조나라 출신이라는 것과 50세가 되어서 비로소 제나라의 제자백가 학자들이 모여 활동하던 직하 학궁에 갔다고만 말하고 있다.

순자는 제나라의 직하에서 그 당시 저명한 제자백가 학자들과 학문적 교류를 하게 된다. 오늘날 남아 있는 『순자』도 이들 제자백가들과의 학문적 논쟁을 거친 결과물이다. 실제로 순자는 「비십이자」편에서 세상을 혼란케 만드는 12명의 학자들의 이론을 비판한다. 12명의 학자들 가운데에는 묵가 철학자인 묵적, 명가학파인 혜시, 도가 철학자인 노자와 장자가 있을 뿐만 아니라 같은 유가철학에 속하는 자사와 맹자의 철학에 대해서 대해서도 비판한다. 순자는 자사와 맹자가 제멋대로 자기 학설을 만들어 사람들을 현혹시키고 매우 편벽된 규범을 주장하고 있다고 비판한다.

순자는 제나라의 직하학궁에서 그 곳의 수장인 좨주를 3차례 역임한다. 오늘날로 치면 국립대학 총장을 3차례 연임한 것이다. 이렇게 제나라에서 순탄한 삶을 살던 순자는 자신을 모함하는 자들에 의해 제나라를 떠나 초나라로 가게 된다. 순자는 초나라의 권세가인 춘신군의 추천을 받아 난릉현의 현령이 된다. 춘신군이 죽자 순자도 현령을 그만 두고 그곳에 정착하여 살게 된다. 순자는 난릉현에서 제자들을 양성하고 저술 작업에 몰입하게 된다. 순자의 제자로는 진시황을 도와 중국을 최초로 통일하는데 공을 세운 이사와 법가 철학자로 이름난 한비자가 있다.

철학사적인 측면에서 살펴 볼 때, 맹자의 철학은 공자의 인(仁)을 계승하여 측은지심(惻隱之心)에 근거한 성선설을 주장하고, 순자의 철학은 공자의 예(禮)를 계승하여 자연본성에 근거한 성악설을 주장하고 있다. 순자는 자신의 책에서도 공자 철학의 계승자로 자부하고 있다. 순자는 공자의 철학 가운데서도 배움(學)의 문제에 대해 깊은 영향을 받았다. 순자는 배움을 통한 더 나은 인간이 되는 것을 자신의 철학적 중심 주제로 삼고 있다.

2. 인간의 본성은 악한가?

순자에 대해 가장 일반적으로 알려진 것은 성악설을 주장했다는 것이다. 성악설이란 인간이 태어날 때 타고나 본성이 악하다는 주장이다. 순자의 성악설은 맹자의 성선설과 대비 되면서 더욱 더 부각되었다. 중국철학사적인 측면에서 성선설을 주장한 맹자는 유학의 도통을 계승한 사람이고, 성악설을 주장한 순자는 유학의 이단자로 낙인 찍혀 있다. 특히 한국은 조선시대 성리학적 전통이 강하게 남아있어서 순자하면 성악설을 주장한 유학의 이단자로 인식되어 있다. 순자의 철학이 이렇게 낙인찍힌 이유는 다름 아닌 한유의 말 때문이다. 한유는 순자의 철학에 대해 '대체로 좋지만 약간의 문제를 가지고 있다[大醇小疵]'라고 평한다. 이 말 때문에 이후 성리학자들은 순자의 철학을 맹자보다 평가절하 하게 된다. 하지만 이러한 맹자와 순자의 철학적 위상은 성리학 이전의 문헌들에서 살펴보면 동등하게 평가되고 있다.

사마천의 『사기』「맹자순경열전」에 보면 맹자와 순자는 동등한 철학자로 평가되고 있다. 뿐만 아니라 『순자』에 주석을 단 양경의 경우에 있어서도 『순자』의 체계를 「권학」편에서 시작하여 「요문」편으로 편성했는데, 이것은 순자의 철학이 공자의 『논어』가 「학이」에서 시작하여 「요왈」편으로 끝나는 것을 고려한 것이다. 이 말은 양경이 순자의 철학이 공자의 철학을 계승하고 있는 것으로 생각하고 있었다는 것이다.

순자의 성악설에 대해서는 여러 가지 의견들이 있다. 순자의 성악설에서 '악'이 서양철학에서처럼 '선'과 이분법적으로 대립되는 의미인가에 대해서는 여전히 주장들이 분분한 상태이다. 실제로도 『순자』 전체 편에서 「성악」 편을 제외하고 다른 편에서 사용된 '악(惡)'이란 글자의 용례를 살펴보면 대부분 '오(惡)'의 의미로 사용되었다. 이런 점에서 '성악설'의 '악'도 '오'로 해석해서 인간의 타고난 본성이 추하고 혐오스러움이 있다 정도로 이해해야 한다는 주장도 있다. 또 순자 성악설의 '악' 개념을 타고난 본성으로서의 악이 아니라 인간이 타고난 생리적인 욕구 충족을 위해서만 행위 하게 되면 불선(不善)한 결과를 초래하게 된다는 결과로서의 악의 의미로 이해하기도 한다. 그렇다면 순자는 인간의 본성에 대해서 어떻게 이야기 하는지 살펴보도록 하자.

> 본성이란 하늘에 의해 주어진 것이고, 감정이란 본성의 실질이며, 욕망이란 감정의 반응이다.[1]

순자는 인간의 본성을 '하늘에 의해 주어진 것'이라고 정의하고 있다. '하늘에 의해 주어진' 본성이란 다름 아닌 인간이 태어날 때부터 자연스럽게 지니고 있는 것을 가리킨다. 그리고 그 본성의 실제적인 모습을 감정이며, 인간의 감정이란 구체적인 욕망으로 드러나게 된다. 순자는 인간의 본성과 감정과 욕망을 다른 것이자 같은 것으로 말하고 있다. 본성과 감정과 욕망을 나무에 비유하면, 나무의 뿌리는 본성이고 줄기는 감정이고 가지와 잎사귀는 욕망에 해당한다. 더 나아가 순자는 인간의 본성에 대해 다음과 같이 말하기도 한다.

> 지금 사람의 본성으로 눈은 볼 수가 있고 귀는 들을 수가 있다. 모든 볼 수 있는 시력은 눈을 떠나지 않으며, 들을 수 있는 청력은 귀를 떠나

---

1 『순자』, 「정명」. "性者, 天之就也, 情者, 性之質也, 欲者, 情之應也."

지 않는다. 눈은 시력이 있고, 귀는 청력이 있는데, 이것은 배워서 될 수가 없는 것들이다.[2]

순자는 본성을 인간이 태어날 때부터 가지고 있는 감각기관의 기능으로 말하고 있다. 순자의 철학에서 본성이란 눈의 볼 수 있는 시력, 귀의 들을 수 있는 청력을 가리킨다. 이러한 감각기관의 기능들은 인간이 후천적인 배움을 통해 획득되는 것이 아니라 태어날 때부터 이미 작용할 수 있는 기능들을 가지고 태어난다는 것이다. 이러한 점에서 시력과 청력은 인간의 타고난 본성에 해당된다. 또한 순자는 인간의 본성에 대해 다음과 같이 말한다.

모든 사람들은 다 같이 배고프면 먹기를 바라고, 추우면 따뜻하기를 바라고, 피곤하면 쉬기를 바라고, 이익을 좋아하나 해가 되는 것은 싫어한다. 이것은 사람들이 나면서부터 지니고 있는 것이다. 이것들은 다른 영향에 의해 그렇게 된 것이 아니며, 우(禹)임금이나 걸왕(桀王)이 모두 같다.[3]

순자는 인간이 태어날 때부터 가지고 있는 원초적인 욕구들을 본성이라 말한다. 예를 들어, 배고프면 먹고 싶은 것, 추우면 따뜻하기를 바라는 것과 같은 것들은 모두 인간이 태어날 때 가지고 있는 것으로 모든 사람들이 공통으로 가지고 있는 것이라 주장한다. 이처럼 순자는 인간의 본성으로 감정, 욕구, 감각기관의 기능 등으로 다양하게 규정하고 있다. 인간의 감정, 욕구, 감각기관의 기능 자체가 악은

2 『순자』, 「성악」. "今人之性, 目可以見, 耳可以聽. 夫可以見之明不離目, 可以聽之聰不離耳, 目明而耳聰, 不可學明矣."

3 『순자』, 「영욕」. "凡人有所一同: 飢而欲食, 寒而欲煖, 勞而欲息, 好利而惡害, 是人之所生而有也, 是無待而然者也, 是禹桀之所同也."

아니다. 그렇다면 과연 인간의 악이란 어떻게 발생하는 것인가?

> 사람의 본성은 악한 것이니, 그것이 선하다고 하는 것은 인위적인 노력에 의한 것이다. 지금 사람들의 본성은 나면서부터 이익을 좋아함이 있는데, 이것을 따르기 때문에 쟁탈이 생기고 사양함이 없어진다. 사람은 나면서부터 질투하고 미워함이 있는데, 이것을 따르기 때문에 남을 해치고 상하게 하는 일이 생기며 충성과 믿음이 없어진다. 사람은 나면서부터 귀와 눈의 욕망이 있어 아름다운 소리와 빛깔을 좋아함이 있는데, 이것을 따르기 때문에 지나친 혼란이 생기고 예의와 아름다운 형식이 없어진다. 그러니 사람의 본성을 따르고 사람의 감정을 좇는다면 반드시 다투고 뺏게 되며, 분수를 어기고 이치를 어지럽히게 되어 난폭함으로 귀결될 것이다. 그러므로 반드시 스승과 법도에 따른 교화와 예의와 교도가 있어야 하며, 그런 뒤에야 서로 사양하게 되고 아름다운 형식을 갖게 되어 다스림으로 귀결될 것이다. 이로써 본다면 사람의 본성은 악한 것이 분명하며 그것이 선하다는 것은 인위적인 노력에 의한 것이다.[4]

순자는 인간의 본성을 이익을 좋아함, 질투하고 미워함, 아름다운 색과 음악을 좋아함으로 규정하고 있다. 이익을 좋아한다는 것 자체는 악이 아니지만, 인간이 이익을 좋아하는 성향을 따라 행위 하게 될 때 다툼이 생겨나게 됨으로 인해 악한 행위를 하게 된다. 왜냐하면 인간이 가진 욕구는 무한히 증폭되는 특성을 가지고 있으며, 그것을 충족시켜 줄 현실 사회 속의 재화는 한정되어 있기 때문이다. 결

---

4 『순자』, 「성악」. "人之性惡, 其善者僞也. 今人之性, 生而有好利焉, 順是, 故爭奪生而辭讓亡焉, 生而有疾惡焉, 順是, 故殘賊生而忠信亡焉, 生而有耳目之欲, 有好聲色焉, 順是, 故淫亂生而禮義文理亡焉. 然則從人之性, 順人之情, 必出於爭奪, 合於犯分亂理而歸於暴. 故必將有師法之化·禮義之道, 然後出於辭讓, 合於文理而歸於治. 用此觀之, 然則人之性惡明矣, 其善者僞也."

국 인간이 욕구의 충족만을 위해 행위 하게 될 때 인간은 필연적으로 다툴 수밖에 없다는 것이다. 욕구의 충족을 위해 다툴 때 인간은 서로가 서로를 해치게 되어 악을 행할 수밖에 없다는 것이다. 이와 마찬가지로 다른 본성들도 그 자체가 악은 아니지만 이러한 것들을 추구하게 되면 악한 결과를 초래하게 된다는 것이다. 이러한 점에서 순자의 성악설은 타고난 악이 아니라 결과로서의 악이라 규정할 수 있을 것이다.

순자는 인간의 악한 결과를 초래하는 타고난 성향을 바꾸기 위해 스승과 법도 그리고 예의를 통해 교육의 과정을 거쳐야 함을 주장하고 있다. 다시 말하면, 인간이 선한 행위를 할 수 있는 것은 타고난 본성 때문이 아니라 후천적인 교육에 의해 가능한 것이다. 순자의 입장에서 볼 때 맹자의 성선설은 바로 인간의 타고난 본성과 후천적인 교육의 측면을 구분하지 못했기 때문에 나온 주장이라고 비판한다. 순자는 본성과 후천적 교육의 측면을 구분하여 다음과 같이 말한다.

> 본성이란 하늘로부터 타고난 것이어서 배워서 행하게 될 수 없는 것이며, 노력으로 이루어질 수 없는 것이다. 예의란 성인이 만들어낸 것이어서 배우면 행할 수 있는 것이며, 노력하면 이루어질 수 있는 것이다. 배워서 행할 수 없고 노력해 이루어질 수 없는데도 사람에게 있는 것을 본성이라 하고, 배우면 행할 수 있고 노력하면 이루어질 수 있는 사람에게 있는 것을 인위라 한다. 이것이 본성과 인위의 구분이다.[5]

순자의 인간의 본성에 대한 입장은 타고난 본성과 후천적이고 인위적인 것을 구분하자는 것이다. 인간의 타고난 본성은 악한 결과를

---

5 『순자』, 「성악」. "凡性者, 天之就也, 不可學, 不可事. 禮義者, 聖人之所生也, 人之所學而能, 所事而成者也. 不可學, 不可事而在人者, 謂之性, 可學而能, 可事而成之在人者, 謂之僞, 是性僞之分也."

초래할 경향성을 지니고 있다. 성인들은 이러한 인간의 타고난 성향이 일으키는 문제를 해결하기 위해 예의(禮義)를 만들었다. 인간은 예의를 배움으로써 타고난 성향을 극복하여 사회적이고 도덕적인 행위를 할 수 있게 된다. 순자는 인간이 도덕적인 선을 행할 수 있는 것은 성인들이 만든 예의를 배움으로써 가능해지는 것으로서 인간의 타고난 본성 때문이 아니라고 주장한다. 순자는 맹자의 성선설이 본성과 인위적인 부분을 구분하지 못했기 때문에 발생한 것이라 주장한다. 순자의 성악설은 인간의 본성의 악함을 강조하거나 정의내리기 위한 것이 아니라 후천적인 교육의 중요성을 강조하기 위한 것이다. 순자는 인간의 본성을 후천적인 교육을 통해 선을 향해 나아가고 실천할 수 있는 방향으로 나아가게 하고자 하였다.

3. 배움을 통해 본성을 변화시켜라

순자는 인간의 본성에 대한 관점은 인성의 악함을 강조하기 위한 것이 아니라 인간의 본성을 후천적인 교육을 통해 선의 방향으로 전환시킬 수 있다는 것이다. 순자는 공자의 철학 중 '학(學)'에 대한 것을 계승하여 배움을 통해 인간이 보다 더 낫은 인간이 될 수 있다고 생각했다. 공자 자신이 배움을 통해 천한 인간으로부터 도덕적으로 성인의 경지에 이른 인간이듯이 모든 인간은 배움을 과정을 통해 도덕적 인간으로 성장할 수 있는 가능성을 가지고 있다. 순자도 모든 인간은 후천적 교육과 경험을 통해 욕구적 존재에서 도덕적이고 사회적인 존재로 성장할 수 있다고 생각하였다. 순자는 인간의 본성의 변화 가능성에 대해 다음과 같이 말한다.

> 인간의 본성이라고 하는 것은 내가 어떻게 할 수 없는 것이지만 후천적 변화가 가능하다. 습관과 풍속을 바로잡아 본성을 변화시키는 것

> 이다. 전심을 다하는 것이 노력을 쌓아가는 방법이다. 습관과 풍속이 사람의 뜻을 변화시키고 편안히 오랫동안 그렇게 지내게 되면 사람의 바탕[質]도 바뀌게 된다. 전일하게 수양하고 또 수양하면 신명에 통하게 되고 천지의 변화에 참여하게 된다.[6]

인간이 타고난 본성은 인간이 의지와 상관없이 태어날 때부터 일정한 기능과 방향성을 가지고 있다. 순자는 이러한 인간의 타고난 본성을 후천적 교육을 통해 변화시킬 수 있는 가능성을 지니고 있다고 말한다. 인간의 본성을 변화시킬 수 있는 가능성이란 습관과 풍속이다. 습관과 풍속이란 인간이 의식하지 않는 끊임없는 과정을 통해 몸에 체화되는 것이다. 인간의 본성이란 이러한 습관화과 풍속을 통해 서서히 변화시킬 수 있는 것이다. 인간의 본성을 변화시킬 수 있는 습관화와 풍속을 익히는 것은 마음의 전일하게 집중해 노력해야지만 가능한 것이다. 마음을 한 곳에 집중한 상태에서 끊임없는 실행의 과정 속에서 인간의 타고난 본성의 성향은 조금씩 방향을 전환해 가게 되고 결국에는 새로운 기능과 방향을 몸에 체화하여 변화하게 된다. 이러한 습관화와 풍속을 익히는 과정이 바로 후천적인 교육의 과정이자 본성의 변화시키는 과정이다. 순자는 인간이 지닌 타고난 본성의 성향을 변화시키기 위해 방법으로 끊임없는 배움의 필요성을 강조한다.

> 군자가 말하기를 '학문은 그만 둘 수 없다'라고 하였다. 푸른색은 쪽풀에서 취하나 쪽 풀보다 푸르다. 얼음은 물이 얼어서 된 것이나 물보다 차다. 나무가 곧아서 먹줄에 들어맞는다 하더라도 굽혀 수레바퀴를

6 『순자』, 「유효」. "性也者, 吾所不能爲也, 然而可化也. […] 注錯習俗, 所以化性也, 幷一而不二, 所以成積也. 習俗移志, 安久移質. 幷一而不二, 則通於神明, 參於天地矣."

> 만들면 그 굽음은 규(規, 둥근자)에 맞게 되고, 비록 마른다 하더라도 다시 곧게 펴지지 않는 것은 굽힘의 과정이 그렇게 만든 것이다. 그러므로 나무는 먹줄의 곧음을 받아들이면 곧아지고, 쇠는 숫돌에 갈면 날카로워지고, 군자는 널리 배우고 매일 자기 자신에게서 (그 배움이) 징험되는지를 살피면 지혜[知]가 밝아지고 실천하는데 과오가 없게 된다. 그러므로 높은 산에 오르지 않으면 하늘의 높음의 알지 못하고, 심산계곡에 들어가지 않으면 땅의 깊음을 알지 못하고, 선왕의 유언을 듣지 않으면 학문의 큼을 알지 못한다. 남방의 오·월과 북방의 오랑캐의 아이들은 태어날 때는 같은 소리를 내지만 자라면서 생활 풍속이 달라지는 것은 가르침이 그렇게 한 것이다.[7]

『순자』의 제일 첫 편은 '학문을 권함'을 의미하는 「권학(勸學)」 편이며, 「권학」 편의 첫 구절은 '학문은 그만 둘 수 없다'라는 구절이다. 이것은 마치 『논어』의 첫 편이 「학이(學而)」 편으로 시작하고 '배우고 때때로 익힌다'는 구절로 시작하는 것과 유사하다. 공자의 철학에 있어서나 순자의 철학에 있어서나 배움이란 인간다운 인간이 되기 위해 반드시 거쳐야 하는 과정을 의미한다. 순자는 악한 결과를 초래할 수 있는 타고난 본성의 성향을 선의 방향으로 전환시키기 위해 필요한 것이 바로 배움이라고 주장하고 있다. 순자는 배움을 통한 본성의 변화 과정을 쪽 풀과 얼음과 수레바퀴의 비유를 통해 설명한다. 즉, 본성의 변화는 푸른 색 염료가 쪽 풀을 가공해서 얻은 것이지만 본래의 쪽 풀보다 더 푸르고(青出於藍), 얼음은 물이 변화한 것이지만 더 차갑듯이 인위적인 배움의 과정을 거쳤을 때 이전 보다 훨씬

7 『순자』, 「권학」. "君子曰, '學不可以已.' 青取之於藍, 而青於藍. 氷水爲之, 而寒於水. 木直中繩, 輮以爲輪, 其曲中規, 雖有槁暴, 不復挺者, 輮使之然也. 故木受繩則直, 金就礪則利, 君子博學而日參省乎己, 則知明而行無過矣. 故不登高山, 不知天之高也, 不臨深谿, 不知地之厚也, 不聞先王之遺言, 不知學問之大也. 干越夷貉之子, 生而同聲, 長而異俗, 教使之然也."

더 아름답고 선한 모습을 갖추게 된다. 또한 후천적이고 인위적인 배움의 과정은 나무가 곧은 자를 의거할 때 곧아지고 굽은 자를 의거할 때 굽어지듯이 어떤 배움의 과정을 거치느냐에 따라 인간은 전혀 다른 인간이 될 수도 있는 것이다. 결국 인간이란 인위적인 후천적 경험에 의해 형성되는 존재인 것이다. 인간은 배움을 통해 끊임없이 자신의 본성을 갈고 닦아야만 바른 길을 향해 나아가는 존재가 될 수 있는 것이다. 인간의 삶이란 태어나서 죽음에 이르기까지 배움의 연속적 과정이라 할 수 있다.

그런데 인간은 태어나 배움의 과정을 거침에도 불구하고 여전히 타고난 성향을 개선하지 못하는 경우가 있다. 대체 배움을 통해서도 인간의 본성이 변화되지 못하는 이유는 무엇인가? 먼저, 순자는 배움의 과정에 있어서 전일한 마음의 필요성을 주장한다.

> 흙이 쌓여 산을 이루면 비바람이 일고 물이 모여 연못을 이루면 이무기와 용이 살게 되고, 선한 행동이 쌓여 덕을 이루고 마음의 지혜가 저절로 터득되면 성인의 마음이 갖춰진다. 그러므로 반걸음이 쌓이지 않으면 천리 길을 갈 수 없고, 작은 흐름이 쌓이지 않으면 강과 바다가 이룩될 수 없는 것이다. 준마도 한 번 뛰어 열 걸음을 갈 수 없고, 둔한 말도 열 배의 시간과 힘을 들여 수레를 끌면 준마를 따를 수 있다. 공이 이룩되는 것은 중단하지 않는 데 달렸으니, 칼로 자르다 중단하면 썩은 나무라도 자를 수 없으며, 중단하지 않으면 쇠나 돌이라도 자를 수 있다. 지렁이는 발톱과 이빨의 날카로움, 근골의 강함을 가지고 있지는 않지만 위로는 진흙을 먹고 아래로는 땅 속의 물을 마실 수 있는 것은 마음 씀이 전일하기 때문이다. 게는 여덟 개의 발에다 두 개의 집게를 지니고 있지만 장어의 굴이 아니면 의탁할 만한 곳이 없는 것은 마음 씀이 조급하기 때문이다. 그러므로 묵묵히 정성을 다하려는 뜻이 없는 사람은 밝은 지혜가 없을 것이며, 묵묵히 정성을 다해 일을 하지 않는 사람은 뛰어난 공을 이루지 못할 것이다.[8]

배움을 통한 본성의 변화란 단시간 안에 그리고 몇 번의 실행으로 성취되는 것이 아니라 온 마음을 다 바쳐 꾸준히 지속적으로 실행해 나아갈 때 이루어지는 것이다. 악의 경향성을 지닌 본성이 선한 행위를 하는 경향성으로 변화되기 위해서는 마치 둔한 말이 천리 길을 가듯이 묵묵히 한 걸음 한 걸음 나아가야 한다. 물론 자질이 뛰어난 말보다 늦게 천리 길에 도착할 수 있지만 전일한 마음으로 한 걸음 한 걸음 나아가면 천리 떨어진 목표에 이를 수 있는 것이다. 그 목표에 도달함에 있어서는 천리마나 둔한 말이나 똑 같은 것이다. 배움이란 중간에 중단하지 않고 지속적으로 해 나아가는 것이 중요하다. 인간은 끊임없는 배움의 과정을 통해 욕구적 존재에서 선한 행위를 실행할 수 있는 존재로 변모하게 된다.

4. 스승과 예를 배워라

순자는 인간의 타고난 본성의 성향을 바꾸기 위한 방법으로 배움을 할 것을 제시한다. 그렇다면 우리는 무엇을 배워야 하는가? 순자는 학문의 대상과 내용에 대해 다음과 같이 말한다.

> 학문의 지름길은 스승이 될 만한 사람을 좋아하는 것만큼 빠른 것이 없으며, 예를 높이는 것이 다음이다. 위로는 스승이 될 만한 사람을 좋아하지 않고, 아래로는 예를 높이지 않고서 이내 다만 잡된 책을 배우고 『시』와 『서』를 (기계적으로) 단순히 따를 뿐이라면 세상이 다하고

8 『순자』, 「권학」. "積土成山, 風雨興焉, 積水成淵, 蛟龍生焉, 積善成德, 而神明自得, 聖心備焉. 故不積蹞步, 無以至千里, 不積小流, 無以成江海. 騏驥一躍, 不能十步, 駑馬十駕, 功在不舍, 鍥而舍之, 朽木不折, 鍥而不舍, 金石可鏤, 螾無爪牙之利, 筋骨之强, 上食埃土, 下飮黃泉, 用心一也. 蟹八蛫而二螯, 非蛇蟺之穴, 無可寄託者, 用心躁也. 是故無冥冥之志者, 無昭昭之明, 無惛惛之事者, 無赫赫之功."

> 생이 다하도록 비루한 선비의 처지를 면치 못 할 것이다. 장차 선왕의 도를 탐구하고, 인의(仁義)의 근본을 밝히고자 한다면 예가 바로 정도이고 지름길이다. 갓옷은 사람이 다섯 손가락으로 쉽게 들어 올릴 수 있는 것처럼 따르는 자가 이루 헤아릴 수 없을 것이다. 예법(禮法)을 실천하지 않고 『시』와 『서』를 실천의 근본으로 삼는 것은, 비유하면 (자를 놓아두고) 손가락으로 황하를 재는 것과 같고 (절구 공이를 놓아두고) 창으로 기장을 찧는 것과 같고 (젓가락을 놓아두고) 송곳으로 병속의 음식을 먹으려는 것과 같은 것으로 불가능한 일이다. 그러므로 예를 높이면 비록 명확하게 이해하지는 못하더라도 예를 좋아하는 선비가 될 것이다. 예를 존중하지 않는다면 비록 분별력이 있다고 할지라도 스스로 검속하지 못하는 선비가 된다.[9]

배움을 시작할 때 중요한 것은 자신을 가르쳐 줄 훌륭한 스승을 찾는 일이다. 왜냐하면 스승이란 자신보다 앞서서 배움의 길을 걸어간 사람이며, 자신보다 배움에 대해 풍부함 경험을 가지고 있기 때문이다. 스승이란 배움에 있어서 전문가인 것이다. 책으로부터 익히는 것보다 직접 배움의 길을 걸어간 사람으로부터 배울 때 보다 더 살아있는 생생한 지식과 지혜를 배울 수 있게 된다. 뿐만 아니라 훌륭한 스승은 배우는 자에게 필요한 상황적이고 자질적인 측면을 잘 파악하여 가르치기 때문에 그 효과가 탁월하다. 단순히 문자적 지식의 전달이 아니라 전인격적인 것을 익힐 수 있다. 배움이란 인간과 인간의 인격적 만남을 통해 보다 더 심화되고 체화된다. 이러한 점에서 순자는 배움에 있어서 스승의 역할을 중시한다.

---

9 『순자』, 「권학」. "學之經, 莫速乎好其人, 隆禮次之. 上不能好其人, 下不能隆禮, 安特將學雜識志, 順詩書而已耳. 則末世窮年, 不免爲陋儒而已. 將原先王本仁義則禮正其經緯蹊徑也. 若挈裘領, 詘五指而頓之, 順者不可勝數也. 不道禮憲, 以詩書爲之, 譬之猶以指測河也. 以戈舂黍也, 以錐飡壺也, 不可以得之矣. 故隆禮, 雖未明, 法士也, 不隆禮, 雖察辯, 散儒也."

다음으로 순자는 본성의 성향을 바꾸기 위해서 예를 배울 것을 주장한다. 스승에게서 배우는 실제적 내용이 어떻게 보면 예일 것이다. 예란 다름 아닌 인의(仁義)의 실제이고 선왕의 도이다. 순자는 예를 배울 때만이 인간이 어떻게 행동해야 하는지에 대한 객관적인 근거와 기준이 정립된다고 말하고 있다. 그렇다면 예란 무엇인가?

> 보편적 선의 법칙으로 기운을 다스리고 양생을 한다면 오래 살았다는 팽조보다도 더 오래 살고, 그것으로써 몸을 닦고 스스로 노력하면 요임금이나 우임금처럼 될 수 있으며, 뜻대로 잘 될 때도 처신을 잘할 수 있고 곤경에 처했을 때도 유리해진다. 예(禮)가 바로 그것이다. 무릇 혈기와 의지와 지려(知慮)를 활용하는 데 예를 따르면 잘 다스려지고 잘 통하지만, 예를 따르지 않으면 문란하고 산만해진다. 먹고 마시고 옷을 입고 생활하고 활동하는 데도 예를 따르면 조화가 되고 절도가 있게 되지만, 예를 따르지 않으면 뜻대로 되지 않고 병폐가 생긴다. 겉모양과 몸가짐과 나아가고 물러나는 것과 일을 행하는 데도 예를 따르면 우아해지지만, 예를 따르지 않으면 오만하고 편벽되고 저속하고 뒤떨어진다. 그러므로 사람으로서 예가 없다면 제대로 살아가지 못하고, 일을 하는 데 예가 없다면 성취시킬 수 없으며, 나라에 예가 없다면 편안하지 못하다.[10]

순자는 예를 보편적 선의 법칙으로 규정하고 있다. 예는 인간이 생리적 측면으로부터 사회·정치적 측면에 이르기까지 그리고 태어나면서부터 죽을 때까지 따르고 실천해야 할 것이다. 먼저, 예는 생리적 측면에서 '기를 다스리고 생(生)을 기르는 것'에 도움을 줌으로써

10 『순자』, 「수신」. "扁善之度, 以治氣養生, 則後彭祖, 以修身自名, 則配堯禹. 宜於時通, 利以處窮, 禮信是也. 凡用血氣志意知慮, 由禮則治通, 不由禮則勃亂提慢, 食飲衣服居處動靜, 由禮則和節, 不由禮則觸陷生疾, 容貌態度進退趨行, 由禮則雅, 不由禮則夷固僻違, 庸衆而野. 故人無禮則不生, 事無禮則不成, 國家無禮則不寧."

인간의 몸을 건강하게 한다. 순자는 예를 인간의 감정과 욕망을 사회적 맥락에 맞게 기르기 위한 것으로 규정한다. 감정과 욕망은 몸의 건강과 직결되어 있다. 지나치게 분노한다거나 지나치게 슬퍼할 경우 인간의 건강을 해칠 수 있기 때문이다. 다음으로, 예는 인간을 사회·정치적 측면에서 성장하게 만든다. 인간은 예를 몸에 익히는 과정에서 사회적이고 정치적인 능력을 체득하게 된다. 끝으로, 예는 인간의 행·불행에 있어서 인간이 따라야 할 행동양식이다.

순자는 예를 인간 삶 전체를 관통하는 것으로 규정하고 있다. 혈기와 의지와 지려(知慮)를 쓰는 것도 예에 맞게 사용하길 권하고 있다. 인간이 의식주를 충족시키는 데 있어서도 예를 따를 것을 주장한다. 더 나아가 인간의 사회적 행동(진퇴)에 있어서도 예를 따를 것을 주장한다. 순자는 개인적인 측면에서 예를 따르면 아름다운 행위를 하게 되고, 사회적 측면에서 예를 따라 행동해야 일을 완수할 수 있고, 정치적 측면에서 예를 따라 정치를 해야 한 나라가 평화롭게 됨을 주장한다. 이처럼 예는 개인적인 측면, 사회적 측면, 정치적 측면을 관통하고 있는 행동양식이라 할 수 있다. 이런 이유로 순자는 예를 보편적 선의 법칙이라 말하는 것이다.

5. 마음의 폐단을 제거하라

이렇게 훌륭한 예가 있더라도 인간이 이해하지 못한다면 아무런 소용이 없게 될 것이다. 다시 말하면, 예를 어떻게 이해할 수 있느냐가 중요한 관건이 된다. 순자는 인간이 예를 이해할 수 있는 것은 마음이 지닌 지(知) 때문이라고 주장한다. '지(知)'는 인간이 가진 지적능력으로서 인간이라면 누구나 태어나면서 가지고 있는 능력이지만 이 자체는 도덕적 성향을 가지고 있지 않다. 인간은 지(知)의 능력을 발휘하여 도(道=禮)를 인식할 수 있게 된다. 하지만 현실에서 인간이 도를 인식하기란 쉽지 않다. 순자는 도를 인식하는데 있어서 어려움을 다음과 같이 말한다.

> 대저 도라는 것은 일정한 법칙을 주축으로 모든 변화를 두루 포섭하는 것이다. 한 모서리를 들어 그것을 내보이기는 부족하다. 일부밖에 알지 못하는 사람은 도의 한 모서리를 보고는 전체를 인식할 수 없다. 그러므로 충분하다 생각하여 겉만 꾸며 안으로 자신을 어지럽히고 밖으로 남을 혼란스럽게 하며 위에서 아래를 가리고 아래에서 위를 가린다. 이것이 가리어 막혀버린 화라는 것이다. 공자는 인(仁)과 지(知)를 갖추고 또한 가려지지도 않았다. 그러므로 여러 가지 많은 술(術)을 배우고 그것으로 족히 선왕의 도를 이을 수 있었던 것이다.[11]

도(道)는 끊임없이 변하기 때문에 하나의 관점에 의해서 설명하게 되면 오류가 생겨난다. 하지만 세상의 사람들이 주장하는 도라는 것은 단지 하나의 측면에서의 이해일 뿐임에도 불구하고 자신의 견해가 도에 대한 완벽한 이해처럼 주장한다. 순자 당시에 활동했던 여러 제자백가의 이론들이 편견 혹은 단견(短見)일 뿐인 것이다. 순자는 「비십이자」 편이나 「해폐」 편에서 여러 제자백가들의 이론적 문제에 대해 비판하고 도에 대한 온전한 인식을 할 것을 주장한다. 도를 인식하기 위해서는 "모든 사물을 아울러 다 벌여놓고 그 한가운데에 일정한 표준을 설정"[12]해야 한다. 하지만 마음이 끊임없이 변해가는 도를 이해하기 위해서 어떤 상태를 유지해야 하는지가 문제이다. 순

11 『순자』, 「해폐」. "夫道者, 體常而盡變, 一隅不足以擧之. 曲知之人, 觀於道之一隅而未之能識也,故以爲足而飾之, 內以自亂, 外以惑人, 上以蔽下, 下以蔽上, 此蔽塞之禍也. 孔子仁知且不蔽, 故學亂術足以爲先王者也."

12 『순자』, 「해폐」. "兼陳萬物而中縣衡焉."

자는 도를 인식하기 위한 마음의 상태로 '허(虛)', '일(壹)', '정(靜)'을 주장한다.

> 사람은 무엇을 가지고 도를 이해하는가. 말하기를 '마음으로 한다'고 한다. 마음은 어떻게 이해하는가. 말하기를 '허(虛)'하고 '일(壹)'하며 '정(靜)'하기 때문이라 한다. 마음은 일찍이 안에 품지 않을 때가 없으나 그러면서도 이른바 '허'한 상태가 된다. 마음은 일찍이 번다하지 않을 때가 없으나 그러면서도 이른바 '일'한 상태가 된다. 마음은 일찍이 움직이지 않을 때가 없으나 그러면서도 이른바 '정'한 상태가 된다.
>
> 사람은 나면서 지각이 있고 지각되어 기억이 생긴다. 기억이라는 것은 안에 품는 것이다. 그러면서도 이른바 '허'의 상태가 있다 함은 이미 안에 품고 있는 것 때문에 앞으로 받아들여질 것을 방해하지 않는다는 것이다. 이를 일러 '허'라 하는 것이다.
>
> 마음이 생기면 지각이 있고 지각되면 달리 보는 분별력을 갖는다. 분별이라 하는 것은 많은 것을 동시에 아울러 다 안다는 것이다. 동시에 아울러 다 안다는 것은 여러 갈래로 나누어 본다는 것이다. 그러면서도 이른바 '일'의 상태가 있다 함은 그쪽 하나를 가지고 다른 이쪽 하나를 방해하지 않는다는 것이다. 이를 일러 '일'이라고 하는 것이다.
>
> 마음은 잠잘 때 꿈을 꾸고 우두커니 있을 때 멋대로 굴며 이를 부리면 계략을 꾸민다. 그러므로 마음은 일찍이 움직이지 않을 때가 없다. 그러면서도 이른바 '정'의 상태가 있다 함은 꿈을 꾸거나 깊은 생각 때문에 지각을 어지럽히지 않는다는 것이다. 이를 일러 '정'이라고 하는 것이다.
>
> 아직 도를 체득하지 못해서 도를 구하는 자에게는 '허'하고 '일'하며 '정'할 것을 일러 이를 법칙으로 삼도록 해야 한다. 앞으로 도를 따르려 하는 자가 '허'하면 들어갈 수 있고 앞으로 도를 힘쓰려 하는 자가 '일'하면 극진할 수 있으며 앞으로 도를 생각하려는 자가 '정'하면 환히 알 수 있다. 도를 이해하여 환히 알고 도를 이해하여 행한다 함은 도를

체득한 자이다.[13]

도의 인식을 가능케 하는 마음의 허, 일, 정이란 무엇인가? 먼저, 허는 마음의 상태가 새로운 것을 받아들일 수 있도록 비어 있는 상태를 가리킨다. 마음은 끊임없이 외부세계와의 상호작용을 통해 지각하고 그것을 판단하고 기억하고 한다. 끊임없이 새로운 정보를 수용하고 있다. 만약 마음이 가득 찬 컵과 같은 상태라면 인간은 더 이상 새로운 사태에 대해 지각할 수 없을 것이다. 따라서 마음을 텅 빈 상태, 즉 허의 상태를 유지하여 새로운 사태에 대한 정보를 받아들여야 하는 것이다. 끊임없이 생생하게 변해가는 도를 인식하기 위해서는 마음이 허의 상태를 유지해야만 가능할 것이다.

다음으로, 일(壹)이란 마음이 끊임없이 새롭고 다양한 정보들을 받아들이면, 이것들을 하나로 일관되게 정리하는 것을 말한다. 다양한 지각 데이터들을 일관되게 정리하지 못하면 아무리 많은 것들을 지니고 있다고 하더라도 뒤죽박죽이 되어 쓸모없게 될 것이다. 마음은 생생한 도의 변화에 대해 다양한 정보들을 일관체계로 정리하여 이것과 저것이 충돌하지 않게 하고 차별성과 다양성을 유지할 수 있게 한다. 그러면서도 일관성을 유지할 수 있게 한다. 이것이 바로 '일'이다.

끝으로, 정(靜)이란 마음의 상태를 고요하게 유지하는 것을 말한

13 『순자』, 「해폐」. "人何以知道? 曰, 心. 心何以知? 曰, 虛壹而靜. 心未嘗不臧也, 然而有所謂虛, 心未嘗不滿也, 然而有所謂一, 心未嘗不動也, 然而有所謂靜. 人生而有知, 知而有志, 志也者, 臧也, 然而有所謂虛, 不以所已臧害所將受謂之虛. 心生而有知, 知而有異, 異也者, 同時兼知之, 同時兼知之, 兩也, 然而有所謂一, 不以夫一害此一謂之壹. 心,臥則夢, 偸則自行, 使之則謀. 故心未嘗不動也, 然而有所謂靜, 不以夢劇亂知謂之靜. 未得道而求道者, 謂之虛壹而靜, 作之則. 將須道者之虛則入, 將事道者之壹則盡, 盡將思道者靜則察, 知道,察知道, 行體道者也."

다. 다시 말하면, 마음은 외부대상 세계로부터 촉발 받고 뿐만 아니라 마음 안에서 끊임없이 움직임이 일어날 수 있다. 하지만 이렇게 마음이 고요함을 유지하지 못하고 들끓게 되고 움직이게 되면 매 순간순간 변해가는 도를 인식할 수 없게 된다. 따라서 마음의 상태를 고요히 유지해야지만 도를 인식할 수 있게 된다. 내 마음 속에서 시끄럽게 동요가 일어나게 되면 밖에서 일어나는 사태에 대해서 인식할 수 없는 것과 같다. 이처럼 마음의 상태를 허, 일, 정하게 할 수 있는 사람은 도를 인식할 수 있게 되며, 이러한 사람을 도를 체득한 사람이라 한다. 순자는 도를 체득한 사람을 '대청명(大淸明)'한 사람이라 규정한다.

> '허'하고 '일'하며 '정'한 것을 일러 '크게 청명하다'라고 말하는 것이다. 크게 청명한 사람은 만물에 대하여 형체가 있으면 보지 못함이 없고 보이면 논하지 않음이 없으며 논하면 질서를 잃게 하는 일이 없다. 방 안에 앉아 있으면서 온 세계를 내다보고 오늘에 처해 있으면서 오랜 일을 논하며 만물을 통관하여 그 진상을 알고 치란의 자취를 헤아려 그 법칙을 통하며 천지를 가지런히 하여 만물을 기능하게 하고 큰 도리를 닦아 우주를 감싼다는 것이다. 크고 넓구나! 누가 그 끝을 알겠는가. 높고 밝구나! 누가 그 덕을 알겠는가. 넘치고 성대 하도다 누가 그 법칙을 알겠는가. 밝기는 일월과 나란히 하고 크기는 팔방에 가득하다. 바로 이를 가리켜 대인(大人)이라고 말하는 것이다. 그 어찌 가려짐이 있겠는가.[14]

순자는 마음을 허, 일, 정하게 유지할 수 있는 사람을 '대청명'한

14 『순자』, 「해폐」. "虛壹而靜, 謂之大淸明. 萬物莫形而不見, 莫見而不論, 莫論而失位. 坐於室而見四海. 處於今而論久遠, 疏觀萬物而知其情, 參稽治亂而通其度, 經緯天地而材官萬物, 制割大理而宇宙理矣. 恢恢廣廣, 孰知其極! 睪睪廣廣, 孰知其德! 涫涫紛紛, 孰知其形! 明參日月, 大滿八極, 夫是之謂大人! 夫惡有蔽矣哉!"

사람이라 말한다. '대청명'한 사람은 도의 인식을 넘어 체득한 사람이다. '대청명'한 사람은 세상 돌아가는 원리인 도(道)를 체득하고 있기 때문에 집밖을 나가지 않더라도 세상 돌아가는 것을 안다. 이처럼 마음이 '대청명'한 사람은 도의 인식을 통해 마음의 폐단을 제거하고 도(道) 즉 예(禮)를 인간 사회에서 실천하는 사람이다. '대청명'한 사람이란 순자가 도달하고자 하는 이상적 인간상이라 할 수 있다. 순자는 인간이 후천적 교육을 통해 자신의 타고난 성향을 변화시켜 '대청명'한 사람이 되기를 바란 것이다.

6. 철학적 의의 및 평가

철학자로서 순자가 꿈꿨던 것은 무엇일까? 이제까지 살펴보았듯이 순자 철학하면 가장 잘 알려져 있는 것이 '성악설'이다. 순자의 성악설은 인간 본성의 악함을 규정하기 위한 것이 아니라 어떻게 악한 성향을 극복하기 선의 방향으로 나아갈 것인가에 주안점을 두고 있다. 순자의 성악설은 그가 살았던 절망적 시대 상황을 극복하기 위한 하나의 방편으로서 제시된 것이다. 순자가 살았던 전국시대 말기는 중국 사회가 최초의 통일을 앞 둔 시기로서 제후국들 간의 전쟁이 극으로 치닫던 시대였다. 전쟁이 일어나면 가장 고통을 받는 사람은 백성들이다. 순자의 철학적 성찰에 의하면 시대적 혼란의 원인은 바로 본성의 욕구 때문이다. 순자는 인간이 본성의 욕구를 극복하여 악의 길이 아닌 선의 길로 나아가기를 바란 것이다.

순자는 인간의 본성을 변화시키기 위해 예(禮)를 배울 것을 주장한다. 인간은 예를 배움으로써 내면의 욕구를 조율할 수 있게 되고, 인간 사회의 문화와 도덕규범을 배우게 됨으로써 사회적 존재로 변모하게 된다. 인간이 태어나서 죽음에 이르기까지 그리고 개인적 삶에서부터 사회적 삶에 이르기까지 모두 예에 근거해야 혼란이 아닌 평화의 방향으로 나아갈 수 있게 된다.

이러한 순자의 철학은 당시에 활동하던 여러 제자백가 철학자들과의 논쟁을 통해 그들의 장단점을 비판적으로 흡수한 결과이다. 순자는 전국시대에 활동했던 제자백가 철학을 비판적으로 종합하고 집대성한 철학자이다. 필자는 이러한 점에서 순자를 제자백가의 철학을 집대성한 철학자로 규정하고자 한다. 실제로도 『순자』를 살펴보면 여러 학파들이 사용한 개념들을 수용하여 사용하고 있다. 물론, 순자는 용어만 차용했을 뿐 자기 철학에 맞게 재수정하여 사용하고 있다.

순자의 철학은 성리학자들에 의해 유학의 이단적 사상가로 규정되어 왔다. 특히, 인간의 본성을 악으로 규정했다고 하는 것과 도덕적 정치인 왕도(王道) 정치를 넘어 무력적 힘에 의한 정치인 패도(霸道) 정치까지도 인정했다는 사실 때문에 많은 비판을 받아왔다. 필자가 생각하기에 바로 이러한 점이 순자철학이 현대적으로 재평가되고 재해석될 수 있는 지점이 아닌가 생각이 된다. 순자의 성악설이란 인간 본성의 악함을 주장하는 것이 아니라 인간이 도덕적 본성이 아닌 자연본성을 타고남을 주장하는 것이고, 왕도 정치뿐만 아니라 패도 정치까지 인정했다는 것은 인간사회가 평화롭게 되기 위해서는 덕(德)을 넘어 법(法)이 필요함을 주장하는 것이라 할 수 있다. 바로 이러한 점에서 순자 철학에 대한 현대적 재조명이 필요한 것이라 생각된다.

■ 토론 주제

1. 도덕적으로 행동한다는 것은 반드시 자신의 욕망과 싸운다는 것을 뜻하는가?

2. 우리는 좋다고 생각하는 것만을 바라는가?

3. 무엇이 내 안에서 어떤 행동을 해야 할지를 말해 주는가?

■ 참고문헌 및 더 읽어야할 책

순자, 김학주 옮김, 『순자』, 을유문화사, 2008.
우치야마 도시히코, 석하고전연구회 옮김, 『순자 교양강의』, 돌베개, 2013.
채인후, 천병돈 옮김, 『순자의 철학』, 예문서원, 2000.

제7장

한비자, 예치(禮治)에서 법치(法治)로

1. 생애와 시대

한비자가 활동하던 전국시대(戰國時代)는 춘추 시대 오패(五覇) 중의 하나였던 진(晉)이 위(魏), 조(趙), 한(韓)으로 분열되는 기원전 403년부터 기원전 221년까지의 시기를 가리킨다. 전국 시대는 위, 조, 한을 비롯하여 제(齊), 초(楚), 연(燕), 진(秦) 등 소위 전국 칠웅(七雄)이 약육강식의 싸움을 벌이던 시기였다.

주지하다시피 춘추 시대에는 우경과 철제농구의 보급 등으로 인하여 농업생산기술은 진보하였고, 수공업과 상업 등의 발달은 급속한 사회 제도의 변화와 발달을 야기하였다. 이와 같은 현상은 전국 시대에 진입하면서 더욱 가속화되었다. 또한 동일혈연에 기반한 씨족 공동체가 급속도로 해체되면서 자작의 개별 소농민계층이 광범위하게 형성되었다. 소농민계층은 5-6인으로 구성된 가(家) 또는 호(戶)를 이루고 대개 100무(畝) 정도의 토지를 소유하고 가족노동으로 경작하였다. 농민들은 국가에 대해 조세, 축성, 도로정비, 치수 사업 등의 국가 부역 등을 부담하고 국민개병제도(國民皆兵制度)가 실시됨에 따라 병역의무를 부담하였다. 이에 따라 일반 농민 계층은 국가의

조세, 부역, 병역을 담당하는 국가의 핵심계층을 구성하였다.[1]

또한 전국 시대에는 수공업과 상업 발전이 가속화되어 상공인과 수공인 계층이 확고하게 사회 계층으로 자리 잡았다. 또한 상공인 계층 외에 사인(士人) 계층이 새로이 출현하였다. 이것이 사·농·공·상으로 구성된 사민(四民) 사회의 형성이다.[2]

전국 시대에는 각국 간의 치열한 약육강식이 전개되고 있었으며, 모든 제후국의 최대 과제는 부국강병이었다. 그러므로 부국강병을 이루기 위해서 각국은 각종의 정치·군사·경제적 개혁을 추진하였는데, 이 개혁을 밀고나갈 인재를 등용하는 것은 군주들의 최대 목표였으며, 그들은 혈연·비혈연을 가리지 않고 훌륭한 인재이면 등용하였다.

또한 춘추전국 시대에 제후국들은 부국강병의 일환으로 군주권의 강화와 중앙집권적 관료제 및 지방행정 제도의 정비에 경쟁적으로 치중하였다. 이와 같은 이념을 가장 잘 대변해주는 것이 한비자를 비롯한 법가(法家)의 이론이다.

한비자는 전국 칠웅 중의 약소국이었던 한(韓)의 공자로 태어났다. 중국 전한(前漢) 시대 역사가 사마천의 『사기(史記)』「노자한비열전(老子韓非列傳)」에 따르면 한비자는 한나라의 국력이 나날이 약해지는 것을 우려하여 왕에게 여러 번 간언하였지만 받아들여지지 않았다. 오히려 한비자의 이론에 관심을 가진 사람은 진(秦)나라 왕이었다. 훗날 진시황이 되는 진나라 왕인 정(政)은 한비자의 글을 읽어보고 한비자의 이론에 심취하였다. 진나라가 한나라를 공격할 때 한비자는 진나라에 사신으로 파견되었다. 이때 한비자와 같이 순자에게서 같이 공부하였다고 알려진 이사(李斯)의 계략으로 한비자

1 이춘식, 『춘추전국시대의 법치사상과 세·술』, 아카넷, 2002, 15쪽.

2 같은 책, 16-17쪽.

는 투옥되었다가 독약을 먹고 자살하였다.

『한비자』는 총 55편으로 구성되어 있는데, 모든 편을 한비자가 직접 저술하였는지는 불분명하다. 호적(胡適)은 「현학(顯學)」·「오두(五蠹)」·「정법(定法)」·「난세(難世)」·「육반(六反)」·「문변(問辯)」 등 7편만을 한비자 본인의 글로 인정하였다. 그리고 양계초(梁啓超)와 용조조(容肇祖) 등은 호적의 견해를 받아들여 「오두」와 「현학」의 이론과 일치하는 편들만을 한비자의 저작으로 인정하였다. 「주도(主道)」·「양권(揚權)」·「해로(解老)」·「유로(喩老)」 등 노자와 연관성이 있는 편들은 한비자의 저작이 아니라고 평가되었다. 그러나 1973년 중국 장사(長沙) 마왕퇴(馬王堆) 고분에서 도가와 법가의 연관성을 보여주는 문서가 발굴된 이후 그 편들도 한비자의 저작으로 인정받기 시작하였다. 현재 『한비자』는 55편이 비록 후대 사람에 의해 보충되었을지 모르지만, 대체적으로 한비자의 저술로 인정받는 추세이다.[3]

2. 법(法)

일반적으로 한비자는 법가의 집대성자로 알려져 있다. 법가의 효시를 춘추시대 정(鄭)나라 자산(子産)으로 보기도 하고, 『법경(法經)』 6편을 편찬한 것으로 알려진 전국 시대 위(魏)나라 재상인 이회(李悝)로 보는 입장들이 있다.

그러나 일반적으로 한비자에게 영향을 미친 법가 사상가는 상앙(商鞅), 신불해(申不害), 신도(愼到) 등으로 알려져 있으며 그들은 각각 법(法), 술(術), 세(勢)의 이론가로 평가받는다. 이러한 평가는 다분히 『한비자』에서 보이는 그들에 대한 평가에서 기인한다. 한비

3 김예호, 『고대 중국의 사상문화와 법치철학』, 한국학술정보, 2007, 17쪽.

자는 「난세(難勢)」에서 신도의 세를 자연의 세로 비판하고 자신의 고유한 세 개념을 제시한다. 그리고 「정법(定法)」에서는 신불해의 술와 상앙의 법의 장단점을 논의한다.

법가의 창시자가 누구인지, 법·술·세가 각각 상앙, 신불해, 신도의 주요 개념인지, 세 가지 개념이 한비자 이론의 주요 구성 요소인지는 더 논의해볼 필요가 있다. 그러나 여기에서는 법가의 주요 특징에 대해서 개괄해보고자 한다.

법가의 가장 중요한 개념인 '법'이라는 글자의 원래 형태는 '灋'인데, 이 글자는 '水', '豸', '去'의 세 글자로 구성되어 있다. '水'는 물과 같이 '수평', '공평'을 의미하고, '豸'는 '해태' 또는 '양'과 같은 형상의 동물을 말하는데, 신의 계시를 받아서 잘잘못을 가리는 일종의 신령한 동물을 의미한다. 그리고 '去'는 신령한 동물 앞에 서 있는 '피의자'를 의미한다.[4] 이런 의미에서 파생되어 '법'이라는 글자는 '본받다' 또는 '모범'의 의미를 가지게 되었고, 이후에 본받아야 할 모범적인 행위 규범이 문서의 형태로 만들어져 관청에 비치되어 있다는 의미로 확장되어 '성문법'을 뜻하게 되었다.

그런데 '예(禮)'라는 글자 또한 본받아야 할 모범적인 행위 규범이라는 함의를 가지고 있다. 그러나 법과는 달리 예는 문서의 형태로 관청에 보관되지는 않는다. 예라는 것은 관습에 의해 받아들여지는 윤리적인 규범이다. 그리고 더 중요한 예와 법의 차이는 적용 대상의 구별 유무이다. "예의 적용은 일반인에게까지 내려가지 않고, 형벌의 적용은 대부 이상을 올라가지 않는다"[5]는 언급에서 보이는 것처럼 예는 대부 이상의 귀족에게만 적용되는 규범이다. 이처럼 예치 사회

4 이춘식, 『춘추전국시대의 법치사상과 세·술』, 아카넷, 2002, 45쪽.

5 『禮記』, 「曲禮上」. "禮不及下庶人, 刑不上大夫."

는 신분에 따라 규범이 이원화되었음을 알 수 있다. 그러나 춘추전국시대 들어 종법 제도가 무너지고 세습적 특권이 와해되자 더 이상 예치는 현실적 효용성을 잃기 시작하였다.

법의 가장 중요한 특징은 모든 사람에게 공평하게 적용되는 행위 규범이라는 것이다. 한비자는 「유도(有度)」에서 신분이 높은 사람이나 현명한 사람이나 법의 적용은 공평하다고 주장한다. 권력 있는 사람이라도 죄를 지었으면 반드시 벌을 받아야 하고, 서민이라도 선행에 대한 보상은 반드시 주어져야 한다고 역설한다.[6]

이러한 법은 반드시 제정되어 공포(公布)되어야 한다. 「난삼(難三)」과 「정법」에서는 법이 제정된 이후 일반 백성에게 널리 알려져야 함을 강조한다. 「난삼」에 따르면 법이란 문서로 엮어 관청에 비치하고 백성들에게 공포되어야 한다.[7] 『한비자』를 통해서 보면 법의 성문화가 어느 범위까지 이루어졌는지는 쉽게 알 수 없다. 그러나 1975년 중국 호북성(湖北省) 운몽현(雲夢縣)의 수호지(睡虎地)라는 곳에서 출토된 기원전 3세기 진나라의 법률자료문서인「수호지진간(睡虎地秦簡)」 등을 본다면 일반 백성들은 물론 상류층을 다스리는 법까지도 상당 부분 성문화되었을 가능성이 높다.

그리고 「난삼」에서 공포된 법은 교육을 별로 받지 못한 백성들까지 쉽게 이해할 수 있는 언어로 작성되어야 함을 강조한다.[8] 또한 「팔설(八說)」에서 현명한 군주의 법은 반드시 구체적인 사례를 상세하게 논의해야 함을 주장한다. 사려를 다해 이해득실을 헤아리기

---

6 『韓非子』, 「有度」. “故以法治國, 擧措而已矣. 法不阿貴, 繩不撓曲. 法之所加, 智者弗能辭, 勇者弗敢爭. 刑過不避大臣, 賞善不遺匹夫. 故矯上之失, 詰下之邪, 治亂決繆, 絀羨齊非, 一民之軌, 莫如法.”

7 『韓非子』, 「難三」. “人主之大物, 非法則術也. 法者, 編著之圖籍, 設之於官府, 而布之於百姓者也.”

8 『韓非子』, 「難三」. “是以明主言法, 則境內卑賤莫不聞知也.”

란 아무리 현명한 사람이라도 하기 힘든 일이지만, 앞의 말을 붙들어 뒤의 성과를 구하는 것은 어리석은 자에게도 쉬운 일이다. 현명한 군주는 어리석은 사람도 하기 쉬운 것을 생각하지 지혜 있는 사람도 하기 어려운 것을 추구하지 않는다. 또한 한비자가 법적 언어의 명료함을 강조하는 이유는 법을 집행하는 관리들이 자신들의 이익을 위하여 법을 이용하는 것을 막기 위해서이다.[9]

그리고 법은 공식적으로 새로운 법이 도입되기 전까지는 일관되게 적용되는 '항상성'을 가져야만 한다. 한비자는 「식사(飾邪)」에서 국가에 정해진 일정한 법이 있으면 비록 국가가 위험에 처하더라도 쉽게 망하지 않는다고 말한다. 만약 군주가 국가의 법을 무시하고 개인적인 생각대로 일을 처리한다면 국가에 혼란을 초래할 것이다. 군주가 법을 엄격하게 집행할 때만이 백성은 법에 대한 신뢰를 가지게 된다.[10]

마지막으로 법은 시대 상황을 반영하는 시의성(時宜性)을 가져야 한다. 이러한 법의 특징은 법가의 역사에 대한 인식과 맞물려 있다. 법가는 유가의 복고주의를 비판하고 시대의 변화에 따라 규범도 변해야 함을 주장한다. 한비자는 「오두」에서 옛날에는 사람 수는 적고 물자는 풍부하여 힘들여 일하지 않아도 먹고 살기에 충분하였지만, 지금 시대에는 사람 수는 많아지고 재화는 부족하여 백성들은 서로 다툴 수밖에 없다고 주장한다. 그러므로 옛날과 지금은 풍속이 다르므로 성인이 세상을 다스리는 도(道)도 변해야 하며, 유가의 인의(仁義)는 시의적절한 규범이 될 수 없다고 주장한다.

---

9 『韓非子』, 「八說」. "書約而弟子辯, 法省而民訟簡. 是以聖人之書必著論, 明主之法必詳事. 盡思慮, 揣得失, 智者之所難也. 無思無慮, 挈前言而責後功, 愚者之所易也. 明主慮愚者之所易, 以責智者之所難, 故智慮力勞不用而國治也."

10 『韓非子』, 「飾邪」. "語曰: '家有常業, 雖饑不餓. 國有常法, 雖危不亡.' 夫舍常法而從私意, 則臣下飾於智能, 臣下飾於智能則法禁不立矣. 是妄意之道行, 治國之道廢也."

3. 술(術)

술(術)은 흔히 신불해의 주요 개념으로 소개된다. 한비자는 「정법」 편에서 신불해의 술을 군주가 신하에게 담당할 임무에 따라 관직을 부여하고, 명(名)에 따라 실(實)을 추궁하며, 죽이고 살리는 권한을 손에 쥐고 여러 신하들의 능력을 평가하는 것이라고 정의한다.[11]

그리고 동시에 한비자는 「정법」에서 신불해가 아직 술에 미진하다고 평가한다. 한비자는 신불해의 술이 말의 중요성을 간과했기 때문에 정부를 운영하는 데 부족하다고 보았다. 한비자는 신하가 군주가 모르는 것을 알 경우에 말을 할 필요성을 지적한다. 군주는 모든 것을 볼 수 없으며 알 수도 없다. 만약 관료들이 말을 하지 않는다면 군주는 알 방도가 없다. 군주가 관료들을 등용하고 평가하는 것만으로는 부족하며, 술을 제대로 운용하기 위해서는 다른 방법이 필요하다. 즉, 관료들은 군주가 모르는 것들을 알려주어야만 하는 것이다. 한비자와 달리 신불해의 술 이론은 이 점을 별로 중요시하지 않았다. 신불해는 군주가 능력에 따라 임무를 부여하고 공적에 따라 상을 부여하면 관료제는 자동적으로 운영될 것이라고 보았다. 뒤에서 살펴보겠지만, 한비자는 신불해의 술 이론을 수정하여 자신만의 술 이론을 제시한다.

한비자의 술 이론은 형명참동(形名參同)으로 요약되는데 「이병(二柄)」은 다음과 설명하고 있다.

> 군주가 간신을 막기 위해 그 실적과 명목이 일치하는가를 살핀다는 것은 신하가 진술한 말과 실제 일한 성과를 가리킨다. 남의 신하된 자

11 『韓非子』, 「定法」. "今申不害言術, ...術者, 因任而授官, 循名而責實, 操殺生之柄, 課群臣之能者也."

> 가 어떤 일에 대하여 자기 의견을 진술하면 군주는 진술한 말에 걸맞는 일을 맡겨 주고 오로지 그 일에 맞추어 성과를 요구한다.[12]

'명(名)'은 신하가 진술한 말을 가리키며, '형(形)'은 신하가 실제 일한 성과를 뜻한다. 군주는 신하가 진술한 말에 걸맞는 일을 맡겨 주고 오로지 그 일에 맞추어 성과를 요구한다. 성과가 그 일과 들어맞고 일이 그 말과 들어맞으면 상을 주고, 그렇지 않으면 벌을 내린다. 어느 직명을 가진 관리가 그 직명에 따라서 실적을 거두고 있는지를 검토하는 것이 형명참동이다. 한비자는 형명참동의 과정을 다음과 같이 설명한다.

> 군주의 도는 조용히 물러앉는 것을 귀중한 보배로 여기는 것이다. 군주는 정사를 스스로 맡아하지 않고 그 일이 잘되고 못된 것만을 분간하며, 계략을 스스로 짜내지 않고 복과 재앙의 조짐만을 알아낸다. 그러므로 군주가 말하지 않아도 신하가 잘 대응하며, 약조를 하지 않아도 일이 잘 진척된다. 신하가 이미 말로 대응해오면 그 약조로 한쪽 계(契)를 잡아두고, 이미 그 일이 진척되면 약조한 또 한쪽의 부(符)를 손에 쥐어 든다. 부와 계가 맞추어지는 데가 상과 벌이 시작되는 곳이다.[13]

여기에서는 형명참동의 과정을 좀 더 상세하게 설명하고 있다. 신하가 어떤 제안을 하면 군주는 그것에 따라 계(契)를 작성하고, 신하가 그에 따른 일을 이루어내면 부(符)를 작성한다. 계와 부가 일치하

---

12 『韓非子』, 「二柄」. "人主將欲禁姦, 則審合者, 言異事也. 為人臣者陳而言, 君以其言授之事, 專以其事責其功."

13 『韓非子』, 「主道」. "人主之道, 靜退以為寶. 不自操事而知拙與巧, 不自計慮而知福與咎. 是以不言〔而〕善應, 不約而善增. 言已應則執其契, 事已增則操其符. 符契之所合, 賞罰之所生也." 계(契)와 부(符)는 중국 고대 대나무를 비롯한 나무에 글자를 새겨 서로 약속한 일을 기억하기 위해 주고받음으로써 상호간에 증표로 사용되었던 것을 상징한다.

면 상을 주고, 그렇지 않으면 벌을 내린다. 다시 말해 군주의 도는 조용히 물러앉아 형명참동 여부에 따라 상벌을 내리는 것이다.

또한 한비자는 「내저설상(內儲說上)」에서 일곱 가지 술을 제시한다. 첫째, 군주는 그가 보고 들은 것들을 비교해보면서 어떤 것이 사실에 부합하는지 따져보아야 한다. 이때 중요한 것은 특정한 신하가 군주의 귀와 눈을 막지 못하도록 하는 것이다. 둘째, 군주는 신하가 잘못을 했을 때는 반드시 엄격하게 처벌해야 한다. 그렇지 않으면 군주의 금령(禁令)은 권위를 잃게 될 것이다. 셋째, 벌 뿐만 아니라 상과 칭찬을 후하게 틀림없이 내려야만 한다. 그렇게 할 때만이 신하들은 군주에게 목숨을 바쳐 충성을 다할 것이다. 넷째, 군주는 신하들의 말을 일일이 들은 뒤 어리석은 사람과 영리한 사람을 판별해낸다. 다섯째, 일부러 신하들을 무관심하게 대하거나 엉뚱한 일을 시켜봄으로써 충성스러운 신하를 가려낸다. 여섯째, 아는 것을 모르는 척하면서 신하에게 질문하면 새로운 사실이 드러나게 된다. 일곱째, 사실과는 반대되는 것을 말하거나 본심과는 반대되는 행동을 해보면 일의 진상이 드러나게 된다.

한비자는 위의 일곱 가지 술이 형명참동을 실행하는 방편이라고 규정하지는 않았지만, 이것들은 형명참동의 기능과 유사하다. 두 번째, 세 번째는 상벌 집행과 관련이 있으며, 첫 번째, 여섯 번째, 일곱 번째는 군주가 신하들을 통해서 정보를 습득하는 방법과 관련된 것이다. 군주는 신하들의 말이 사실과 부합하는지 파악해야 하며, 신하들이 감추는 것들도 알아내기 위해 여러 가지 방법을 동원해야 한다. 네 번째와 다섯 번째는 신하들의 실제 능력 파악과 관련된 것이다. 능력 있는 신하를 가려내기 위해 군주는 그들이 실제 이룬 성과를 정확하게 판단해야 하며, 신하들이 서로의 잘못을 덮어주지 못하도록 해야 한다.

4. 세(勢)

'세'는 원래 『손자병법(孫子兵法)』 등을 비롯한 병가(兵家)의 주요 개념어였는데, 이후 신도가 특별한 정치적 의미를 부여한 것으로 평가된다. 한비자는 신도의 세 개념에 근거하여 자신만의 고유한 정치이론을 정립한다.

현재 신도의 글은 『한비자』 「난세」 이외에 여기저기 흩어져 있던 신자의 글을 묶어 놓은 것으로 알려진 『신자일문(愼子逸文)』 등이 있다. 그런데 『신자일문』의 「위덕(威德)」, 「군신(君臣)」, 「군인(君人)」 등을 분석해보면 대부분의 내용은 '세'에 대한 것이 아니며 '법'에 대한 주장으로 이루어져 있다.

'세'라는 글자는 『신자일문』에서 단지 두 번 밖에 보이지 않는다. 전설상의 인물인 이주(離朱) (또는 이루(離婁))는 시력이 아주 좋아서 매우 가느다란 털끝까지 볼 수 있다. 그러나 만약 이주가 물 속 아래로 내려가면 물의 깊이를 알 수 없다. 이것은 그의 눈이 나빠서가 아니라 '세'가 그렇게 만들었기 때문이다. 다시 말하면, 이주의 좋은 시력은 주변 상황이 바뀌면 아무런 능력을 발휘할 수 없다. 이때의'세'는 『손자병법』에서와 비슷하게 "주변 상황으로 인해 만들어지는 이로움"이라는 의미가 내포되어 있다.

그 다음 『신자일문』에서 '세'라는 글자가 보이는 두 번째 예는 「위덕」 인데, 이 부분은 『한비자』의 「난세」 편과 매우 유사하다. 신도에 따르면, 군주가 사람들을 복종시킬 수 있는 이유는 그가 성인군자이기 때문이 아니라 군주라는 위치에 있기 때문이다. 여기서 '세'는 다른 사람으로 하여금 자신의 명령을 들을 수 있게 하는 정치적 권력을 내포한다고 볼 수 있다.

'세'라는 개념은 「난세」 에 자세하게 설명되어 있는데, 이 편은 크게 세 부분으로 나눌 수 있다. 한비자가 신도의 세를 설명한 뒤 유가로 추정되는 인물이 신도의 이론을 비판하고 마지막으로 한비자가 익명의 유가를 비판하고 신도의 이론을 보완한다.

용이 하늘을 날기 위해서는 구름이 필요하고, 뱀이 안개에 기대어 하늘을 날 수 있듯이 군주는 다른 사람을 복종시키기 위해서는 군주라는 지위가 필요하다. 구름과 안개가 걷히면 용와 뱀은 지렁이와 개미와 비슷해지듯이, 군주 또한 지위에서 떠나면 일반 평민과 비슷해진다. 이와 같은 신도의 생각에 익명의 유가는 짙은 구름과 안개가 있더라도 지렁이와 뱀이 재능이 없으면 그것들을 이용할 수 없는 것처럼, 어떤 사람이 현명함이 없으면 그 지위를 이용해 다른 사람을 복종시키고 나라를 다스릴 수 없다고 보았다. 군주가 통치를 잘할 수 있기 위해서는 현명함이 반드시 필요하다는 것이다. 다시 말하면, 군주 개인의 도덕성은 백성들을 감화시켜 궁극적으로는 안정된 통치를 가져올 수 있다는 것이며, 이것은 현자를 등용해야 한다는 '상현론(尙賢論)'과 연관되어 있다.

한비자는 신도의 의견에 어느 정도 동의하면서도 신도의 세를 '자연(自然)의 세'로 비판한다. 한비자는 신도가 세의 중요성은 인식하고 있었지만, 세를 얻을 수 있는 구체적인 방법은 제시해지 못했다고 본다. 신도에 따르면 군주의 지위는 어리석은 사람조차 현명한 사람을 복종시킬 수 있는 세를 군주에게 부여한다. 그러나 한비자는 군주가 세를 가질 수 있지만 반드시 그것이 안정된 통치로 이어지는 것은 아니라고 보았다.[14] 만약 요순(堯舜) 같은 성인이 천자의 지위에 있으면 천하는 다스려지지만, 걸주(桀紂) 같은 폭군이 천자가 되면 천하는 혼란하게 된다. 천하의 치란은 결국 천자의 개인적인 자질에

---

14 이춘식, 『춘추전국시대의 법치사상과 세(勢), 술(術)』, 아카넷, 2002, 237쪽.

달려 있게 된다. 그러므로 신도의 세 이론은 진정으로 현명한 자나 백성들의 복종을 끌어낼 수 없는 것이다. 왜냐하면 백성들이 걸주의 권력에 복종하지만 진정으로 그들을 존경하거나 따르는 것은 아니기 때문이다. 한비자는 신도의 세 이론의 난점을 인식하고 군주 개인의 자질에 상관없이 안정된 통치를 보장할 수 있는 방법을 모색하고자 했다. 이것이 한비자가 「난세」편에서 신도를 비판한 주된 이유이다.

그러나 한비자는 유가처럼 군주의 도덕성을 통치의 절대적인 요인으로 생각하지 않는다. 요순 같은 사람이 군주가 된다면 그 국가는 당연히 태평성대를 이룩할 것이다. 그러나 현실 속의 군주들은 요순에 비하면 너무나도 평범하고 어떤 때는 일반 사람보다 못한 경우도 있다. 그리고 요순 같은 군주는 천 년에 한 번 나올까말까 하다. 한비자는 정치를 우연적인 개인적 능력에 기대서는 안 된다고 보았으며, 평범한 능력을 갖춘 대부분의 군주가 지속적으로 안정된 통치를 할 수 있는 방법에 대해 고민하였다. 그런 시스템만 갖춘다면 군주는 반드시 현명할 필요가 없고, 따라서 유가들이 주장하는 존현(尊賢) 또는 상현(尙賢)은 정치적 영역에서 불필요하게 된다.

그렇다면 한비자는 보통의 군주가 어떻게 안정된 통치를 이룰 수 있다고 생각했을까? 그가 제시한 답은 법에 의해 만들어진 세이며, 이렇게 만들어진 세는 신도의 '자연의 세'와는 달리 '사람이 만든 세'이다. 「이병(二柄)」과 「팔경(八經)」을 보면 법이 어떻게 세를 형성하는지 잘 드러난다. 좀 더 구체적으로 말하면, 법의 두 가지 기능인 상과 벌을 통해 세가 형성된다.

「팔경」에 따르면 군주는 자루(柄)를 잡아야만 세의 자리를 차지할 수 있다. 「이병」에는 '자루'에 대한 설명이 나와 있는데 바로 상과 벌이다. 상과 벌은 기본적으로 사람들의 좋아하고 싫어하는 감정을 이용한 것이다. 군주가 상벌을 잘 부릴 수 있다면 백성들을 다스릴 수 있게 된다. 법령이 일정한 기준에 따라 만들어지고, 엄격하게 집행되면 백성들은 법을 신뢰하고, 그렇게 될 때만이 군주는 세를 가지게 된다. 그렇기 때문에 군주는 상벌권을 다른 신하와 나누어 가지면 안 된다. 「팔경」에서는 '권(權)', '위(威)' 등 정치적 영향력의 의미를 내포하는 글자들이 보이는데, '세'는 상벌의 두 가지 기능을 가진 법이 만들어내는 군주의 권력(權)과 위엄(威) 등의 정치적 영향력을 아우른다. 즉, 법을 통해 군주는 정치적 상황에서 이로운 위치를 점유하게 되는데 그것이 '세'이다.

5. 철학적 의의 및 평가

한비자의 사상은 법적 평등의 측면에서 봤을 때 유가 사상보다 진일보한 이론이라 할 수 있다. 유가의 예치는 신분에 따라 예(禮)와 형(刑)이라는 이원화된 규범을 적용하지만 법가 사상가들은 신분 고하를 막론하고 모든 사람들이 법의 적용을 받아야 한다고 주장한다.

또한 법가 사상은 통치자 개인의 자질에 영향을 받지 않는 안정된 정치 시스템을 구축하는 것이 중요하다고 보았다. 한비자는 역사적 사실로부터 대부분의 통치자들이 도덕적으로나 지적으로 그리 뛰어난 인간이 아니라는 사실에 주목한다. 그렇기 때문에 개인의 자질에 의존하는 통치는 정치의 불안정을 가져올 수밖에 없다. 따라서 군주 개인의 역량과 상관없이 안정한 사회를 구축하기 위해서는 시스템을 만드는 것이 중요하다고 보았다.

마지막으로 한비자의 사상은 공적인 규범과 사적인 규범을 구별하였다. 법은 모든 사람에게 적용되는 공적인 규범인데 반해 유가의 인의예지(仁義禮智)는 사적인 규범에 속한다. 그렇기 때문에 사적 영역의 규범은 공적인 영역에서는 허용될 수 없다. 「오두」에서 공자는 늙으신 부모 부양을 위해 탈영한 아들과 이웃집 양을 훔친 아버지를 관가에 고발하지 않는 아들을 효자라고 칭찬한다. 한비자는 공자의 이와 같은 태도는 국가의 법체계를 무너뜨릴 수 있다고 비판한다. 유가의 인의예지는 좋은 사람이 되는 데는 유용하지만 인의예지를 판단할 수 있는 객관적인 기준이 없기 때문에 공적인 규범이 될 수 없다.

그러나 한비자는 법치 사회에서 윤리가 법적 신뢰를 높여준다거나 문화가 사회통합에 기여할 수 있는 가능성에 대해서는 심각하게 다루지 않았다. 그는 군주가 상벌을 엄격하게 집행하는 절차적 정의를 중요시했으며, 그렇게 될 때만이 백성들이 법을 신뢰하게 된다고 주장한다. 따라서 그는 법을 보완할 수 있는 다른 사회적 장치에 대해서는 많은 논의를 제시하지 않는 한계를 지니고 있다.

■ 토론 주제

1. 한비자는 유가의 인의예지는 공적인 규범으로 부적절하다고 주장한다. 이 주장은 정당한가?
2. 법가의 주장과 달리 진(秦)나라를 비롯한 중국 왕조의 법은 대부분 불효자를 처벌하는 법 규정이 있다. 그 이유는 무엇일까?
3. 한비자의 이론에서 도(道)와 법(法)의 관계는 무엇인가?

■ 참고문헌 및 더 읽어야할 책

김예호, 『고대 중국의 사상문화와 법치철학』, 한국학술정보, 2007.

소공권, 손문호 지음, 최명 옮김, 『중국정치사상사』, 서울대학교출판문화원, 2014.

유택화 지음, 장현근 옮김, 『중국정치사상사 선진편 - 상』, 동과서, 2008.

이춘식, 『춘추전국시대의 법치사상과 세·술』, 아카넷, 2002.

박건주, 『중국 고대 사회의 법률』, 백산자료원, 2008.

제8장

동중서, 천인감응

1. 생애와 시대

진(秦)은 전국시대의 혼란을 평정하고 첫 통일제국을 이루었지만 16년 만에 멸망했다. 뒤를 이은 한(漢) 왕조는 진의 멸망 원인을 지나친 무력통치와 엄격한 법제의 적용에서 찾았고, 문치(文治)를 통해 새로운 제국의 기틀을 세우고자 했다. 다만 오랜 전란을 치렀던 까닭에 백성들의 생활 안정과 기운을 회복할 기간이 필요했고, 그런 이유로 전한(前漢) 초에는 황로학의 무위 사상이 주류를 이루었다.

어느 정도 사회적·정치적 안정을 되찾기 시작하고부터, 한 왕조는 진 제국의 정치적 실패를 교훈삼아 이를 수습할 정치적 방략을 본격적으로 모색했고, 그것의 일환으로 유가 경전의 중요성을 강조하기 시작했다. 문제(文帝)·경제(景帝) 때까지만 해도 유가는 여러 학파들 중 하나였지만, 무제(武帝, 기원전 156~87)에 이르러 유학을 관학(官學)으로 지정하게 되었다. 한 무제의 오경박사 설치는 유가의 위상이 달라졌음을 의미한다. 이는 모든 학파를 배척하고 유가만을 높이는 독존유술(獨尊儒術)의 시대가 열렸음을 함축하게 된 것이다.

국가적 차원에서의 유학 공인은 정치적 의도가 강했다. 한 무제는 최고 통치자의 지배 권력을 정당화하고, 통치 계급의 통치 명분을 확보하기 위해 학문적 차원의 정당화를 시도했다. 무제는 자신이 황제의 자리에 오른 것이 하늘의 명[天命]에 근거를 둔 것임을 이론적 체계를 통해 검증해 보이고 싶었다. 다음의 글을 통해 우리는 무제의 구체적 의도를 확인할 수 있다.

> 들으니, '하늘에 대해 잘 말하는 자는 반드시 사람에게 증험해 보이고, 옛날에 대해 잘 말하는 자는 반드시 지금에 증험해 보인다'고 한다. 그러므로 짐(朕)은 하늘과 사람의 감응[應]에 대해 묻나니, 위로는 요(堯)임금과 순(舜)임금을 칭송하고, 아래로는 걸(桀)임금과 주(紂)임금을 애석하게 여겨, 나라가 점차 쇠미하는 도리와 점차 창성하는 도리를 허심(虛心)으로써 바로잡으라.[1]

한 무제는 왕권천수설(王權天授說)의 관점에서 하늘과 사람[天·人], 옛날과 지금[古·今]을 관통하는 도(道)가 있으며, 천인감응을 통해 현실적으로 징험(徵驗)된다고 보았다. 무제는 성군이었던 요·순과 폭군이었던 걸·주의 사례를 들어 감응의 증거를 제시하고, 자신이 황제의 자리에 오른 정당성을 확보하고 싶었다. 여기에 학문적으로 부응했던 사람이 바로 동중서이다.

동중서(董仲舒, BC 179～BC 104)는 하북성(河北省) 광천진(廣川鎭) 사람으로 유학이 2천여 년 간 관학의 지위를 누릴 수 있는 결정적 계기를 제공한 사람이다. 그는 주로 『춘추(春秋)』를 집중적으로 연구했고, 그것에 학문적 기반을 두고 있다. 치국의 대도와 이론의 요체를 묻는 무제에게, 동중서는 춘추공양학을 경학적 근거로 삼아 천인상감(天人相感)의 관점에서 음양론의 틀로 재해석하여 대책문

1 『漢書』, 「董仲舒傳」.

을 작성했다. 그의 「천인삼책(天人三策)」은 철저히 무제의 요구에 맞게 논리체계를 갖춘 대책문이었다. 그것은 유학을 중심축으로 이전의 사상이었던 법가와 도가, 음양가 등 여러 사상이 정치적으로 융합되고 재해석된 것이었다. 동중서의 철학은 유가적 대일통(大一統)을 시도한 것으로, 황제의 절대 권력을 옹호하고 국가권력을 정당화했으며 수직적 사회구조를 확립시키는데 결정적으로 기여했다. 동중서가 무제에게 올린 「천인삼책」으로 시작된 유학의 정치적 변용은 백호관 회의에 이르러서는 마침내 '국헌(國憲)'화 되었다. 유학의 국헌화는 국가권력을 정당화하고 공고히 하는 데 유가의 이론이 결정적으로 기여했음을 의미한다.

2. 사상

1) 천인감응: 신격화된 군주

동중서는 대일통 사상을 제안함으로써 통일제국시대의 정치적·사상적 평정을 시도했다. 그에게 대일통은 천지만물의 항상된 도리이자 정교(政敎)를 관통하는 것으로 이해되었다. 동중서는 "『춘추(春秋)』의 대일통은 천지의 항상된 법칙이며, 고금의 보편적인 도리"[2]라고 하여 대일통의 관점이 『춘추』에 뿌리를 두고 있음을 밝힌다.

동중서는 천지만물을 하나의 유기적 구조로 이해한다. 그는 "천지의 기는 결합하여 하나가 되고, 나뉘어 음양이 되며, 사계절로 구별되고, 오행으로 펼쳐진다"[3]고 한다. 그리고 만물의 뿌리이며 존재의 근본은 바로 하늘[天]이다.

2 같은 책, 같은 곳.

3 『春秋繁露』, 「五行相生」.

> 하늘은 만물의 조상이다. 그러므로 두루 덮고 포함하여 차별함이 없으니, 해와 달, 바람과 비를 일으켜 그것들을 조화시키고, 음과 양, 추위와 더위를 다스려 그것들을 이룬다.[4]

> 하늘은 만물의 조상으로서, 만물은 하늘이 아니면 생겨날 수 없다.[5]

이러한 동중서의 논지에 따르면, 사람의 존재 근거 역시 하늘이다. 동중서는 여기에서 한발 더 나아가 사람이 하늘과 동류(同類)임을 주장한다. 사람의 형체, 수명, 혈기, 덕행, 호오, 희노, 수명 등 모두 하늘에 뿌리를 두고 있다는 것이다.

> 사람을 빚은 것은 하늘이다. 사람이 사람됨은 하늘에 뿌리를 두며, 하늘 역시 인류의 증조부다. 이 때문에 사람이 위로 하늘과 닮은 것[類]이다.[6]

따라서 사람은 하늘의 이치에 따라 응하는 존재로서 하늘의 음양오행과 연결되어 있다. 동중서는 "하늘에 음양이 있고 사람에게도 음양이 있다. 천지의 음기가 일어나면 사람의 음기가 이에 호응해서 일어나고, 사람의 음기가 일어나면 천지의 음기도 이에 호응하여 나타나니 그 도리는 하나다"[7]라고 말한다. 동중서는 하늘과 사람이 구조적으로 같기에 서로 감응(感應)할 수 있음을 강조한다.

> 사람의 형체는 천수[天數, 하늘의 운행 주기]와 부합하여 이루어졌고, 사람의 혈기는 하늘의 의지[天志]와 부합하여 인(仁)하며, 사람의

---

4 『漢書』, 「董仲舒傳」.
5 『春秋繁露』, 「順命」.
6 『春秋繁露』, 「爲人者天」.
7 『春秋繁露』, 「同類相動」.

> 덕행은 천리(天理)에 부합하여 의(義)롭다. […] 사람이 살면서 희노애락의 반응을 보이는 것은 춘하추동과 대응하는 것[類]이다. […] 이처럼 하늘의 부본(副本)이 사람에게 있다.[8]

> 천지는 정기[精]로 만물을 생성시키는데, (그 중) 사람보다 더 귀한 존재는 없다. […] 사물은 장애와 결핍이 있으므로 천지와 짝할 수 없지만, 오직 사람만이 천지와 짝할 수 있다. 사람에게 360개의 마디가 있음은 (1년 360일의) 하늘 수(數)에 짝한 것이며, 형체와 골육(骨肉)은 땅의 두터움에 짝한 것이다. 윗부분에 있는 귀의 청력과 눈의 시력은 해와 달의 형상이고, 몸의 구멍과 혈관은 내[川]와 계곡의 형상이며, 마음의 희노애락은 신기(神氣)와 대응하는 것이다. 이렇게 보면, 사람의 몸은 어떤 존재보다 고귀한 존재로서 하늘에 대응한다.[9]

사람의 혈기, 형체, 덕행은 모두 하늘에 뿌리를 둔 것이며, 오직 사람만이 천지와 짝을 이룰 수 있다. 또한 동중서는 하늘에도 인간의 희노애락과 같은 감정이 있다고 가정한다.

> 하늘도 기쁨과 성냄의 기(氣)와 슬픔과 즐거움의 마음이 있어서 사람과 서로 부합한다. 같은 류로서 부합하니, 하늘과 사람은 하나다[天人一也]. […] 그러므로 군주의 도는 자신과 하늘의 같은 것을 분명히 살펴서 그것을 실행해야 한다. 기쁨과 성냄을 반드시 의(義)에 맞게 표출되도록 하여, 추위와 더위가 그 때[時]에 맞게 나타나는 것과 같이 해야 하며, 은택을 형벌보다 두텁게 베풀어, 양이 음보다 많은 것과 같이 해야 한다.[10]

'하늘과 인간은 동류'이지만, 누구나 하늘과 감응할 수 있는 것은

---

8 『春秋繁露』, 「爲人者天」.
9 『春秋繁露』, 「人副天數」.
10 『春秋繁露』, 「陰陽義」.

아니다. 천인감응의 핵심적 주체는 군주이다. 하늘로부터 명(命)을 받은 군주는 '하늘의 뜻[天意]을 부여받은 유일한 존재'이기에 하늘과 소통할 수 있는 유일무이한 존재다[受命之君, 天意之所予也].[11] 동중서는 "덕이 천지와 짝하는 사람은 하늘이 그를 도와 아들로 삼으니 천자(天子)의 호칭을 갖게 된다"[12]라고 하여, 군주를 하늘과 땅을 관통하는 존재로 이해했다.

> 옛날에 문자를 만든 사람은 (가로로) 삼 획을 그은 뒤, 그 가운데를 연결시켜 '왕(王)'이라고 했다. (가로의) 삼 획은 각각 하늘과 땅, 사람을 상징하고, 가운데를 이은 획은 세 영역의 도(道)를 관통하는 것이다. 하늘과 땅, 사람의 가운데를 취하여 이 셋을 통일시키니, 왕이 아니라면 누가 이를 감당할 수 있겠는가?[13]

동중서에 따르면, '군주는 하늘의 아들'로서 천권(天權)의 대리자이다. 동중서는 '하늘=군주' '군주의 권능=하늘의 권능'의 도식을 구축하고, 군주를 신격화한 것이다. 천자가 가진 지위와 통치권은 하늘로부터 명을 받은 것이기에, 군주는 하늘의 대리자로서 그 권능을 얻게 된다. 그러므로 "군주는 살리고 죽이는 지위에 서서, 하늘과 더불어 변화의 형세를 주관하니, 어떤 존재도 천화(天化)에 순응하지 않을 수 없다."[14] 군주의 권능은 세상 만물에 절대적인 것이 된 것이다. 이렇듯 동중서의 천인감응론은 하늘과 군주의 '신성한' 관계와 군주의 정치적 형태에 '정당성'을 부여하는 결정적 계기를 제공했다. 동중서가 '만든' 군주의 신성함은 현실적으로 군주들에게 매우 유용

---

11 『春秋繁露』, 「深察名號」.

12 『春秋繁露』, 「順命」.

13 『春秋繁露』, 「王道通三」.

14 같은 책, 같은 곳.

한 것이었다. 실제 대다수 군주들은 동중서의 천인감응론을 교묘히 이용해 정권의 신성함을 적극적으로 증명했고, 군권 강화의 유효한 논거로 삼았다.

2) 정치적으로 이용된 상서(祥瑞)·재이(災異)

동중서에 따르면, 하늘과 군주 간 감응의 현실적 증거는 바로 상서(祥瑞)와 재이(災異)로 나타난다. 하늘은 상서와 재이를 통해 자신의 강력한 의지[意]를 드러낸다는 것이다. 그러나 우리가 이 지점에서 유념해야 할 점은 정작 『춘추』에는 상서나 재이가 자연현상에 대한 기록 이상의 의미를 갖지 않는다는 것이다. 즉 『춘추』의 상서·재이는 왕조의 멸망이나 부흥을 결정하는 감응체제로 설정되어 있지 않다. 그럼에도 동중서는 『춘추』의 재이 기사에 대한 해석을 천인감응 체계로 부각시켜 새로운 의미를 부여했다.

> 신(臣)이 『춘추』의 내용 중 전세(前世)에 이미 발생했던 일에 근거해 하늘과 사람 간의 상응하는 상황을 살펴보니 참으로 두려워할 만합니다. 국가에 도를 잃은 패란이 발생하게 되면 하늘은 미리 재해로 꾸짖고 경고합니다. 그래도 스스로 반성하지 않으면 다시 괴이한 것을 보내어 경계시키고 두려움을 갖게 하는데, 그래도 고칠 줄 모르면 쇠퇴하여 무너지게 합니다.[15]

동중서는 왕조의 흥망성쇠와 국가의 치란(治亂)이 모두 군주의 책임이라고 한다. 그의 설정에 따르면 하늘은 재이라는 자연적 현상을 통해 군주의 실정(失政)에 대해 의지를 표명한다는 것이다. 재이는 군주의 무도한 통치에 대한 하늘의 경고이다. 하늘은 재이를 통해

15 『漢書』, 「董仲舒傳」.

군주의 통치 행위에 대한 능동적 교정을 요구한다.

> 대개 재이의 근원은 모두 국가의 실책에서 생겨난다. 국가의 실책이 처음 싹트기 시작했을 때에는 하늘이 재해를 내보내어 꾸짖고 경고한다. 꾸짖고 경고했는데도 고칠 줄을 모르면 괴이를 내보여서 놀라게 한다. 놀라게 했는데도 여전히 두려워할 줄 모르면 마침내 재앙이 일어난다.[16]

동중서에 따르면, 군주가 천명을 받아서 제도를 개혁하고 새로운 왕조의 정통성을 확보하는 것[受命改制]은 하늘의 이치를 실현하는 것이다. 그것은 곧 상서 즉 수명(受命)의 증거로 드러난다고 한다.

> 신이 들으니, 하늘이 크게 받들어 왕으로 세우려는 것은 반드시 사람의 힘으로 불러들일 수 있는 것이 아니라 스스로 이르게 함이 있는데, 이는 천명을 받은 징표입니다. 천하의 사람들이 한마음으로 그에게 귀속하기를 마치 부모에게 귀속하듯 하기에 하늘의 상서가 정성에 감응하여 이르는 것입니다.[17]

요컨대 동중서의 천인감응론은 하늘과 군주와의 감응관계를 통해 군주의 권력을 신격화하고, 상서·재이와 같은 하늘의 경고를 통해 군주를 경계함으로써 실책을 저지르지 않도록 유도한다는 것이다.

이렇게 본 동중서의 천인감응의 정치론은 두 측면에서 이해될 수 있다. 하나는 군주의 통치권과 통치이념에 대한 정당화이다. 동중서의 천인감응론은 피지배자로 하여금 '군주=하늘'로 인식하게 하는 구도를 함축한다. 동중서는 천인감응론을 통해 '군주의 지위를 신격

16 『春秋繁露』, 「必仁且智」.
17 『漢書』, 「董仲舒傳」.

화'하고 있는 것이다. 오직 군주만이 하늘과 감응하는 권리를 가졌으니, 군주는 피지배자에 대해 하늘과 같은 권위와 권한을 갖게 된다. 백성은 마땅히 군주의 의지를 하늘의 뜻으로 생각하고 따라야 하며, 그렇지 않을 경우 하늘의 징벌을 면치 못하게 된다는 것이다. 동중서는 하늘의 권위를 빌려 군주의 지배체제에 복종하도록 했다.

동중서 천인감응론의 다른 한 측면은 통치권의 견제이다. 그것은 상서·재이를 통해 하늘의 의지를 확인하도록 설정되어 있다는 점에서 표면적으로 권력을 견제하는 장치로 보인다. 그러나 실제 대다수의 군주들이 천인감응론을 도리어 그것을 악용했다는 사실에 주목할 필요가 있다. 상서가 발생하면 그것을 대부분의 군주들은 자신의 공로로 돌렸으며, 정치가 부패할수록 상서에 대한 보고가 더욱 많아졌다는 점이다. 그러나 재난에 의한 피해가 발생하면 그 죄과를 대신들에게 덮어씌웠다. 재이로 군주를 견제한다는 것은 현실적으로 실현되기 어려운 환상일 뿐이었다.

3) 수직적 사회체계를 만든 음양의 개념체계

동중서의 천인감응론은 지배자의 권능을 신격화하고, 상대적으로 피지배자의 위상을 철저히 축소시키는 수직적 이론 체계를 구축했다. 음양론을 중요한 인식의 틀로 사용하는 동중서의 철학은 실재적 경험을 반영하는 것이 아니라, 정치적·사회적 '목적'과 '의도'에 따라 특정 속성은 부각하고, 특정 속성은 은폐함으로써 사회적 인식 체계를 새롭게 구축했다. 이는 한무제의 정치적 목적에 부합되는 '지배자 중심의 가치'를 창조한 것이었다.

동중서의 천인감응론은 음양의 새로운 범주화를 통해 가치론적 구도로 현실화된다. 동중서의 음양론은 정치론과 융합되면서 당시 사회적 구조를 합리화하는 결정적 토대를 제공한다. 동중서는 음양의 자의적 범주화를 통해 사회의 수직적 구조를 고착화시킨다. 동중서의 음양론은 군신、부자、남녀의 수직적 위계질서를 정립하고 지배자의 정치적 입장을 강화하려는 의도가 강하게 내포되어 있다. 그런 점에서 동중서의 음양론은 피지배자에 대한 지배자의 실제적 의도를 잘 보여준다.

사실 한대의 유행했던 음양론은 특정학파의 이론체계가 아니라, 보편화된 사상적 틀이었다. 한유들은 음양이라는 이원론적 인식 틀을 통해 우주의 질서를 법칙적으로 파악하려 했고, 그것을 천명(天命)과 천의(天意)로 해석하여 정치에 적용하려는 경향을 보였다. 이러한 배경에서 음양이라는 이원론적 인식 틀을 가치론적 구도로 재정립한 동중서는 천지만물로부터 인간의 감정, 도덕의 문제까지 새롭게 구획했다. 한대 유행했던 음양론과 구분되는 동중서 음양론의 결정적 차이는 이원적 틀로 범주화된 모든 존재들이 상호 의존하는 유기체적 관계로 이해되지 않았다는 것이다. 동중서의 음양 범주화는 지배자 중심의 가치 체계 형성, 신분질서 확립에 결정적 역할을 했다. 동중서는 '양은 위/음은 아래'의 구도를 인식의 중심체계로 배치하고, '군주는 양/신하는 음' '부모는 양/자식은 음' '남편은 양/아내는 음' '선은 양/악은 음' 등의 가치 체계를 구성했다.

> 군주와 신하, 부모와 자식, 남편과 아내의 의(義)는 모두 음양의 도에서 취하였다. 군주는 양이고 신하는 음이며, 부모는 양이고 자식은 음이며, 남편은 양이고 아내는 음이다.[18]

> 남성은 비록 [지위가] 비천하다고 하더라도 모두 양에 해당되고, 여성은 비록 고귀하다고 하더라도 모두 음에 해당된다.[19]

---

18 『春秋繁露』, 「基義」.

19 『春秋繁露』, 「陽尊陰卑」.

> 보잘 것 없는 종류는 하나같이 음에 해당되고 좋은[바람직한] 종류는 모두 양에 해당된다. 양은 덕교를 상징하고, 음은 형벌을 상징한다.[20]

악의 무리는 다 음이고, 선의 무리는 다양이다.[21]

> 양기는 따뜻하지만 음기는 차갑고, 양기는 뭔가를 주지만 음기는 뭔가를 빼앗고, 양기는 사랑을 베풀지만 음기는 사납게[무자비하게] 굴고, 양기는 너그럽지만 음기는 다그치고, 양기는 좋아하지만 음기를 싫어하고, 양기는 생명을 살리지만 음기는 생명을 죽인다. 따라서 양은 늘 바람직한[유의미한] 자리를 차지하고 왕성한 국면에서 힘을 발휘하지만 음은 늘 보잘 것 없는[무의미한] 자리를 차지하고 마무리에서 작용한다.[22]

동중서는 '군주/신하' '부모/자식' '남편/아내'를 각각 양과 음에 배치함으로써 양존음비(陽尊陰卑), 귀양천음(貴陽賤陰), 양남음비(陽南陰卑)의 수직적 위계질서를 확립한다. 이외에도 '양은 유의미한 자리/음은 보잘것없는 자리' '양은 덕교/음은 형벌' '양은 생명을 살림/음은 생명을 죽임' '양은 줌/음은 빼앗음' '양은 선/음은 악' '양은 따뜻함/음은 차가움' '양은 사랑/음은 사나움' '양은 너그러움/음은 다그침' '양은 좋아함/음은 싫어함' 등의 인식 체계를 구축했다. 동중서의 이러한 범주화는 양으로 구분된 군주, 부모, 남편, 덕교, 사랑, 너그러움 등을 유의미한 영역으로 부각시키는 반면, 음으로 구분된 신하, 자식, 아내, 형벌, 사나움, 다그침 등은 보잘 것 없는 영역으로 축소 혹은 은폐시킨다. 따라서 어떤 공로를 세우든지 음의 존재,

---

20 같은 책, 같은 곳.
21 같은 책, 같은 곳.
22 같은 책, 같은 곳.

즉 신하와 여자는 좋은 결실을 소유해서는 안 된다.

> [음에 배당된 것이] 어떤 이름으로 불리든지 어떤 공로를 세우든지 전부 다 양에게 귀속되고, 모든 역량을 다 바치지만 공적을 사양한다.[23]

이러한 양 중심의 가치체계로 구조화된 범주화는 선악을 가르는 그릇된 가치판단 체계를 양산할 뿐만 아니라, '지배자' 중심의 봉건적 신분질서를 정당한 체계로 인식하도록 만든다. 이렇게 구조화된 '상상된 가치체계'는 우리의 의식과 이해, 행동을 제약하고, 나아가 삶 전반에 영향력을 행사한다.

3. 철학적 의의 및 평가

동중서의 철학은 다음 두 가지 점에서 유학사적으로 중요한 위치에 있다.

첫째, 동중서의 철학은 유학의 지평을 확장시켰다는 점이다. 동중서는 『춘추』의 경전적 근거를 토대로 법가, 도가 등 이전의 사상들은 물론 당시 유행하던 수학, 의학, 천문학 등의 자연과학적 사유를 유가적 차원에서 통섭하고 있다는 점이다.

둘째, 동중서의 사유체계는 송·명 유학의 도덕형이상학 구축에 중요한 지반을 제공했다는 점이다. 당시에는 이미 음양오행으로 우주의 생성과 변화를 설명하는 것이 보편적이었고, 동중서 역시 음양오행적 사유체계를 통해 통일제국의 유학으로 재구성했다. 동중서의 가치체계는 한·당 유학과 함께 송·명 유학의 본체론, 존재론, 가치론

23 같은 책, 같은 곳.

에 결정적 계기를 제공했다.

그럼에도 불구하고 동중서의 철학은 경험적으로 다음과 같은 난점을 안고 있다.

첫째, 동중서의 철학은 대일통 사상을 제안, 정치적·사상적 평정을 시도했지만, 그 반대의 측면에서 보면 배타적 성향이 매우 강한 것이라는 점에서 위험성을 갖는다. 동중서의 철학이 분명 이전과 당시의 철학을 종합하는 통섭적 경향을 가졌음에도, '제가백가의 학술을 몰아내고 오직 유학만을 높여야 한다[罷黜百家, 獨尊儒術]'는 입장을 견지한 것은 유학적 담론에 반하는 논리를 수용하지 않는다는 것을 함축하기 때문이다.

둘째, 동중서의 천인감응론과 그것의 주요 기제인 상서·재이론은 '하늘=군주' '군주의 권능=하늘의 권능'의 도식을 구축하고, 군주를 신격화함으로써, 통치 계급의 통치 명분을 정당화하는 이념체계를 제공했다는 점에서 정치적 시녀를 자처한 철학이라 규정될 수 있다. 동중서의 천인감응론은 실제 군권 강화에 유효한 논거를 제공했다.

셋째, 동중서의 음양오행론은 '지배자 중심'의 봉건적 신분질서를 정당한 체계로 인식하게 하는 계기를 제공했다. '양존음비(陽尊陰卑)'의 범주화는 선악을 가르는 그릇된 가치판단의 인식 체계를 형성시켰다. 양 중심의 가치체계는 이후의 철학은 물론, 동아시아의 수직적 사회체계 고착에 결정적 계기를 제공했다.

■ 토론 주제

1. 동중서의 천인감응론은 철저히 집권 세력을 옹호하는 철학이었다. 이와 유사한 성격의 이론이 있다면 그것은 무엇인가?
2. 동중서의 음양오행적 사유체계는 봉건적 신분질서를 정당한 체계로 인식하게 하는 결정적 계기를 제공했다. 이것을 토대로 지금 우리 사회의 체계를 고착화 시키는 언어체계가 있다면 무엇이 있을까?
3. 철학과 사회체계와의 관계를 새롭게 재정립해야 한다면 어떤 작업들이 필요할까?

■ 참고문헌 및 더 읽어야할 책

董仲舒,『春秋繁露』, 상해고적출판사, 1989.

『漢書』, 宏業書局, 1974.

동중서, 신정근 옮김,『춘추-역사 해석학』, 태학사, 2006.

신정근,『동중서 중화주의 개막』, 태학사, 2004.

알프레드 포르케, 최해숙 옮김,『중국중세철학사』, 예문서원, 2012.

김동민,「董仲舒 春秋學의 天人感應論에 대한 고찰: 祥瑞·災異說을 중심으로」,『동양철학연구』 36, 동양철학연구회, 2004.

정해왕,「董仲舒의 天人感應說과 그 政治性」,『동양문화연구』 16, 영산대학교 동양문화연구원, 2013.

홍원식,「동중서 철학의 중국 유학사적 위치」,『동아인문학』 39, 동아인문학회, 2017.

제9장

왕충, 자연철학

1. 생애와 시대

왕충(王充)은 후한 광무제(光武帝) 건무(建武) 3년에 태어나 화제(和帝) 영원(永元) 연간에 사망했다고 전해진다.[1] 후한 초기 참위학(讖緯學)이 성행하자 그에 대한 반작용으로 자연주의가 점차 세력을 떨쳤는데, 왕충의 『논형(論衡)』은 바로 이러한 맥락에서 탄생된 것이다. 『논형』에 따르면 "그는 옛 글을 폭넓게 읽었고 기이한 이론을 즐겨 들었으며, 세간의 속설을 읽고 대체로 온당하지 못하다고 여겼기에 홀로 칩거하며 그 허실(虛實)을 고찰하고 궁구했다"[2]고 전해진다. 왕충이 스스로 썼다고 말하는 저서는 『양성(養性)』·『기속(譏俗)』·『정무(政務)』·『논형』이지만, 현존하는 것은 『논형』 뿐이다. 『논형』은 세상 사람들의 허망하고 거짓된 말과 행위 등을 비판하는 글들이 뼈대를 이루고 있다.

한 무제 때의 유학은 동중서(董仲舒)의 건의에 의해 국교로 채택

1 『論衡』, 「自紀」 참조. 한대의 저작 관습에 따라 왕충은 「자기(自紀)」 편에 가세(家世)와 함께, 각종 저작 목록, 그리고 저작 동기와 목적을 서술하고 있다.

2 『論衡』, 「自紀」.

되면서 대일통(大一統)을 이루려는 정치적 목적을 달성하기 위해 법가, 음양가, 참위설 등 여러 사상이 조합되어 변형된 것이었다. 특히 동중서는 천인감응론(天人感應論)을 주장, 황제의 지위를 신격화하고, 상서·재이를 천인감응의 현상적 징험이라는 주장을 통해 대일통의 국가적 과업 수행에 이론적 토대를 제공했다.

왕충은 당시 주류를 이루었던 천인감응론, 참위설 등을 비롯하여 정치적 도구로까지 확산되어 있었던 미신에 대해 강하게 비판했다. 그는 『논형』을 쓰지 않을 수 없었던 이유를 변론을 좋아해서가 아니라, '부득이한 일'이었음을 밝힌다.[3] 그는 "대부분의 책들이 진실을 잃고, 허망한 말이 참되고 아름다운 말을 이기며"[4] "옳은 것이 도리어 그른 것이 되고, 허망한 것이 오히려 실질적인 것이 되는데, 어떻게 말하지 않을 수 있겠는가?"[5]라고 반문한다. 또한 "허망한 말이 진실한 말보다 더 드러나고, 성실함이 거짓에 의해 어지럽혀지는데도 세상 사람들이 깨닫지 못하니 바로잡지 않을 수 없다"[6]고 하고, 왕충은 『논형』을 통해 "말의 경중을 저울질하며, 참·거짓의 기준을 세우려는 것"[7]임을 밝히고 있다.

이렇듯 왕충 사상의 정수는 비판 정신에 있다. 그는 어느 것에 대해서도 그 자체로 갖는 권위를 인정하는 법이 없었다. 성인과 아성으로 추앙되는 공자(孔子)와 맹자(孟子)의 논의에 대해서도 조목조목 반론을 제기했다.[8] 그는 "성현의 말이라도 상하가 서로 어긋난 곳이 많고, 그 글의 전후가 서로 모순된 곳이 많은데도, 세상의 학자들은

---

3 『論衡』, 「對作」 참조.
4 같은 책, 같은 곳.
5 같은 책, 같은 곳.
6 같은 책, 같은 곳.
7 같은 책, 같은 곳.
8 『論衡』, 「問孔」; 『論衡』, 「刺孟」 참조.

알지 못한다"[9]라고 지적한다. 왕충은 공자에 대해 '배울 만한 사람으로 그만한 사람이 없다'며 존숭의 태도를 취하면서도, 그의 말에 일정한 방향이 없고 모순되기까지 하며, 행동 역시 일정한 목표도 일관성도 없다고 비판한다. 심지어 공자가 군자답지 않다고까지 평가한다. 맹자의 논의에 대해서도 왕충은 언행이 일치하지 않으며, 역사를 매우 주관적으로 평가하고 있고, 여러 구차한 변명과 그릇된 논리로 괴변을 펼치고 있음을 지적한다. 예컨대 맹자의 '명(命)'에 대한 논의 역시 적절치 않다고 비판한다. 왕충은 '사람에게 의외의 사고로 죽는 명이 없다'는 논지의 맹자의 언명[10]에 대해, "공자는 왕이 되지 못했고, 안연은 일찍 죽었으며, 자하는 시력을 잃었고, 백우는 문둥병에 걸렸는데, 이 네 사람은 행실이 좋지 않아서인가? 아니면 올바른 명을 받지 못해서인가?"[11]라고 되묻고, "사람이 성명을 품부받을 때, 눌려 죽고, 물에 빠져 죽고, 전쟁에 죽고, 불에 타죽을 운명이라면, 아무리 행실을 삼가고 닦는다한들 무슨 도움이 되겠는가!"[12]라고 반문한다. 한비자(韓非子)에 대해서도 왕충은 그가 형벌을 중시하면서도, 덕과 예의의 중요성은 가벼이 여겼다고 비판한다.[13]

또 왕충은 고대의 이상 정치 회복을 주된 임무로 삼은 유학의 역사관을 정면으로 반박하고, 발전적·진보적 역사관을 견지했다. 그는 자신이 사는 후한이 여러 측면에서 주나라보다 발전된 사회라는 것을 강조함으로써 자신의 진보적 역사관을 밝혔다.

---

9 『論衡』, 「問孔」.
10 『孟子』, 「盡心」上 참조.
11 『論衡』, 「刺孟」.
12 같은 책, 같은 곳.
13 『論衡』, 「非韓」 참조.

2. 사상

1) 물리적 자연관

(1) 천인감응 비판

왕충은 하늘의 신성성을 인정하지 않는다. 그에게 하늘은 사람과 감응할 수 있는 그 어떤 체계도 갖고 있지 않다. 하늘은 감각도, 의지도 없는 무위(無爲)·무목적(無目的)의 물질적 실체일 뿐이다. 왕충이 천도자연(天道自然)을 주장한 것은 동중서로 대표되는 한대 주류 철학인 천인감응론에 대한 반발이었다. 그가 보기에 만물의 생성은 천지(天地)의 어떤 목적 때문이 아니라 '저절로 그러한 것(自然)'이다.

> 하늘이 일부러 오곡과 명주실, 삼실을 내어 사람을 입히거나 먹이지 않는 것은 재이(災異)와 변고(變故)를 두어 인간을 견책하고 경고하려 하지 않는 것과 같다.[14]

이렇듯 왕충은 천인감응론을 정면으로 반박하고 부정한다. 그는 "군주가 기뻐하면(喜) 날씨가 따뜻해지고(溫), 분노하면(怒) 날씨가 추워진다(寒)"[15]는 등의 유사 논변들의 허구성에 대해 "무릇 천도는 자연이고, 자연은 무위이다. […] 기후를 정사(政事)에 대응시키는 것은 이미 자연이 아니다"[16]라고 단호하게 말한다. 왕충은 "모든 사람이 탄식해도 하늘을 움직일 수 없다"[17]고 한다. "사람은 행위로 하늘을 감동시킬 수 없고, 하늘 또한 행위에 따라 사람에게 응하지 않는다."[18] 또 "옛날 군주의 정치가 도를 잃으면 하늘은 재이를 통해

---

14 『論衡』, 「自然」.

15 『論衡』, 「寒溫」.

16 같은 책, 같은 곳.

17 『論衡』, 「變動」.

그를 견책하고 경고한다[譴告]. 재이는 한번으로 끝나지 않고 거듭하여 한온(寒溫), 즉 이상 기후로 나타난다. […] 천신(天神)이 군주를 견책하고 경고하는 것은 마치 군주가 신하를 책망하여 진노하는 것과 같다"[19] "군주는 정치로서 하늘을 동요시키고, 하늘은 기후의 변동으로 그것에 대응한다"[20]고 주장하는 재이론자들에 대해 왕충은 다음과 같이 반박한다.

> 대저 하늘은 무위하므로 말하지 않는다. 재앙과 이변은 때가 되면 기에 의해 저절로 일어나는 것이다. 대저 천지는 아무것도 할 수 없으며 또한 알지도 못한다.[21]

> 7척 크기의 미미한 형체의 사물이 황천(皇天)의 큰 기를 감동시키려 한다면, 한 푼 한 치의 징험도 없을 것이 분명하다.[22]

왕충에 따르면, 하늘은 자연 이상의 다른 것일 수 없다. 하늘은 사랑이나 증오, 분노 등과 같은 감정을 가질 수 없다. 따라서 하늘이 특정 목적을 갖고 만물은 탄생시켰다는 것은 사실이 아니다. 사람 역시 하늘과 땅이 의도적으로 탄생시킨 존재가 아니라 여타의 생물들과 같이 우연히 생겨났을 뿐이다. 사람은 여타의 생물들과 근본적으로 다른 특별한 존재가 아닌 '우연의 존재'인 것이다.

> 유학자들은 천지가 사람을 의도적으로 태어나게 했다고 하지만, 이는 허망한 주장이다. 천지의 기가 합해지면 사람은 우연히 저절로 생

18 『論衡』, 「命雩」.
19 『論衡』, 「譴告」.
20 『論衡』, 「變動」.
21 『論衡』, 「自然」.
22 『論衡』, 「變動」.

겨나는 것이다. 마치 부부의 기가 합해지면 자식이 생겨나는 것과 같다. […] 사람이 세상에 태어나는 것은 마치 연못의 물고기나 사람에게 붙어 있는 서캐나 이와 같아서, 기로 인해 생겨나 종과 류를 다르게 태어나는 것이다. 세상에 태어나는 모든 사물은 모두 같다.[23]

사람이 천지 사이에 존재하는 것은 마치 벼룩과 이가 옷 속에 살고, 땅강아지와 개미가 구멍 속에 사는 것과 같다. 벼룩, 이, 땅강아지, 개미가 반역하든 순종하든 옷과 구멍 속의 기후를 변동시킬 수 있겠는가? 벼룩, 이, 땅강아지, 개미가 할 수 없는데 유독 사람만 할 수 있다고 말하는 것은 만물과 기후의 이치를 모르는 것이다. […] 한온의 기후는 천지에 달려 있으며 음양에 의해 통제되니, 어찌 인간사와 국정이 그것을 변동시킬 수 있겠는가?[24]

따라서 사람은 하늘의 큰 기에 영향을 끼치기에 너무 하찮은 존재이다. 사람은 여타의 생명체와 마찬가지로 그저 자연히 생겨나는 것이지 하늘의 어떤 의도에 따라 생겨난 존재들이 아니다. 하늘이 만물을 의도적으로 탄생시켰다면 마땅히 그들이 서로 사랑하도록 해야지, 결코 그들끼리 서로 해치고 죽이라고 명령하지는 않았을 것이다.[25] 왕충은 하늘이 사람을 먹이기 위해 오곡을 기르고, 사람에게 입히기 위하여 명주실와 삼실을 만들었다는 말은 어불성설이라고 한다.[26] 천하 만물은 결코 인간을 위해 존재하지 않는다.

(2) 무위자연(無爲自然)의 천지

왕충에게 천지는 그저 자연일 뿐이다. 그는 하늘에 대한 모든 초월

23 『論衡』, 「物勢」.
24 『論衡』, 「變動」.
25 『論衡』, 「物勢」 참조.
26 『論衡』, 「自然」 참조.

적이고 신비적인 논의를 과감히 부정한다. 그의 이러한 자연주의적 사유는 도가에 근거를 둔 것으로 보인다. 왕충에 따르면, "하늘의 자연무위(自然無爲)함은 어떤 기(氣)를 말하는 것인가? 고요하고 담담하여[恬澹] 하려는 바가 없고[無欲] 하는 바가 없으며[無爲] 일삼는 바가 없음[無事]을 말한다."[27] 이것은 왕충의 천도자연의 무위적·무목적적 사유들이 황노학파의 사유에 근거하고 있음을 반증하는 것이다.

> 천도는 자연이며 무위이다. (하늘이) 만일 인간에게 견고한다면 이것은 유위이지 자연이 아니다. 황노학파가 천도를 논한 것은 그 실질을 얻은 것이다.[28]

왕충에게 천도는 자연이고, 자연은 작위함이 없다. 따라서 만물은 하늘의 양기와 땅의 음기가 합하여 만물이 '저절로' 생성된다는 것이다. 하늘과 땅은 모두 체(體)이며,[29] 그들이 요동하면 만물이 생겨나게 된다.[30]

> 천지의 기운이 합하니 만물이 자연스럽게 생겨난다. 마치 부부의 기가 합하여 자식이 자연스럽게 생겨나는 것과 같다. […] 하늘이 동(動)하되 의도하지 않지만 만물이 생겨나니, 만물은 스스로 살아간다[自生]. 이것이 바로 자연이다. 베풀어진 기는 의도하지 않지만 만물이 되고, 만물은 스스로 행하니[自爲], 이것이 바로 무위이다. 하늘을 '자연무위'하다고 하니, 왜인가? '기'이다. 고요하고 담박하여 욕심이 없으니 무위하고 무사하다.[31]

27 『論衡』, 「自然」.
28 『論衡』, 「譴告」.
29 『論衡』, 「道虛」 참조.
30 『論衡』, 「卜筮」 참조.

부부의 기가 합하여 자식을 낳는 것처럼 만물은 자생한다. 만물은 그저 천지의 자연한 '기'에 의하여 생성되고, 소멸된다. 이러한 '기'의 작용은 아무런 목적도 없다. 왕충은 사람이 죽으면 정기(精氣) 역시 소멸한다고 본다. 그래서 미신을 부정하는 것이다. 육체와 함께 정신도 소멸하는 것으로, 사람의 죽음은 마치 불의 소멸과 같아서 다시 환생하지도, 귀신이 되어 떠돌아다니지도 않는다는 것이다.

> 사람이 살아갈 수 있는 까닭은 정기 때문이다. 죽으면 정기도 소멸한다. 정기가 되는 것은 혈맥(血脈)이다. 사람이 죽으면 혈맥도 다한다. 혈맥이 다하면 정기는 소멸한다. 정기가 소멸하면 육신은 부패한다. 부패하면 재와 흙이 되니, 무엇으로 귀신[鬼]이 되겠는가?[32]

그 형체가 아직 존재한다면 정기 역시 존재한다. 만약 죽는다면 그 형체는 썩어 부패한다. 비록 호랑이와 같은 사나운 맹수일지라도 다시 환생할 수 없다.[33]

이처럼 왕충에게 정신은 육체와 함께 하는 것으로, 죽어서 형체가 썩고 부패하면 더 이상 의존할 바가 없는 정신은 흩어지고 사라져서 변화할 수 없다. 사람은 태어나기 전에 원기 중에 있다가, 죽으면 다시 원기로 돌아갈 뿐이다.[34] 그는 만물이 천지의 의지와 무관하게 우연적으로 탄생한 산물이며, 사람의 탄생도 다르지 않다. 사람은 사물과 다를 바 없는 존재인 것이다. 그는 이처럼 불사에 대한 미신적인 생각을 비판함으로써 경험적 사유로 나아갔다.

---

31 『論衡』, 「自然」.

32 『論衡』, 「論死」.

33 같은 책, 같은 곳.

34 같은 책, 같은 곳 참조.

(3) 숙명론적 운명론: 명정론(命定論)

왕충은 명정론(命定論)을 주장한다. 사람의 운명이 태어날 때부터 하늘에 의해 미리 결정되어 있다는 것이다. 사람은 하늘에 어떤 영향도 끼칠 수 없는 미천한 존재이지만, 하늘의 영향력은 사람에게 결정적이다. 이는 왕충이 천인감응론을 자연주의적 관점에서 철저하게 비판했지만, 결국은 그러한 논의로부터 완전하게 벗어나지 못했음을 의미한다. 왕충이 이렇게 생각하게 된 계기는 자신이 지녔던 뛰어난 재주와 상관없이 미관말직에 전전해야만 했던, 그리 순탄치 않았던 그의 정치적 활동과 무관해 보이지 않는다. 왕충은 다음과 같이 사람의 운명에 대해 말한다.

> 삶과 죽음, 장수와 요절의 운명이 있고, 귀천과 빈부의 운명이 있다. 왕공(王公)으로부터 서인(庶人)에 이르기까지, 성현으로부터 지극히 어리석은 사람에 이르기까지 머리와 눈이 있고 혈기를 지닌 동물이라면 운명을 갖지 않을 수 없다. 운명이 빈천하면 비록 부귀하게 되더라도 화를 만나고, 운명이 부귀하면 비록 빈천하게 되더라도 복을 만난다. 그러므로 귀하게 될 운명은 비천한 지위에 있어도 저절로 부귀하게 되고, 비천해질 운명이면 부귀의 지위에 있어도 저절로 위태로워진다. 그러므로 부귀에는 마치 신령의 도움이 있는 것 같고, 빈천에는 귀신의 재앙이 있는 것 같다. […] 운명이란 억지로 할 수 없으며, 시운이란 노력으로 얻을 수 없는 것이다.[35]

인명은 하늘에 달려 있고 길흉은 때[時]에 달려 있다. 명이 궁하면 행동이 선하더라도 하늘이 연장시켜줄 수 없고, 명이 길면 행동이 악하더라도 하늘이 빼앗을 수 없다.[36]

---

35 『論衡』, 「命祿」.

36 『論衡』, 「辨崇」.

보통사람의 운명은 부모에게서 기를 받을 때 이미 길흉이 정해진다. 대개 성(性)과 명(命)은 다르니, 어떤 사람은 성은 선하지만 명은 흉하고, 어떤 사람은 성은 악하지만 명은 길하다. 행위의 선과 악을 조절하는 것은 성이며, 화복과 길흉은 명이다. 어떤 사람은 행위는 선하지만 화를 당하니 이것은 성은 선하지만 명이 흉한 것이고, 어떤 사람은 행위가 악한데도 복을 받으니 이것은 성은 악하지만 명이 길한 것이다.[37]

왕충에 따르면, 사람은 태어날 때 자신만의 명을 받으며, 그 명의 길흉은 작위적 노력과 상관없이 이미 결정되어 있다. 왕충은 "부귀와 빈천은 모두 처음으로 기를 받을 때에 결정되는 것이지, 성장한 후 행위에 따라 얻을 수 있는 것이 아니며"[38] "세상에 귀하게 될 명[貴命]을 받지 않고 스스로 귀함을 얻는 경우는 없으며, 부유하게 될 명[富命]을 받지 않고 스스로 부유함을 얻는 사람도 없다"[39]고 말한다. 타고난 명은 인위적으로 바꿀 수 없기에 귀천과 빈부를 억지로 구할 수도, 면할 수도 없다. 그래서 "자신의 힘으로 얻은 것이 아니기에 복이라 하고, 나로부터 말미암아 나온 것이 아니기에 화라 한다"[40]는 것이다. 결국 사람의 수명과 부귀·빈천은 처음 태어날 때 결정되는 것으로, 노력으로 바꿀 수 있는 것이 아니라는 것이다.

왕충은 사람이 하늘로부터 명을 받으면, 골상으로 그 격이 드러난다고 말한다. 태어날 때 이미 정해진 길흉을 골격과 체형을 통해 읽어낼 수 있다는 것이다.

사람들은 명을 알기 어렵다고 하지만, 명은 매우 알기 쉽다. 무엇으

37 『論衡』, 「命義」.
38 같은 책, 같은 곳.
39 『論衡』, 「問孔」.
40 『論衡』, 「累害」.

로 알 수 있는가? 골격과 체형[骨體]으로 알 수 있다. 인간이 하늘로부터 명을 받으면 몸에 드러나는 표지가 있게 된다. 표지를 살펴 명을 아는 것은 말(斗)과 곡(斛)을 살펴서 용량을 아는 것과 같다. 표지라는 것은 골법(骨法)을 말한다.[41]

이렇듯 왕충이 말하는 사람의 운명은 하늘에 대해 종속적이다. 이러한 왕충의 논의는 개인의 삶 속에서 일어나는 일들, 그리고 역사 속의 모든 사건들이 운명에 의해 정해져 있음을 강조한다는 점에서 결정론적이며 숙명론적이다. 이는 개인의 능동적인 도덕적 행위를 지속적으로 강조하는 유가의 논의로부터 상당한 거리를 둔 것으로 보인다.

왕충은 국가가 다스려지거나 혼란스러워지는 것이 하늘의 때[時]와 운수[數]에 의해 결정되는 것이지, 현인과 성인의 공적 때문도, 정사의 무도함 때문도 아니라고 한다. 왕충은 국가의 발전과 퇴보, 성장과 붕괴 역시 덕이나 통치의 문제가 아니라, 하늘의 '때'와 '운수'에 달려 있다고 단호히 말한다.

세상이 다스려지는 것도 성현의 공적 때문이 아니며, 쇠퇴하고 혼란스러워지는 것도 극치의 무도함 때문이 아니다. 국가가 쇠란에 이르더라도 성현이 흥성시킬 수 없으며, 한 시대가 다스려질 때에 악인이라 해도 혼란스럽게 할 수 없다. 한 시대가 다스려지고 혼란스러워지는 것은 때[時]에 달려 있지 정사[政]에 달려 있지 않으며, 한 나라의 안정과 위태로움은 운수[數]에 달려 있지 교육[敎]에 달려 있지 않다.[42]

왕충은 양식의 풍족 역시 하늘의 '때'와 '운수'에 달려 있다고 한다.

---

41 『論衡』, 「骨相」.

42 『論衡』, 「治其」.

따라서 예의가 행해지는지의 여부는 정치의 결과가 아니라 양식의 풍족 여부에 달려 있다고 한다.

> 사양은 넉넉함에서 생겨나며, 다툼은 부족함에서 일어난다. [⋯] 이에 근거해서 말한다면, 예의가 행해지는 것은 양식의 풍족함에 달려 있다. 양식의 풍족함과 부족함을 살펴보면, 그 해에 결정된다. 그 해에 물이 모자라 가뭄이 들면 오곡이 잘 자라지 못하니, 그것은 정치의 결과가 아니라 때와 운수가 그런 것이다.[43]

그렇다면 개인의 운명과 국가의 운명의 충돌에 대해 왕충은 어떻게 설명하는가? 그에 따르면 명은 강한 것이 약한 것을 억압한다. 따라서 개인의 운명은 국가의 운명에 종속된다. 한 개인이 복을 누릴 운명을 타고났다고 하더라도 그의 나라가 적군의 침략으로 멸망하면 그 또한 화를 면하지 못하게 된다.

(4) 교화 강조의 인성론

한대(漢代)에 유행했던 인성론은 성삼품설(性三品說)이었으며, 중품의 사람을 학문과 교화를 통해 선으로 이끌 수 있다는 주장이 주류를 이루었다.[44] 이러한 논의는 공자의 "중인(中人) 이상인 사람에게는 수준 높은 이야기를 해주어도 좋지만, 중인 이하인 사람에게는 수준 높은 이야기를 해줄 수 없다"[45]는 언설과 "오직 지극히 지혜

---

43 같은 책, 같은 곳.

44 가의(賈誼)는 군주를 상·중·하의 삼품으로 나누고, 중품의 군주를 선으로 이끌 수 있음을 주장한다. 유안(劉安)은 사람의 품격을 셋으로 나누고, 중품의 사람을 학문과 교화를 통해 선도를 깨우치도록 할 수 있다고 강조한다. 동중서 역시 사람을 성인(聖人)-중민(中民)-두소(斗筲) 등 세 유형으로 구분, 오직 중민의 인성만을 성으로 인정, 후천적인 노력 여하에 따라 선에 이르게 할 수 있다고 주장한다. 『新書』, 「連語」; 『淮南子』, 「脩務訓」; 『春秋繁露』, 「深察名號」 참조.

로운 사람[上智]과 어리석은 사람[下愚]은 변화시킬 수 없다"[46]는 주장에 근거를 둔 것이다. 사람을 크게 상·중·하의 세 등급으로 나누고, 지극히 지혜로운 자와 어리석은 자는 기질을 변화시키지 못하지만, 중품의 사람은 변화가능하다고 했던 공자의 담론을 논거로 삼아 한대의 인성론은 교화를 통한 본성의 변화가능성에 주목했다.

왕충은 이러한 한대 인성론의 주된 논점을 계승, 인간의 본성을 상·중·하 세 등급으로 나눈다. 세 등급의 사람들 중 중인(中人) 이상의 인성은 선하고, 중인 이하는 악하며, 중인은 선한 사람도 있고 악한 사람도 있다고 본다. 그 중 중인 이상의 지극한 선함과 중인 이하의 악함은 바꿀 수 없지만, 중인의 본성은 '변화 가능한 것'으로 이해된다. 그것은 습관에 따라 바뀔 수 있는 것으로 선을 익히면 선하게 될 수도, 악을 익히면 악하게 될 수도 있다는 것이다.

왕충은 맹자의 성선설(性善說), 순자의 성악설(性惡說), 양웅의 성선악혼재설(性善惡混在說), 고자의 성무선무악설(性無善無惡說)이 인간 본성에 대한 온전한 규정이 아니라, 일면적 규정일 뿐이라고 평가한다.

> 나는 맹자[孟軻]의 '본성이 선하다는 설'은 중인 이상에 해당하고, 순자[孫卿]의 '본성이 악하다는 설'은 중인 이하에 해당하며, 양웅의 '본성에는 선악이 혼잡되어 있다는 설'은 중인에 해당한다고 확신한다.[47]
>
> 고자(告子)의 물길을 트는 것으로 비유한 본성은 중인만을 지칭한 것이고, 지극한 선과 극단의 악을 지닌 사람에게는 해당되지 않는다. 공자는 '성은 서로 비슷하지만, 습관 때문에 서로 큰 차이가 나게 된다'

45 『論語』, 「雍也」.

46 『論語』, 「陽貨」.

47 『論衡』, 「本性」.

> 고 했다. 대개 중인의 성은 습관에 달려 있다. 선을 익히면 선하게 되고, 악을 익히면 악하게 된다. 그러나 지극한 선과 극단의 악은 습관에 달려 있는 것이 아니다. 그래서 공자는 '오직 지극히 지혜로운 사람[上智]과 어리석은 사람[下愚]은 변화시킬 수 없다'고 했다. [⋯] 따라서 고자의 말은 사실에 부합하지 않음을 알 수 있다.[48]

왕충에 따르면, 맹자와 순자의 인성론은 사람 본성의 일면적 규정이기에, 만약 그것이 경서의 도리와 부합된다면 '교화를 위한 논거'로만 유효한 것이다. 양웅과 고자의 인성론 역시 왕충이 보기에 중인의 본성을 설명하는 것일 뿐, 최고의 선과 극단적인 악을 지닌 사람을 설명하기에 부족하다. 왕충에 따르면, "본성은 원래 스스로 그러한 것이며, 선·악은 품수 받은 기질에 달려 있다."[49] 사람은 음양의 기를 모두 갖고 있으며, 그런 이유로 선·악이 혼재되어 있는 존재다. 따라서 맹자와 순자의 성론처럼 순수하게 선할 수도, 악할 수도 없다.

> 사람의 정(情)과 성(性)에 선도 있고 악도 있다는 생각에 이르지 못한 점은 미진한 것이다. 사람의 성정은 모두 음양에서 생기며, 음양에서 생긴 것에는 두텁고 얇음이 있다. 옥은 돌에서 생긴 것으로 순수한 것과 잡박한 것이 있다. 성정 역시 음양에서 생긴 것인데, 어떻게 순선하기만 하겠는가?[50]

왕충은 본성론 그 자체보다 본성의 변화가능성에 주목, 교화의 강조에 초점을 둔 것으로 보인다. 왕충은 중인에 해당하는 일반 사람을 어떻게 교화하느냐에 따라 선한 방향으로 이끌 수 있다고 보았다.

48 같은 책, 같은 곳.
49 같은 책, 같은 곳.
50 같은 책, 같은 곳.

> 주(周)나라 사람 세석(世碩)은 사람의 본성에 선과 악이 있으므로 선한 본성을 배양하여 이끌어주면 선해지고, 악한 본성을 배양하여 기르게 되면 악해진다고 여겼다. 이와 같다면, 성정은 음양의 두 측면을 지니며 선과 악은 길러주는 것에 달려 있다.[51]

이렇듯 왕충은 교화와 후천적인 노력을 통해 감정과 욕망을 조절하여 본성을 선하게 바꿀 수 있다고 본 것이다. 그를 포함한 한대 지식인들이 교화를 통한 본성의 개선 가능성에 주목한 주요 의도는 정치적 교화와 사회의 도덕질서 확립을 위한 것으로 보인다.

3. 철학적 의의 및 평가

왕충의 철학은 당시 환영받지 못했지만, 다음 세 가지 점에서 중요한 철학사적 의미를 갖는다.

첫째, 왕충 사상의 철학사적 중요성은 비판정신에 있다. 왕충은 세간의 속설만이 아니라, 그 자체로 권위를 갖는 공·맹의 담론까지도 묵수하지 않고 의심하며 조목조목 반론을 제기했다. 또한 고대의 이상 정치를 추앙하던 유학의 역사관을 부정하고, 현재의 가치를 강조하는 진보적 역사관을 주장함으로써 사유의 전환을 주도했다.

둘째, 왕충의 자연주의 철학은 초월화된 유학을 경험적 차원으로 끌어내리는 데 결정적으로 기여했다. 한대의 유학은 천인감응의 차원에서 대일통의 국가적 과업 수행과 지배 권력을 옹호하는 이론으로 변질되는 양상을 띠었다. 왕충은 유학의 변용 과정에서 부분적으로 수용되었던 천인감응·재이·참위 등의 초월적·미신적 논의들을 자연주의의 관점에서 강하게 비판했다. 이는 초월·신비의 담론을 경험

51 같은 책, 같은 곳.

의 담론으로 바꾼 것이라는 점에서 철학사적 중요성을 갖는다.

셋째, 왕충은 인간을 여타의 생물들과 다를 바 없는 존재로 규정하고, 인간에 배타적 우선성을 두는 태도로부터 벗어났다는 점에서 철학사적 의의를 갖는다. 그는 명정론, 즉 결정론적 운명론을 주장한다. 즉, 사람의 운명이 태어날 때부터 이미 결정되어 있다는 것으로, 이와 같은 주장은 설득력이 부족해 보인다. 그러나 다른 측면에서 보면, 이는 사람이 외부적 환경에 취약한 미물과 다를 바 없는 존재로서, 그도 어쩌지 못하는 영역이 있음을 통찰한 결과로 보인다. 그것은 왕충의 명정론이 인간을 운명에 무조건 순응하고 살아야 하는 존재로 규정하고 있지 않은데서 그 의도를 포착할 수 있다. 그의 명정론은 개인의 운명이 교화와 후천적인 노력과 외부의 우연적 환경에 따라 바뀔 수 있는 여지를 설정해두고 있기 때문이다.

■ 토론 주제

1. 왕충의 자연관은 천인감응론으로부터 자유로울 수 있는가?

2, 왕충의 물리적 자연관은 명정론과 어떻게 이론적 정합성을 확보할 수 있는가?

3. 왕충 철학에서 음양이기와 도덕성의 관계를 어떻게 이해해야 하는가?

■ 참고문헌 및 더 읽어야할 책

왕충, 이주행 옮김, 『논형』, 소나무, 1996.

왕충, 성기옥 옮김, 『논형』, 동아일보사, 2016.

유명종, 『한당철학사』, 경인문화사, 2000.

임옥균, 『왕충: 한대 유학을 비판한 철학자』, 성균관대학교출판부, 2005.

알프레드 포르케, 최해숙 옮김, 『중국중세철학사』, 예문서원, 2012.

김종미, 「왕충의 문학사상연구 : 천인관계사상과의 관련성을 중심으로」, 서울대학교 대학원 박사학위논문, 1993.

제10장

왕필, 위·진 현학

후한(後漢) 중기 이후 한나라 정권은 외척과 환관에 의해 농단되었다. 그 결과 외척과 환관에 대한 비판적인 사대부 관료들의 정치집단이 형성되었다. 사대부 관료들은 청의(淸議)를 통해 정치적 비판을 하였는데 '인물평'(人物評)이 그 대표적인 방법이었다. 그런데 사대부 관료들에 의한 외척과 환관에 대한 이러한 정치적 비판은 결과적으로 당고(黨錮)를 불러들였다.

한편으로 강력한 힘을 가진 지주들은 탐욕스럽게 토지의 약탈과 부의 집중에 힘써 백성들은 큰 고통에 빠지게 되었다. 당시 백성들은 지주들의 착취와 자연재해로 도탄에 빠지게 되었는데 힘이 없는 백성들은 삶의 고통을 종교적 힘에 의탁하여 해결할 수밖에 없었다. 그 결과 184년에 장각(張角)이 이끄는 태평도(太平道)에 의한 농민기의(農民起義), 즉 황건대기의(黃巾大起義)가 발생하였다.

양한시대 때 학술은 처음에는 황로학이 유행하여 문경지치(文景之治)라는 뛰어난 정치적 업적이 이루어졌지만 한 무제(武帝)가 동중서(董仲舒)의 건의를 받아들이면서 점차 유학이 독존하게 되었다. 동중서가 주장한 천인감응설(天人感應說)은 음양재이(陰陽災異)를 바탕으로 한 학설로 종교적 색채가 강하였다. 당시 주도적 입장에서 있었던 금문경학(今文經學)은 뒤에 참위(讖緯)와 결합하여 참위신학사상(讖緯神學思想)이 되었다. 참위는 종교적 예언인데, 종교적 미신으로 경학을 해석한 것이다. 고문경학(古文經學)은 금문경학에 대해 비판적 입장이었다.

후한은 220년 조조(曹操)의 아들 문제(文帝) 조비(曹丕)가 위(魏)나라를 세우면서 멸망하였다. 이때부터 점차 위(魏)·촉(蜀)·오(吳) 삼국시대가 펼쳐진다.

위나라는 문제 조비가 226년에 죽자 그의 아들 명제(明帝) 조예(曹叡) 재위에 올랐으며, 조예가 239년에 죽자 8세의 어린 조방(曹芳)이 즉위하였다. 그런데 정시(正始) 10년(249년) 사마의(司馬懿)가 쿠데타를 일으켜 위나라 정권을 장악하였다.

위진 현학은 이러한 정치·사회적 격변기의 산물이다. 위진 현학이 발생한 사상적 원인은 한대 유학의 점진적 쇠퇴와 날로 증가하는 한대 도가의 자연주의적 사상의 발흥이 변화하면서 생겨났다. 사회적 원인은 위진시대 정치와 경제가 발전하는 중에 나타났다.[1]

위진 현학의 논리적·인식론적 방향은 유무(有無) 논쟁으로 나타났고, 사회·정치적 방향으로는 명교(名教)와 자연(自然)의 논쟁으로 나타났다.[2] 우리는 이것을 현학의 이론적 측면(天道)과 현실적/실천적 측면(人事)이라고 말할 수 있다. 다시 말해 위진 현학의 핵심 주제는 이론적으로는 본체와 현상의 관계를 유·무 논쟁으로 표현했다면 실천적으로는 명교(名教)와 자연(自然)의 통일로 나타났다. 여기에서 명교는 명분강상의 질서(名分綱常之序)와 이것을 이용하여 종

1 許抗生·李中華·陳戰國·那薇, 김백희 역, 『위진현학사』(상), 세창출판사, 2013, 8쪽.

2 김시천, 「유무론을 통해 본 왕필의 '자연'과 '인식'의 문제」, 한국철학사상연구회, 『시대와 철학』 6, 1995, 242쪽.

법등급제도라는 정치윤리원칙을 옹호하는 것을 가리킨다. 자연은 본체론의 범주로 그 의미는 자연이연(自然而然), 자기이연(自己而然), 본연여차(本然如此)로 사람의 개체자아(個體自我), 순수 본성(純粹本性)을 가리킨다.[3] 위진 현학은 "내성"(內聖)의 학문으로 생명존재에 관한 학문, 인생가치에 관한 학문이다.[4] 그렇지만 또 "외왕"(外王)의 학문이기도 하다. 위진 현학의 특징은 도가를 중심으로 유가와 융합을 시도한 것이다. 다시 말해 위진 현학의 궁극적 목적은 정치윤리의 근거를 찾아 현실문제의 해결에 있다고 말할 수 있다.

이러한 문제에 대해 위진 현학은 『노자』·『장자』·『주역』이라는 삼현(三玄)을 중심으로 논의를 전개한다. 위진 현학을 대표하는 인물로는 하안(何晏), 왕필(王弼), 상수(向秀), 완적(阮籍), 혜강(嵇康), 곽상(郭象) 등이 있다.

위진 현학은 시대적으로 볼 때 몇 단계로 구분되며 각각 그 특징이 있다. 탕일개(湯一介)는 현학의 시대적 구분을 이렇게 말하였다.

> 위진 현학에는 발전 과정이 있다. 조위(曹魏) 정시(正始) 연간(240-249년)의 왕필·하안에서 발전하여 죽림(竹林) 시기(254-262년)의 혜강·상수에 이르게 되었고, 또 발전하여 원강(元康)·영가(永嘉) 전후(290년 전후)의 배외(裴頠)·곽상에 이르게 되었으며, 동진시대에 이르러 장잠(張湛)·도안(道安)에 이르게 되었는데 이러한 발전이 분명히 당시 사회의 변동과 관련이 있다는 것은 의심의 여지가 없다.[5]

탕일개의 관점에 의하면 위진 현학은 시대적으로 정시 현학, 죽림 현학, 원강·영가 현학, 동진 현학으로 구분된다.

---

3 高晨陽, 『儒道會通與正始玄學』, 齊魯書社, 2000, 15-16쪽 참조 요약.
4 같은 책, 5쪽.
5 湯一介, 『郭象與魏晉玄學』, 北京大學出版社, 2000, 1-2쪽.

1. 생애

왕필(王弼)이 살았던 시대는 위·촉·오 삼국이 정립되었던 혼란기였다.

왕필은 자(字)가 보사(輔嗣)로 삼국시대 때 위나라 산양(山陽) 고평(高平) 사람이다. 그는 황초(黃初) 7년(226년)에 태어나 정시(正始) 10년(249년) 24세에 죽었다.

왕필에 관한 기록은 『삼국지(三國志)』 「종회전(鍾會傳)」에서 "왕필은 유가와 도가의 이치에 대해 논하기를 좋아했으며, 문필이 좋고 재능이 뛰어나며, 변론을 좋아했는데, 『역(易)』과 『노자(老子)』에 주석을 하였다. 일찍이 상서랑(尙書郎)에 임명되었고, 나이 20여 세 때 죽었다[弼好論儒道, 辭才逸辯, 注易及老子, 爲尙書郎, 年二十餘卒]"고 하였다. 또 하소(何劭)는 「왕필전(王弼傳)」에서 "왕필은 어려서 총명하고 지혜로웠는데 나이 10여 세에 노자를 좋아하였으며 논변에 통달하고 언변에 능하였다[弼幼而察惠, 年十餘, 好老氏, 通辯能言]"고 말하였다. 그런데 또 "사람됨이 가볍고, 세상물정을 모른다[爲人淺而不識物情]"고 지적하였다. 그런 까닭에 자기의 뛰어남을 믿고 남을 업신여겼으므로 당시 사군자(士君子)들의 미움을 받았다.[6]

왕필의 저작으로 지금 전해지는 것은 『주역주(周易注)』 6권(또는 7권), 『주역약례(周易略例)』 1권, 『노자주(老子注)』, 『노자지략(老子指略)』, 『논어석의(論語釋義)』 2권(또는 3권), 『대연의(大衍義)』 3권 등이 있다.

6 許抗生·李中華·陳戰國·那薇, 『위진현학사』(상), 176쪽.

2. 철학

왕필의 철학을 귀무론(貴無論)/본무론(本無論)이라고 말한다.[7] 그 철학의 특징은 "체용일여(體用一如)", "본말불이(本末不二)"를 사용하여 "무(無, 본체)"와 "유(有, 功用, 現象)"의 관계를 논증하는데 "무로써 근본이 된다[以無爲本]"는 현학사상체계를 건립한 것이다.[8]

우리는 아래에서 왕필의 귀무론/본무론을 언의지변(言意之辨), 유무지변(有無之辨), 숭본식말(崇本息末) 등으로 나누어 살펴보기로 한다. 그렇지만 또 이 셋은 서로 밀접한 관계가 있다. 왕필의 현학사상에서 하나로 관통하고 있다.

1) 언의지변

위진 현학에서 언의지변은 선진시대 『노자』의 "큰 형상은 형체가 없다[大象無形]", 『장자』의 "뜻을 얻으면 말은 잊는다[得意忘言]"와 『주역』의 "말은 뜻을 온전히 할 수 없다[言不盡意]"와 "상을 세워 뜻을 온전히 한다[立象盡意]"에서 연원한다.[9] 이것은 유가적 방법과 도가적 방법을 융합한 것이다.

위진시대 때 말[言]과 뜻[意]의 관계에 대한 입장은 세 가지 분파가 있었다. 첫째, 언부진의파(言不盡意派)이다. 장한(張韓)은 『불용설론(不用舌論)』에서 언어는 무용하다고 주장한다. 둘째, 언진의파(言盡意派)이다. 구양건(歐陽建)은 『언진의론(言盡意論)』에서 말은

---

7 일반적으로 왕필철학을 귀무론으로 이해한다. 그런데 이재권은 왕필은 귀무론자가 아니라 본무론자(本無論者)라고 말한다. 이에 관한 자세한 내용은 이재권의 논문 「왕필의 본무론」(한국동서철학회, 『동서철학연구』 제72호, 2014)과 「왕필 본말론의 성격」(새한철학회, 『철학논총』 78, 2014)을 참조하라.

8 湯一介, 『郭象與魏晉玄學』, 43쪽.

9 韓强, 『王弼與中國文化』, 貴州人民出版社, 2001, 4쪽; 胡孚琛·呂錫琛, 『道學通論-道家·道教·丹道』, 社會科學文獻出版社, 2004, 184쪽.

뜻을 온전히 표현할 수 있다고 주장하였다. 셋째, 득의망언파(得意忘言派)이다. 왕필·곽상·혜강 등이 모두 이 파에 속한다.[10]

왕필의 득의망언은 『장자』에서 연원한다. 「외물(外物)」 편에서 말하였다.

> 통발은 물고기를 잡기 위한 것으로 물고기를 잡으면 통발은 잊는 것이다. 올가미는 토끼를 잡기 위한 것으로 토끼를 잡으면 올가미는 잊는다. 말[言]이란 뜻[意]을 얻기 위하 것으로 뜻을 얻으면 말을 잊는다.[11]

왕필은 득의망언에 대해 상(象)·언(言)·의(意)의 관계로 설명한다.

> 무릇 상(象)이란 뜻[意]을 나타낸 것이고, 언어[言]란 상을 밝히는 것이다. 뜻을 온전히 나타내는 것으로 상만 한 것이 없고 상을 온전히 나타내는 것으로 언어만 한 것이 없다. 언어는 상에서 생기기 때문에 언어를 좇아 상을 살필 수 있으며, 상은 뜻에서 생기기 때문에 상을 좇아 뜻을 살필 수 있다. 뜻은 상으로써 다할 수 있고, 상은 언어로써 드러난다. 그런 까닭에 언어는 상을 밝히는 수단으로 상을 얻으면 언어를 잊고, 상이란 뜻을 보존하는 수단으로 뜻을 얻으면 상을 잊는다. …말을 붙잡은 자는 상을 얻은 자가 아니다. 상을 붙잡은 자는 뜻을 얻은 자가 아니다. 상이 뜻에서 생겨났기에 상을 살피지만 그 살피는 것은 그 상이 아니다. 언어는 상에서 생겨났기에 언어를 살피지만 그 살피는 것은 그 언어가 아니다. 그러므로 상을 잊어야 뜻을 얻는다. 언어를 잊어야 상을 얻는다.[12]

---

10 湯一介, 『郭象與魏晉玄學』, 5쪽.

11 『莊子』, 「外物」. "筌者所以在魚, 得魚而忘筌; 蹄者所以在兎, 得兎而忘蹄; 言者所以在意, 得意而忘言."

12 『周易略例』, 「明象」. "夫象者, 出意者也; 言者, 明象者也. 盡意莫若象, 盡象莫若言. 言生於象, 故可尋言以觀象; 象生於意, 故可尋象以觀意. 意以象盡, 象以言著,

왕필의 언의지변은 이처럼 상·언·의라는 세 가지 사이의 관계를 통해 논의되고 있다. '언'은 언어를 가리키고 '의'는 언어를 사용하여 표현한 사상을 가리킨다.[13] 그런데 상과 언어는 뜻을 표현하는 수단이다. 그런 까닭에 수단에 불과한 상과 언어는 목적인 뜻을 온전히 표현할 수 없다.

왕필은 『노자』 제1장 "도를 도라고 말하면 영원한 도가 아니고, 이름을 이름이라고 말하면 영원한 이름이 아니다[道可道, 非常道; 名可名, 非常名]"의 주에서 이렇게 말하였다.

> 말할 수 있는 도(道)와 이름을 부를 수 있는 명(名)은 구체적인 일과 형상을 가리키는 것으로 항상된 것이 아니다. 그러므로 도는 말할 수 없고 이름을 붙일 수 없다.[14]

왕필에 의하면 언어로 표현할 수 있는 것은 '구체적인 일과 형상을 가리키는 것'이다. 즉 언어는 현상을 표현할 수 있지만 본체 그 자체를 온전히 표현할 수는 없다. 따라서 도는 언어로 말할 수 없다.

왕필은 또 『노자』 제25장의 "나는 그 이름을 알지 못한다[吾不知其名]"의 주에서 말하였다.

> 이름으로 형상을 규정하는 것이다. 뒤섞여 이루어져 형상이 없으므로 규정할 수 없기 때문에 "그 이름을 알지 못한다"고 말한 것이다.[15]

故言者所以明象, 得象而忘言; 象者所以存意, 得意而忘象. … 存言者, 非得象者也; 存象者, 非得意者也. 象生於意而存象焉, 則所存者乃非其象也; 言生於象而存言焉, 則所存者乃非其言也. 然則, 忘象者, 乃得意者也; 忘言者, 乃得象者也."

13 王曉毅, 『王弼評傳』, 南京大學出版社, 1996, 211쪽.

14 『老子注』 제1장. "可道之道, 可名之名, 指事造形, 非其常也. 故不可道, 不可名也."

15 같은 책, 제25장. "名以定形. 混成無形, 不可得而定, 故曰不知其名也."

왕필에 의하면 "도는 어떤 것을 가리키는 이름이 아니다. 왜냐하면 그것이 이름하고자 하는 것은 어떤 형체가 없기 때문이다."[16] 그런데 문제는 우리가 도를 표현을 할 때 기본적으로 언어를 떠날 수 없다는 점이다. 따라서 우리는 도를 언어를 통해 표현해야 한다. 다시 말해 "우리가 비록 언어의 한계로 인하여 말은 상을 빌어서 그 뜻을 다할 수 있는 것이지만, 상을 이해하기 위해서는 말에 의존하지 않을 수가 없다."[17] 왕필에 의하면 통발·올가미가 물고기·토끼를 잡기 위한 도구에 불과한 것처럼 상·언어 역시 뜻을 얻기 위한 도구에 불과하다. 그러나 우리는 상·언어라는 이러한 도구를 떠나 뜻을 얻을 수 없다. 왕필은 우리가 상과 언어라는 도구를 사용하지 않는다면 뜻이라는 목적에 도달할 수 없다는 것이다.[18]

그렇지만 문제는 이렇다. 언어는 또 도를 직접적으로 표현할 수 없고 어디까지나 간접적으로 나타낼 수 있을 뿐이다. 그러므로 우리가 상·언어와 의미의 관계를 논의하면서 상과 언어는 의미를 나타낼 때 일정한 한계가 있으므로 그 한계를 놓쳐서는 안 된다는 점을 자각해야 한다. 그런데 또 이와 반대로 상과 언어가 비록 한계가 있지만 역시 의미를 일정하게 반영하고 있다는 점도 고려해야 한다. 그렇지만 앞에서 말한 '언진의파'와 '언부진의파'는 모두 이 두 측면을 놓치고 있는 양 극단의 입장이다.

왕필의 언의지변은 달리 말하면 '본체는 현상을 떠날 수 없고, 현상은 본체를 떠날 수 없다'는 의미이기도 하다. 이러한 논리는 왕필

---

16 김시천, 「『노자』와 성인의 도」, 한국철학사상연구회, 『시대와 철학』 2010, 제21권 2호, 69쪽.

17 같은 논문, 73쪽.

18 金周昌, 「王弼 周易의 言象意 知識體系 理論 考察」, 한국중국문화학회, 『中國學論叢』 16, 2003, 362쪽.

의 유무지변에서도 일관되게 나타난다.

2) 유무지변

왕필의 유(有)와 무(無)의 관계에 대한 논변은 우주생성론이 아닌 본체론적 사유를 발휘한 것이다.

왕필은 온갖 다양한 모습의 개별적 사물 현상은 '말단'[末]이고, 우주의 본체는 '무(無)'라고 생각하였다. 즉 도(道)·무(無)는 물(物)·유(有)의 존재근거이다.[19] 그는 우주의 개별적인 사물은 우주의 본체 '무'의 외적 표현이라고 하였다.[20] 그런 까닭에 그는 '본무(本無)'와 '말유(末有)'는 일체이고 '말유'를 떠나서 '본무'는 독립적으로 존재할 수 없다고 보았다.[21] 따라서 '본무'는 '말유'를 통해 파악할 수밖에 없다.

> 무릇 무는 무로써 밝힐 수 없는 것이니 반드시 유에 따라서 밝혀야 한다. 그러므로 항상 유물(有物)의 궁극에서 반드시 그 말미암는 근본[宗]을 밝혀야 한다.[22]

도와 사물이 구별되기는 하지만 이 둘은 떨어지지 않는다.[23] 그리고 우리에게 직접적으로 주어진 것은 '말유'뿐이다. 우리가 만약 '말유'를 떠나서 '본무'를 파악하고자 한다면 그것은 실패할 수밖에 없다. 왜냐하면 우리에게 주어진 것은 일차적으로 '말유'이고, 또 '본무'

19 이권, 「老子와 王弼에서의 '一'과 '多'의 문제」, 한국도교문화학회, 『도교문화연구』 21, 2004, 263쪽.

20 許抗生·李中華·陳戰國·那薇, 『위진현학사』(상), 4-5쪽.

21 같은 책, 193쪽.

22 『大衍義』. "夫無不可以無明, 必因於有, 故常於有物之極, 而必明其所由之宗也."

23 이권, 「老子와 王弼에서의 '一'과 '多'의 문제」, 264쪽.

는 '말유'를 떠날 수 없기 때문이다.

> 무(無)는 일(一)에 있지만 그것을 무리[衆]에서 구한다.[24]

여기에서 '구한다'(求)는 '살핀다', '얻는다'는 의미이다. 즉 '본무'를 '말유'에서 살핀다, 구한다는 것이다. 그 까닭은 무엇인가?

> 사상(四象)이 나타나지 않으면 대상(大象)이 펼 수 없고, 오음(五音)이 소리가 나지 않으면 대음(大音)이 이를 수 없다.[25]

그렇지만 왕필이 '말유'에서 '무', '일'을 살핀다고 말한 의도는 언의지변에서 말한 것처럼 '상(象)'·'언어(言)'와 같은 '말유'를 살핀다, 구한다는 의미가 아니라 '상'과 '언어'를 통해 표현된 '의미', 즉 '본(本)', '무(無)'를 살핀다, 구한다는 것이다.

> (일정한) 형상[象]으로 하여 모양[形]이 된 것은 대상(大象)이 아니고, (일정한) 음(音)으로 하여 소리[聲]가 된 것은 대음(大音)이 아니다.[26]

'형상으로 하여 모양이 된 것[象而形]'과 '음(音)으로 하여 소리가 된 것[音而聲]'은 현상으로 '말유'에 해당한다. 즉 '대상(大象)'·'대음(大音)'이라는 '본무'가 아니다.

왕필은 이 '무[본체]'와 '유[현상]'의 관계를 '일(一)'과 '다(多)'의 관계로 설명한다.

---

24 『老子注』 제47장. "無在於一, 而求之於衆也."

25 『老子指略』. "四象不形, 則大象無以暢; 五音不聲, 則大音無以至."

26 같은 책. "故象而形者, 非大象也; 音而聲者, 非大音也."

일(一)은 숫자의 시작이고 만물의 궁극이다.[27]

궁극은 일에 있다.[28]

만물은 만 가지의 형체를 가지고 있는데 …많을수록 (도에서) 멀어진다.[29]

여기에서 '일'은 '도(道)'·'무(無)'이고 '다'는 물(物)·'유(有)'이다. 왕필 현학에 나타난 이러한 논리는 '도'·'무'·'일[본체]'과 '물'·'유'·'다[현상]'는 서로 떨어질 수 없음을 말한다. 왕필의 "무를 근본으로 한다"는 사상의 특징은 본체의 '무'를 '만유'밖에 존재하는 것이 아닌 "체용일여", "본말불이"로 파악한다는 점이다.[30] 다시 말해 '일'은 '다'의 본체·본원·근원·본질로서 '다'와 구별되지만 '다'를 떠나 존재하는 실체가 아니라는 의미이다.[31] 왕필에 의하면 우리에게 주어진 것은 '유'뿐이다. 또 궁극적인 '무'는 언어로 파악할 수 없다. 따라서 필연적으로 '유'를 통해 드러낼 수밖에 없다.[32] 그러므로 만약 '도'·'본'·'무'·'일'과 '물'·'말'·'유'·'다'가 서로 떨어져 존재할 수 있다면 우리는 본체를 파악할 방법이 없게 된다.

3) 숭본식말

왕필은 노자철학의 핵심은 "근본을 높여 말단을 쉬게 한다(崇本息末)", "근본을 높여 말단을 일으킨다[崇本以擧末]", "근본을 들어 말단을 통어한다[擧本統末]"는 것이라고 말한다. 그는 노자철학의

27 『老子注』 제39장. "一, 數之始而物之極也."
28 같은 책, 제81장. "極在一也."
29 같은 책, 제42장. "萬物萬形…愈多愈遠."
30 湯一介, 『郭象與魏晉玄學』, 44쪽.
31 이권, 「老子와 王弼에서의 '一'과 '多'의 문제」, 265쪽.
32 김시천, 「『노자』와 성인의 도」, 73쪽.

요지를 이렇게 정리하였다.

> 『노자』의 글 한 마디로 요약할 수 있다. 아! 근본을 높이고 말단을 그치게 하는 것일 뿐이로다! 그 말미암는 바를 관찰하고, 그 돌아가는 바를 살펴보니 말은 종지(宗旨)에서 멀지 않고, 일은 종주(宗主)를 잃지 않는다.[33]

그는 또 이렇게 말하였다.

> 근본을 높여 그 말단을 일으키니 형체[形]와 이름[名]이 함께 있어도 잘못된 일이 생기지 않는다.[34]
>
> 근본을 버리고 말단을 다스리려고 하면 비록 성스러운 지혜[聖智]를 다하더라도 이러한 재앙에 이르게 된다.[35]

'본말(本末)'은 '본'과 '말'·'일(一)'과 '다(多)'로 일체의 만물을 구분하는 것으로 두 가지 대립·통일의 층위로 설명하는 것이다.[36] 다시 말해 왕필에 의하면 '본무'와 '말유'는 일체이고, '말유'를 떠나 '본체'가 독립적으로 존재할 수 없다는 것이다.[37] 여기에서 '본'은 "천지의 시작, 온갖 사물의 어미, 개별 사물의 근원"을 의미한다.[38] 왕필은 이러한 학술 방법을 이용하여 노자의 '도'와 '만물'의 관계를 '본'과 '말'의 관계로 개괄하였는데 그는 무형·무명의 '도'가 본체가 되어 만사만물 가운데 존재하여 결정적 작용을 한다고 생각하였다.[39]

---

33 『老子指略』. "老子之書, 其幾乎可一言而蔽之. 噫! 崇本息末而已矣. 觀其所由, 尋其所歸, 言不遠宗, 事不失主."

34 『老子注』 제38장. "崇本以擧末, 則形名俱有而邪不生."

35 『老子指略』. "蓋舍本而攻末, 雖極聖智, 愈致斯災."

36 王曉毅, 『王弼評傳』, 228쪽.

37 許抗生·李中華·陳戰國·那薇, 『위진현학사』(상), 193쪽.

38 林麗眞, 김백희 옮김, 『王弼의 철학』, 청계, 1999, 8쪽.

왕필은 이 '본'을 '무(無)'로 나타냈다. 그러므로 왕필의 '숭본식말'은 '무'를 근본으로 하고 '유(有)'를 말단으로 삼는 우주본체론의 학설이다.[40]

> 무릇 사물[物]이 생겨나는 원인과 공(功)이 이루어지는 원인은 반드시 무형(無形)으로부터 생겨나고, 무명(無名)으로부터 말미암는다. 무형·무명은 만물의 근본[宗]이다.[41]

이것은 유형·유명의 만물(萬物: 有, 末)은 무형·무명의 '무'를 근본으로 한다는 의미이다. '무형'은 구체적 형상이 없기 때문에 감각으로 포착할 수 없다. '무명'은 특정한 대상성을 갖지 않기 때문에 개념으로 지칭할 수 없다는 의미이다.[42]

> 사물이 그것으로 이루어지지만 그 형체를 볼 수가 없으므로 이름이 없다.[43]

그렇지만 유형·유명의 '유'를 온전히 파악하기 위해서는 무형·무명의 '무'로 돌아가야만 한다. 『노자주』 제40장 주에서 말하였다.

> 천하의 만물은 모두 유(有)로써 생겨나지만 유의 시작은 무(無)를

---

39 王曉毅, 『王弼評傳』, 230쪽.

40 許抗生·李中華·陳戰國·那薇, 『위진현학사』(상), 9쪽. 그런데 임채우는 왕필의 현학사상은 貴無論이 아니라 '貴用論', '有體無用의 用體論'이라고 말한다. 자세한 내용은 「王弼 體用개념에 대한 오해와 辨正-有體無用의 用體論이란 측면을 중심으로」(한국동양철학회, 『東洋哲學』 7, 1996)와 「왕필 현학 사상의 오해 비판」(한국도교문화학회, 『도교문화연구』 14집, 2000)을 참조하라.

41 『老子指略』. "夫物之所以生, 功之所以成, 必生乎無形, 由乎無名. 無形·無名者, 萬物之宗也."

42 林麗眞, 『王弼의 철학』, 79쪽.

43 『老子注』 제41장. "物以之成, 而不見其形, 故隱而無名也."

> 근본으로 한다. 유를 온전히 하려면 반드시 무로 돌아가야 한다.[44]

다시 말해 '무'는 구체적 형상이 없어 감각되지 않고, 그런 까닭에 개념으로 지칭할 수 없다는 것이다. 그러나 만물은 그 무형·무명의 도에 의해 존재하게 된다. 그러므로 '무'는 '유'의 근본이 된다.

왕필의 현학은 무형·무명의 본체를 높여 유형·유명의 말단을 해결하려고 하였다. 왕필의 귀무론/본무론은 철학적으로는 체용론을 통해 본체와 현상의 관계 문제를 해결하려고 하였지만, 현실적으로는 유형·유명의'말단'에 빠진 혼란한 현실 문제를 해결하려고 한 것이다.

> 대개 근본을 버리고 말단을 다스리려고 한다면 비록 성스러움과 지혜를 지극히 한다고 하더라도 갈수록 재앙을 초래하게 될 것인데 하물며 이보다 못한 방법[術]에 있어서랴![45]

왕필의 '숭본식말'을 현실 정치의 차원에서 고찰하면 '명교'와 '자연'의 관계 문제가 된다. 그는 "명교는 자연에서 나온다[名敎出於自然]"고 주장하였다. 이것은 왕필의 '무로써 본체가 된다[以無爲本]'는 형이상학적 본체론을 사회 영역에 적용한 논리적 결론이다.[46] 다시 말해 왕필에 의하면 명교(사회제도)는 그 존재근거를 '자연[道·無]'에서 찾아야 한다는 것이다. 왜냐하면 우주만물의 모든 법칙은 이 '자연'으로부터 나오기 때문이다. 그런 까닭에 '자연'을 버리고 '명교'를 해결하려고 한다면 결국 실패하게 된다. 사실 왕필의 귀무론/본무론 현학사상에서 언의지변, 유무지변, 숭본식말은 모두 이러한 논리로 일관하여 전개된다.

---

44 같은 책, 제40장. "天下之物, 皆以有爲生. 有之所始, 以無爲本. 將欲全有, 必反於無也."

45 『老子指略』. "蓋舍本而攻末, 雖極聖智, 愈致斯災, 況術之下此者乎!"

46 胡孚琛·呂錫琛, 『道學通論-道家·道教·丹道』, 185쪽.

'숭본식말'에서 '본'은 '일'이고, '말'은 '다'이다. 그렇다면 왜 근본을 숭상하여 말단을 쉬게 할 수 있는가?

> 만물은 형체가 다양하지만 그 돌아가는 바는 하나이다. 무엇으로 말미암아 하나가 되는가? 무로 말미암기 때문이다.[47]

'일'은 만물이 존재할 수 있는 근거이다. 그런데 '말'은 '다'로 수많은 각각의 일과 사물로 이루어져 있다. 따라서 만사만물이 만사만물로 존재하는 것처럼 다양한 원인들이 존재할 수밖에 없다. 그러므로 '말'에 서서 현실 문제를 해결하려고 한다면 언제나 당면한 문제에 대해 그때그때 임시방편적인 처방만을 할 수밖에 없게 된다. 그런데 이러한 방법은 결코 '말단을 쉬게[息末]' 할 수 없다. 그런 까닭에 왕필은 그 대안으로 '근본을 높이는[崇本]' 방법을 제시한 것이다. 왕필이 제시한 방법은 어떤 사태가 발생한 뒤에 말단에서 문제를 해결하기에 급급해 할 것이 아니라 그 문제의 근본에 서서 본질적으로 해결할 수 있는 해결책을 찾으라는 의미이다. 왕필의 관점에 의하면 우리가 어떤 문제를 해결할 때 그 문제의 근본에서 해결책(本)을 제시한다면 복잡다단한 말단의 문제(末)를 좀 더 쉽게 해결할 수 있을 것이다.

3. 철학적 의의 및 평가

왕필철학의 귀무론/본무론은 이전의 우주생성론이 아닌 본체론의 각도에서 유무의 관계를 논의한 것이다. 왕필의 현학은 허무주의가 아니라 어디까지나 치국의 문제를 중심으로 전개된 것이다. 따라서

47 『老子注』 제42장. "萬物萬形, 其歸一也. 何由致一, 由於無也."

왕필의 현학은 적극적인 정치철학이다.[48]

왕필의 현학사상은 한대 경학이 문자의 해석에 빠진 사장지학(詞章之學)과 천인감응에 기초한 유학의 형이상학에 대해 비판적이었다. 그는 노장철학의 형이상학 이론, 득의망언의 방법론과 유가의 의리학(義理學)을 결합하여 귀무론/본무론의 형이상학을 완성하였다. 왕필은 그의 현학사상을 통해 숭본식말이라는 새로운 이론 체계로 본체와 현상, 체와 용, 자연과 명교의 문제를 해결하려고 하였다. 결국 왕필의 현학사상은 형이상학적 이론(천도)을 통해 현실문제(인사)를 풀기 위한 것이다.

48 王曉毅, 『王弼評傳』, 16쪽.

■ 토론 주제

1. 언어는 대상을 표현할 수 있는가?
2. 유(有)와 무(無)의 관계는 무엇인가?
3. 귀무론/본무론의 정치적 의미는 무엇인가?

■ 참고문헌 및 더 읽어야할 책

정세근, 『위진현학』, 예문서원, 2001.

정세근, 『도가철학과 위진현학』, 예문서원, 2018.

김백희, 「논어석의에 나타난 왕필 경학의 현학적 성격」, 순천향대학교, 『인문과학논총』 제30집, 2011.

이원태, 「왕필의 역해석에 나타난 應變과 인간의 행위」, 한국도교문화학회, 『도교문화연구』 13, 1999.

제11장

지의·법장·혜능, 수·당시대의 불교

1. 시대적 배경

인도에서 발생한 불교가 중국에 정착하기까지는 오랜 세월이 걸린다. 불교가 전래된 것은 기록에 의하면 기원후 1세기경인 한나라 때이지만, 불교를 신앙하고 연구하여 교단으로까지 발전시킨 것은 수나라와 당나라 때가 되어서이다. 한나라가 분열되기 시작할 무렵인 위진남북조 시대에 본격적으로 연구되기 시작한 불교가 인도적인 색채를 벗어나 중국의 독자적인 불교, 곧 중국불교(中國佛教)를 형성하기까지는 수 백 년의 시간이 필요했다.

위진남북조시대의 격의불교(格義佛教) 시기를 지나 수·당대에 이르면, 수 백 년에 걸쳐 도입된 다양한 불교사상을 총괄하는 해석학적 체계인 교상판석(教相判釋)이 확립된다. 또한 자신들 종파의 독자적인 교학 체계를 정비하고, 그 우월성을 주장하는 종파불교(宗派佛教)가 성행한다. 그 대표적인 것이 중국불교의 정화라고 할 수 있는 천태종(天台宗)과 화엄종(華嚴宗), 선종(禪宗)이다. 지의(智顗, 538-597)가 체계화한 천태종과 법장(法藏, 643-712)이 집대성한 화엄종은 사변적인 철학사상을 위주로 하는 교종(教宗)이라면, 선종은 혜능

(慧能, 638-713)에 의하여 실천적인 수행론 체계를 구축한다.

길장(吉藏, 549-623)을 중심으로 한 삼론종(三論宗)은 인도의 중관사상(中觀思想)을 중국적으로 재구성하고, 현장(玄奘, 602-664)과 규기(窺基, 632-681)가 체계화한 법상종(法相宗)은 인도의 유식사상(唯識思想)을 중국에 전했다. 삼론종과 법상종은 인도 불교를 수입하여 그 의미를 정확히 전달하려고 노력하지만, 인도적 색채가 강한 삼론종과 법상종은 중국에서 큰 호응을 받지 못한다. 인도와는 달리 현세적이고 낙관적인 세계관을 지닌 중국에서는 현실에서 바로 진리를 발견하려는 천태종과 현상 그대로에 이미 진리가 구현되어 있다는 화엄종의 철학이 번성한다. 한편 실천불교로서는 단번에 깨달음을 얻을 수 있다는 선종이 대중적인 지지를 받는다.

2. 지의와 천태종

분열기인 남북조시기의 끝 무렵과 통일제국 수나라시기에 활동했던 지의(智顗)는 6세기의 중국불교를 대표하는 불교사상가이다. 지의는 남방의 형주 출신으로 생애의 많은 시간을 강의에 보냈지만, 실천 수행에도 열성적이었다고 한다. 지의에 의하여 체계화된 천태종(天台宗)은 송(宋)·원(元)·명(明) 시대에 걸쳐 중국의 종파불교를 대표한다.

천태종은 최초의 체계적 종파로서 이론과 실천 측면 모두에서 중국불교 형성의 기초를 제공한다. 천태종은 『법화경(法華經)』을 최고의 궁극적 진리를 설하는 가르침으로 보며, 다양한 불교 교의를 종합한다. 지의는 삼제설(三諦說), 십계호구설(十界互具說), 일념삼천설(一念三千說) 등으로 현실을 중시하는 가운데 진리를 발견하는 천태종의 세계관을 정립하는 한편으로, 원돈지관(圓頓止觀)과 일심삼관

(一心三觀) 등의 수행법으로 실천적 체계 또한 정비한다.

1) 삼제설

천태종은 중관학파의 공성(空性, śūnyatā)에 기초하여 삼제설(三諦說)이라는 진리관을 전개한다. 유가행파와 함께 인도 대승불교의 대표적 사상인 중관학파는 『반야경』을 근거로 공관(空觀)과 이제설(二諦說)을 중심사상으로 하여 전개되었다. 이러한 중관학파의 사상을 중국에 그대로 전수하려고 노력한 것은 삼론종(三論宗)이지만, 다른 한편에서 중관사상을 중국적으로 전개한 것이 바로 천태종이다. 천태종은 인도불교에서 찾아 볼 수 없는 삼제설을 통하여 중도(中道)에 대한 새로운 이해를 제시한다.

중관학파의 대표적 사상가인 나가르주나(Nāgārjuna)는 모든 존재는 고유한 자성이 없다는 공(空)의 칼날로 실체론적(實體論的) 사유를 타파한다. 어떠한 고정불변의 실체가 없기에 모든 현상은 변화하며 드러날 수 있다는 연기론적(緣起論的) 사유는 이러한 공사상에 기반한 것이다. 그러나 이러한 인도 중관학파의 공의 의미를 중국인들이 이해하기에는 오랜 시간이 걸렸다. 현학(玄學)의 개념에 맞춰서 불교의 의미를 이해하고자 한 격의불교 시기에는 쑨야(śūnya)를 도가(道家)의 무(無)로 번역하지만, 원래 산스크리트어 쑨야가 갖고 있는 고정 불변의 실체를 부정하는 의미가 허무적 없음으로 잘못 이해되는 등의 문제가 발생한다.

실체를 부정하는 공의 의미가 제대로 중국에 전달된 것은 5세기 초에 장안(長安)에 들어온 인도 출신 구마라집(Kumārajīva, 344-413)과 중국인 제자 승조(僧肇, 384-414)에 의해서였다. 해공제일(解空第一)이라고 불렸던 승조는 격의불교에 의하여 잘못 전달되었던 공의 의미를 본래적 의미에 합치하게 전달하며, 본격적으로 중국인들이 불교적 진리를 이해할 수 있게 했다. 이러한 승조의 공에 대한 이해를 길장과 지의가 계승하여 발전시키며, 수·당시대에 삼론종과 천태종이 성립한다.

공(空)의 의미를 중심으로 전개된 중관사상의 진리관이 이제설(二諦說)이다. 이제(二諦)는 출세간의 궁극적 진리를 의미하는 진제(眞諦)와 세속적 진리를 의미하는 속제(俗諦)의 두 가지 진리를 말한다. 5-6세기 중국불교도들 사이에서는 유(有)를 속제, 무(無)를 진제로 보며 이제설을 이해하려 한다. 하지만 한역(漢譯)의 유와 무는 현상과 절대, 영원과 허무 등의 모호한 이원성을 의미하기도 하므로, 이러한 이제설 이해에는 많은 오류가 발생하게 된다.[1] 또한 유무 구도에 의한 이제설 이해는 본래 중관철학이 해체하려는 이원적 대립 구도를 역설적으로 함의하는 문제가 있게 된다. 지의는 이러한 유무 구도에 의한 이제설 이해에서 발생하는 문제점을 해소하고자 새로이 삼제설을 전개한다.

삼제설은 나가르주나의 『중론(中論)』 "연기하는 것을 공(空)이라고 말한다. 이것은 가명(假名)이고, 바로 중도(中道)이다."는 게송에 근거한다. 「관사제품(觀四諦品)」의 이 게송은 공제(空諦)와 가제(假諦) 모두가 중도라는 의미로, 본래 진제와 속제라는 두 개의 범주를 말하는 것이다. 그렇지만 지의는 이것을 공(空)·가(假)·중(中)의 세 가지 범주로 나눈 삼제설에 의하여 실재를 해명한다.

삼제(三諦)는 모든 것은 실체가 없는 공이라는 부정적 측면의 공제(空諦), 실체는 없지만 인연에 따라서 임시로 존재하는 긍정적 측면의 가제(假諦), 공제와 가제의 어느 쪽으로도 치우치지 않고 고차

1 Paul L. Swanson, 김정희 역, 『천태불교의 철학적 전개: 이제론의 중국적 전개』, 씨아이알, 2015, p.20.

원적으로 통합한 진리로서의 중제(中諦)의 세 가지를 말한다. 이 세 가지 진리는 상즉하며 아무런 모순 없이 원만하게 녹아든다고 하는데, 이를 삼제원융(三諦圓融)이라고 한다. 지의가 시도한 이러한 유무의 이원론을 넘어선 삼제설은 인도 중관학파의 진리관인 이제설을 중국적인 것으로 확장하는 한편으로, 천태학을 통일된 체계로 구축하는 중요한 틀을 마련한 것이다.

2) 십계호구설과 일념삼천설

천태종에서는 모든 것의 상태를 열 가지 범주로 파악한다. 이것을 십여시(十如是)라고 한다. 십여시란 외적인 양상[相], 내적인 성질[性], 내외를 합친 전체[體], 잠재력[力], 작용[作], 원인[因], 조건[緣], 인연에 의한 결과[果], 결과가 표출된 과보[報], 이러한 아홉 개가 연관하여 일관되게 존재하는 것[本末究竟]이라는 10가지의 이러함[如是]으로 모든 존재와 현상을 인식하는 원리를 말한다. 십여시에는 모든 존재와 현상의 그러함은 실체가 없는 공(空)이고, 임시로 드러난 가명(假名)일 뿐이고, 이를 중도(中道)라는 사실, 곧 천태의 진리관인 공·가·중의 삼제설이 적용되고 있다.[2] 공(空)이기에 연기(緣起)한다는 관계론으로 세계를 보는 관점이 바로 십여시이다.

천태종은 부처세계에서 지옥세계까지의 존재계를 열 가지 층위로 상정한다. 이는 소승불교의 지옥, 아귀, 축생, 아수라, 인간, 천상의 6단계에 대승불교가 제시한 성문, 연각, 보살, 부처의 4단계를 추가한 것으로 이를 십계(十界)라고 한다. 십계는 범부와 성자 사이의 임시적이지만 실제적인 차이를 계층적으로 구분하여 10개의 경계를 구성한 것으로, 그 근저에는 대승불교의 공관(空觀)이 자리하고 있다.

---

2 田村芳朗, 이영자 옮김, 『천태법화의 사상』, 민족사, 1989, p.87.

지의는 이러한 사유 방식을 십계호구설(十界互具說)로 체계화한다. 십계 각각에는 다시 십계를 서로 각각 포함하고 있다는 세계관으로서 각각의 세계는 상호 침투·융합이 가능하다는 이론이 십계호구설이다. 십계의 중간 단계에 자리 잡은 인간은 악하게 살면 지옥으로도 떨어지고, 지극히 선해지면 부처 세계로 상승할 수도 있는 유동적인 존재다. 부처세계에도 지옥세계가 갖추어져 있다는 것이 천태사상의 커다란 특징으로, 이는 부처에게도 악(惡)이 존재하는가의 문제와도 연관된다.

천태종은 지고한 존재인 부처의 마음에도 있는 악(惡)의 실태를 구명하여 중생 구제의 적극적 역할을 규명한다.[3] 지의는 부처에게도 본성으로서의 선(善)과 악(惡)이 모두 존재한다고 언명한다. 본성으로서의 악을 갖추고 있더라도 악으로부터 자유로운 존재가 부처라고 한다. 악을 치유하는 존재가 부처이고, 악을 치유하기 위해서는 부처도 악을 알고 악에 자재해야 한다는 관점이 투영되어 있다. 이러한 관점은 본래 선과 악은 단절되지 않고 밀접하게 관련한다는 선악상즉(善惡相卽)의 논리에 기초한다. 가장 악랄한 지옥 중생을 구제할 수 없다면, 부처도 부처일 수 없다는 통찰을 드러내며 천태종 본성론의 특징을 보여준다.

천태종의 총합적 세계관은 한 생각에 우주의 온갖 것이 들어있다는 일념삼천설(一念三千說)로 귀결된다. 한 찰나의 생각 곧 일념(一念)에 우주만유가 갖추어져 있다는 유심적(唯心的) 세계관이 일념삼천이다. 여기서 삼천(三千)은 십법계에 십여시와 중생세간·국토세간·오음세간의 세 가지 세간을 곱한 수로 온 우주 전체를 의미한다. 전체 우주의 상태와 한 생각이 상즉·상관하여 일체가 되어있는 사태

---

3 荒木見悟, 조성을 옮김, 『중국사상사』, 이론과실천, 1986, p.203.

를 말하는 것이 바로 일념삼천이다. 『마하지관(摩訶止觀)』에서는 "마음이 모든 법이고, 모든 법이 마음이다."고 하며, 한 생각과 온 우주와의 관계를 해명한다. 지의가 『법화경』을 연구하여 밝힌 이러한 교설은 화엄종의 삼계유심설(三界唯心說)과 통하고 있다.

3) 원돈지관과 일심삼관

천태종은 중국의 이론 불교를 대표하지만, 한편으로 부처의 세계를 실현하는 수행론도 강조한다. 지의는 이론과 실천을 겸비한 인물로, 그의 실천론은 원돈지관(圓頓止觀)으로 요약할 수 있다. 지(止)는 마음을 집중하여 산란과 동요를 멈추는 것을 말하고, 관(觀)은 지혜로써 모든 현상을 통찰하는 것을 말한다. 주관과 객관 모두 실체가 없는 공이라는 대승불교의 진리관에 기반하여 완전한 깨달음을 단번에 성취한다는 원돈지관을 제법의 실상을 체득하는 실천 방법으로 제시한다.

원돈지관은 처음부터 바로 일체제법의 실상(實相)을 보게 하는 수행법이다. 이 수행법은 모든 존재와 현상은 자성이 없는 공으로서 연기하여 드러난 임시적인 중도라는 사실을 대승불교의 상즉적 세계관에 기반하여 체계화하고 있다. 모든 것은 적연(寂然)하지만, 항상 비추고 있는 사실을 지(止)와 관(觀)의 불이(不二)로서 단번에 보는 것으로서, 실천자 누구나가 직접 대승불교의 진리를 바로 터득하게 설계한 것이 바로 원돈지관이다. 이러한 원돈지관법에 의하여 체득되는 내용은 역시 공(空)·가(假)·중(中)의 삼제(三諦)이다.

『마하지관』에서는 원돈지관을 가능하게 하는 삼지(三止)와 삼관(三觀)에 대하여 풀이한다. 삼지와 삼관은 그 내용을 천태의 진리관인 삼제(三諦)에 두고 있다. 우선 삼지는 모든 존재가 인연화합으로 이루어진 공임을 알면 모든 망상이 쉬게 된다는 체진지(體眞止), 중생의 병과 약을 분별하여 마음을 속제 가운데 편안히 머물게 하는 방편수연지(方便隨緣止), 속과 공으로 치우친 양변을 떠난 식이변분별지(息二邊分別止)이다.

삼관은 가(假)에 들어가 공(空)의 진리를 보는 종가입공관(從假入空觀), 공(空)에 따라 가(假)로 들어가는 종공입가관(從空入假觀), 공(空)과 가(假)의 두 극단을 모두 떠나는 중도제일의제관(中道第一義諦觀)이다. 곧 공관(空觀)은 상식적으로 실제로 존재하는 것처럼 보이는 것도 본래 실체가 없다고 보는 것이고, 가관(假觀)은 본래 공이지만 연기하여 존재하는 현실을 직시하는 것이다. 이러한 공관과 가관을 떠나서 집착 없이 진리를 체현하는 것이 중도관(中道觀)이다.

삼지와 삼관은 모두 그 내용을 공·가·중 삼제에 두고 있다. 지의는 이러한 삼지·삼관·삼제의 뜻은 모두 한 마음에 갖추어져 있어서, 실제로 한 마음을 잘 관찰하는 일심삼관(一心三觀)의 수행을 통하여 체험으로 얻을 수 있다고 말한다. 이러한 삼지, 심관 및 일심삼관은 법안종(法眼宗)과 같은 선종의 수행법에 커다란 영향을 준다. 선종이 설하는 좌선(坐禪)에는 천태지관의 영향이 드러난다.[4] 도신(道信)의 『입도안심요방편법문(入道安心要方便法門)』, 영가현각(永嘉玄覺)의 『선종영가집(禪宗永嘉集)』 등에는 천태종의 좌선법에 대한 이해가 깊게 배어있다. 또한 천태종의 지관법은 당나라 시대에 융성했던 화엄종에도 큰 영향을 주었다. 화엄종의 법장은 『대승기신론(大乘起信論)』의 지관(止觀) 해석을 지의의 『소지관(小止觀)』에 크게 의지했고, 교선일치(敎禪一致)를 추구했던 징관(澄觀)이나 종밀(宗密)에게서도 수행법에 관하여는 천태지관의 영향이 크게 드러난다.[5]

---

4 關口眞大, 『천태지관의 연구』, 민족사, 2007, pp.343-5.

3. 법장과 화엄종

『화엄경(華嚴經)』을 완전한 가르침으로 보며 연구하여 유심연기(唯心緣起), 사사무애(事事無礙) 등의 사상체계로 발전시킨 것이 화엄종(華嚴宗)이다. 화엄종은 북쪽 지방에서 발달한 지론종(地論宗)과 섭론종(攝論宗)의 교학을 수용하고, 현장(玄奘)과 규기(窺基)의 법상종(法相宗)에 자극을 받아서 당나라 초기에 성립한다. 천태종과 함께 중국 불교학의 쌍벽을 이루는 화엄종의 사상은 이후의 동아시아불교사상의 주류로 자리한다.

중국 화엄종의 초조 두순(杜順, 557-640)은 이론가라기보다는 실천가였고, 제2조 지엄(智儼, 602-668)이 본격적으로 화엄학의 체계를 수립한다. 지엄의 제자였던 법장(法藏)이 화엄학을 집대성하고, 실질적으로 화엄종을 창시한다. 중국불교사에서 법장이 활약하던 시기는 신유식학(新唯識學) 계열의 법상종(法相宗)이 성행하던 시기였다. 법장은 화엄오교판(華嚴五教判), 삼성동이의(三性同異義), 십중유식설(十重唯識說) 등의 논의를 통하여 당시 종파적으로 경쟁관계였던 법상종의 교학을 극복하며 중국화 된 이론불교 체계를 구축한다.

1) 화엄오교판

지엄은 『화엄경』을 최고의 궁극적 가르침으로 하는 화엄오교판(華嚴五教判)을 수립한다. 법장은 스승 지엄의 화엄오교판 체계를 계승하며, 화엄종의 가르침이 여타의 제교와 차별되는 특별하고 궁극적인 가르침이라고 선양하는 이론을 전개한다. 법장은 다양한 불교 교의(教義)를 소승교(小乘教), 대승시교(大乘始教), 종교(終教),

5 오지연, 『천태지관이란 무엇인가』, 연기사, 2013, p.245.

돈교(頓教), 원교(圓教)의 5단계로 구분한다. 또한 가르침이 나타내는 이치를 기준으로 10개의 종파를 구분한다. 이러한 법장의 해석학적 구상에 의해서 화엄종의 교의와 조직체계가 정비된다.[6]

대승불교는 기본적으로 공(空) 사상을 전제로 세계를 설명한다. 그러기에 5교에서 대승으로 분류되는 대승시교, 종교, 돈교, 원교 모두 공성(空性)을 기본적인 전제로 한다. 대승시교는 무자성(無自性) 공(空)을 전제로 발생하는 현상 세계의 생멸에 관심을 두는 유식사상계열이고, 대승종교는 여래장사상계열로 원리와 현상이 융통하여 걸림이 없는 입장에서 세계의 전개를 설명한다. 돈교는 일념불생(一念不生)의 경지를 깨달음으로 보는 가르침으로서 공(空)의 이념을 끝까지 밀고 나가며, 어떠한 개념적 사고를 용납하지 않고 직관을 중시한다. 원교는 『화엄경』을 궁극의 절대적인 가르침으로 보는 화엄교의 입장으로서 진여(眞如)에 토대하여 일즉일체(一卽一切) 상즉상입(相卽相入)의 논리로 중중무진(衆衆無盡)의 세계를 적극적으로 설명하는 가르침이다. 5교는 화엄원교를 정점으로 상승적인 구조로 배열되며, 오교판의 화엄원교는 십종판의 원명구덕종(圓明具德宗)으로 최고의 가르침을 담고 있는 화엄종을 의미한다.

법장의 교판에서는 현장과 규기의 유식불교를 법의 현상 측면만을 중시한 가르침으로 대승의 시작 단계에 불과한 것이라며 화엄보다 아래 단계에 둔다. 또한 『화엄경』을 별교(別教)라고 하여 동교(同教)인 『법화경』보다 특별하다고 본다. 당시 부흥하기 시작한 선종도 돈교로 한정하여 화엄종보다 열등한 것임을 명확히 한다. 이러한 법장의 해석학적 구상에는 화엄종을 최고로 간주하는 종파주의적 의

---

6 오교십종판(五教十宗判)과 관련한 자세한 논의는 竹村牧男, 조배균 역, 『화엄이란 무엇인가』, 씨아이알, 2019, pp.164-185 참조.

도가 드러나는 한편으로, 다양한 다른 불교 사상을 통합하려는 의도도 함께 담겨 있다.

2) 삼성동이의

화엄학의 체계를 정립한 법장의 대표 저작인 『화엄오교장(華嚴五敎章)』「삼성동이의(三性同異義)」에서는 유식학의 중심사상인 삼성설(三性說)을 논의한다. 인도 유식학파가 존재의 모습을 파악하는 세 가지 관점인 삼성(三性)은 미혹한 세계의 모습인 변계소집성(遍計所執性), 다른 것에 의지하여 연기한 모습인 의타기성(依他起性), 깨달음의 세계 본연의 모습인 진여성(眞如性)을 말한다. 법장은 삼성(三性) 각각에 공유(空有) 관계인 육의(六義)를 상정하는 방식을 통하여 유식학의 삼성설 이해를 해체하여 재구성한다.

'육의(六義)'는 진여성에 〈불변(不變, 변하지 않음), 수연(隨緣, 조건에 따름)〉, 의타기성에 〈무성(無性, 본성이 없음), 사유(似有, 임시로 있음)〉, 변계소집성에 〈이무(理無, 원리로 없음), 정유(情有, 미혹한 마음에 있음)〉의 여섯 가지를 말한다. 곧 육의는 삼성 각각이 공유(空有)의 두 가지 측면으로 구분된 것이다.[7] 유식학이 중관학의 '이제(二諦)'와 다르게 '삼성(三性)'을 상정하지만, 화엄학은 공유상즉(空有相卽)의 관점에서 삼성(三性)을 육의(六義)로 나누어 삼성 사이의 동일성과 차이를 제시한다.

『화엄오교장』은 불변·무성·이무의 본삼성(本三性)과 수연·사유·정유의 말삼성(末三性)의 대립과 모순 속에서 진여성·의타기성·변계소집성이 동일한 하나의 영역에 속하는 사실을 논증한다. 곧 '삼성일제(三性一際)'는 진여성, 의타기성, 변계소집성의 세 가지는 하나의

7 木村淸孝, 정병삼 외 옮김, 『중국화엄사상사』, 민족사, 2005, pp.158-9.

동일한 사태라는 의미지만, '삼성'은 세계를 보는 세 가지 관점으로 세계의 다양한 차별적 모습을 설명하는 것이기도 하다.

〈불변, 수연〉, 〈무성, 사유〉, 〈이무, 정유〉 각각의 상대개념 사이에는 상망(相望) 관계를 맺고 있다. 불변·무성·이무의 본삼성을 근저로 하며 수연·사유·정유의 말삼성은 연기로 드러난 일체제법의 차이의 상태를 표출할 수 있는 구도를 갖고 있다. 의타기를 기준으로 연기하여 드러난 일체제법이 허망한 것임을 아는 것이 연기법을 제대로 보는 진여성이고, 그렇지 않고 드러난 일체제법을 분별계탁하여 실제로 있는 것으로 잘못 생각하는 것이 변계소집성으로, 삼성 사이에는 질적인 차이가 유지되고 있다.

그리하여 이러한 삼성일제(三性一際)에서는 진실과 미망의 세계가 걸림이 없어지고, 본성과 현상의 세계가 걸림이 없어지고, 원리와 사태의 세계가 걸림이 없어진다. 삼성일제 논증은 이사무애(理事無礙)를 근저로 하여 사사무애(事事無礙)가 가능한 무대를 마련한다.[8] 사사무애는 사상(事象)과 사상(事象)이 어떠한 걸림도 없이 원만하게 관계하고 있다고 세계를 파악하는 것으로, 이러한 사사무애 법계연기설의 공간이 삼성동이 논의로 구축된다.

3) 십중유식설

법장이 『화엄경』의 삼계유심설(三界唯心說)에 근거하여 유식의 의미를 열 가지 단계로 조직한 것이 십중유식(十重唯識)이다. 『화엄경』 「십지품(十地品)」에는 "삼계허망 단시심작(三界虛妄 但是心作)" 곧 욕계(欲界)·색계(色界)·무색계(無色界)에 속하는 것은 모두가 이

8 조배균, 「『화엄오교장』 「삼성동이의」에서 법장의 구상」, 『범한철학』 제69집, 범한철학회, 2013, pp46-8.

마음뿐이라는 구절이 등장한다. 유식학파는 『화엄경』의 이 구절을 근거로 자신들의 유식 사상을 전개한다. 법장도 『화엄경탐현기(華嚴經探玄記)』에서 이를 '유식(唯識)'이라고 칭하며, 십중유식 논의를 전개한다. 이러한 법장의 십중유식 논의는 규기의 오중유식설(五重唯識說)을 모델로 하는 것이다.

십중유식을 하나하나 간략히 열거하면, ① 대상 측면인 상분(相分)과 주관 측면인 견분(見分)이 함께 존재하는 상견구존유식(相見俱存唯識), ② 상분을 포섭하여 견분으로 귀속시키는 섭상귀견유식(攝相歸見唯識), ③ 마음의 작용인 심소(心所)를 포섭하여 마음의 본체인 심왕(心王)으로 귀속시키는 섭수귀왕유식(攝數歸王唯識), ④ 지말을 근본으로 귀속시키는 이말귀본유식(以末歸本唯識), ⑤ 현상을 포섭하여 본성으로 돌아가게 하는 섭상귀성유식(攝相歸性唯識), ⑥ 진여를 전변하여 현상 세계를 성립시키는 전진성사유식(轉眞成事唯識), ⑦ 이(理)와 사(事)가 함께 원만하게 융합하는 이사구융유식(理事俱融唯識), ⑧ 사(事)들이 융합해도 서로 용납하는 융사상입유식(融事相入唯識), ⑨ 모든 사(事)가 서로 그대로 합치하는 전사상즉유식(全事相卽唯識), ⑩ 제석천의 그물망처럼 무애한 제망무애유식(帝網無礙唯識)이다.

위에서 보듯이 십중유식 논의는 화엄오교판에 따라서 대승시교(①-③), 대승종교·돈교(④-⑦), 별교일승(⑧-⑩)의 유식, 곧 법상유식·여래장·화엄사상으로 분류되어 있다.[9] 법장은 유심설과 관련한 유식 이해에서도 화엄학의 우위를 드러내며, 마음이 어떻게 전개되어 궁극에 이르는지를 심층적으로 보여주는 것이다.[10] 화엄종의 시

9 木村清孝, 정병삼 외 옮김, 『중국화엄사상사』, 민족사, 2005, pp.166-8.

10 竹村牧男, 조배균 역, 『화엄이란 무엇인가』, 씨아이알, 2019, pp.84-95.

각에서 마음의 무한한 전개 구도를 사사무애적 시각으로 포착한 것이 바로 십중유식이라고 할 수 있다.

법장은 오중유식의 명칭과 패턴을 차용하여 십중유식 논의를 전개하지만, 십중유식에는 오중유식과 다른 새로운 의미가 부과되고 있다. 법장의 십중유식설은 원융한 마음의 보편성에 기반하여 현상세계 개개 사물들 하나하나까지도 걸림이 없이 자유롭게 소통할 수 있는 사사무애의 경지를 설하며, 화엄학 법계연기사상을 특별한 최고의 가르침으로 자리매김 시키고 있다.[11] 이러한 법장의 십중유식 논의는 인도불교와는 다른 중국불교의 종파주의적 특징을 잘 보여주는 예시이기도 하다.

4. 혜능과 선종

혜능(慧能)은 중국 선종(禪宗)의 여섯 번째 조사(祖師)이자 실질적 창시자이다. 마음이 본래 부처라고 주장하는 선종 곧 선불교(禪佛敎)는 수·당대의 여러 불교 종파 가운데서도 가장 나중에 성립한다. 선종은 인도불교의 공관(空觀)과 불성(佛性) 사상, 노장(老莊)의 무(無)와 득의망언(得意忘言) 등의 중국 고유 사상을 잘 종합하여 탄생한다. 여러 불교 종파 가운데서도 중국적 색채가 가장 강한 선종은 낙관적이고 현실주의적인 중국인들의 성향이 현저하게 드러나는 실천을 강조하는 불교이다.

선종의 종지(宗旨)는 중국에 선(禪)을 전래한 보리달마(菩提達磨, -520-) 이래, 혜가(慧可, 487-593), 승찬(僧璨, ?-606), 도신(道信, 580-651), 홍인(弘忍, 601-674) 등에 전승된다. 그러다 중국의 선종은 홍

11 조배균, 「십중유식설로 보는 법장의 포월 논리」, 『불교학연구』 제38집, 불교학연구회, 2014, p.287.

인 문하(門下)의 신수(神秀, ?-706)와 혜능(慧能)에 의하여 북종선(北宗禪)과 남종선(南宗禪)으로 나뉘게 된다. 남종선을 대표하는 사람이 혜능으로 그에 의하여 선종의 이론적 기초와 수행체계가 정비된다. 이후 혜능 계열의 남종선은 돈오(頓悟)와 견성(見性)을 특색으로 오가칠종(五家七宗)으로 번성하며 중국선의 주류가 된다.

1) 실천불교로서의 선종

산스크리트어 디야나(dhyāna)를 어원으로 하는 선(禪)은 명상을 의미하고, 명상 체험은 불교가 성립한 이래로 매우 중시되어 왔다.[12] 서역에서 건너온 보리달마는 중국에 이러한 선의 가르침을 전한다. 선은 곧바로 마음을 자각한다는 직지인심(直旨人心), 경전의 가르침에 구애받지 않는 교외별전(敎外別傳) 등의 가르침을 강조한다. 문자에 집착하지 않는 이러한 선의 정신은 경전의 권위나 논리적 언설보다는 스스로의 깨달음을 중시한다. 진리를 깨닫는 것에 있어서도 스승과 제자 사이의 직접적인 만남을 통한 문답의 방식을 취한다. 불교의 핵심을 언어나 문자에 담긴 이론이 아니라 자신의 본래성을 실제로 체험하는 것에 두는 것이다.

선종의 탄생에는 이미 승조(僧肇)의 공(空)에 대한 이해와 노장(老壯)의 득의망언(得意忘言) 사상이 결합되어 있다. 그러기에 선종에서는 도(道)를 언어로 표현할 수 없다고 본다.[13] 언어의 그물에 떨어져서는 결코 불도(佛道)를 얻을 수 없다는 것이 선종의 기본적 입장이다. 『육조단경』에서는 삼세의 모든 부처와 12부의 경전은 인간의 본성 가운데에 본래부터 가지고 있는 것으로, 자신의 마음 안에

12 伊吹敦, 최연식 옮김, 『새롭게 다시 쓰는 禪의 역사』, 대숲바람, 2005, p.9.
13 馮友蘭, 정인재 옮김, 『간명한 중국철학사』, 마루비, 2018, p.411.

선지식(善知識)이 있다는 사실을 알면 바로 해탈한다고 말한다. 이러한 설법은 부처의 가르침이 기록된 경전에 의지하여 진리를 찾아간다는 교종과는 차이가 있다.

혜능 이전에도 중국에 선학(禪學)은 있었지만, 혜능의 선(禪)은 경전이나 교단의 권위로부터 탈피하여 일상에서 스스로의 완전성을 깨닫고자 하는 것이었다. 혜능의 선은 중국과 인도 문화의 융합에 의해 탄생한 전형적인 중국화 된 불교로서, 한편으로 그것은 부처와 경전의 권위를 약화시키고 승려의 일상생활을 변화시킨 개혁적인 실천운동이었다.[14] 혜능에 의하여 체계화된 선종은 직접적인 실천 수행과 자각을 중시하여 이후의 중국불교사에 커다란 영향력을 미치게 된다. 당나라 중기 이후에는 복잡한 이론 체계의 사변적 성격이 강한 천태종과 화엄종 같은 이론불교보다는 일상 속에서 깨달음을 추구하는 선불교와 같은 실천불교가 대중적인 지지를 받는다.

2) 남종선과 돈오

혜능의 설법을 제자들이 기록한 『육조단경』은 당시 중국 선불교가 당면한 여러 문제들에 대한 독창적인 해결책을 제시하고 있다. 『육조단경』에 담긴 신수와 혜능의 마음에 대한 게송은 중국선종사상사에서 북종선과 남종선의 대비되는 세계관을 극적으로 보여준다. 불법에 박학다식했던 신수(神秀)는 점차적 노력을 강조하는 북종의 점문(漸門)을 대표하고, 일자무식이었던 혜능(慧能)은 남종의 돈문(頓門)을 대표한다. 홍인은 법통을 계승할 제자를 뽑아 의발을 전수하기 위해서 제자들에게 깨달은 바를 게송으로 쓰게 한다.

신수는 "몸은 깨달음의 나무요, 마음은 밝은 거울의 받침대와 같다.

14 方立天, 김용섭 옮김, 『중국의 지혜 2』, 청계, 2003, p.35.

때때로 부지런히 털고 닦아서, 티끌이 일어나지 않게 하리라."라는 게송을 지었다. 밝은 거울에 비유되는 마음을 일상생활에서 부지런히 닦아야 청정한 본성이 유지된다는 북종의 입장을 담고 있다. 이 게송에는 일상생활 속에서 계(戒)·정(定)·혜(慧) 삼학(三學)을 꾸준히 닦아서 마침내 깨달음을 얻을 수 있다는 점수적(漸修的) 세계관이 담겨 있다. 이와 대비되는 남종의 입장은 혜능의 게송에 담겨 있다.

혜능은 다음과 같은 게송의 내용을 대신 써달라고 했다고 한다. "깨달음은 본래 나무가 아니고, 밝은 거울에는 받침이 없다. 본래 한 물건조차 없거늘, 어느 곳에 티끌이 끼겠는가?" 이 게송은 일체제법이 본래 공하다는 궁극의 입장에서 무상(無相)으로 유상(有相)을 깨뜨리면서 단계적 닦음을 말하는 점문을 비판한다. 혜능은 마음은 거울이 아니라며, 마음을 비유하여 생기는 어떤 그림자도 인정하려 하지 않는다.

혜능은 불교 수행자가 닦아야 할 근본인 계·정·혜의 삼학에 관해서도 북종의 점문과 다른 입장을 취한다. 『육조단경』에서 삼학을 "마음에 어떠한 갈등이 없어서, 자신의 본래성이 장애 없이 저절로 드러나며 활동해 나가게 하는 것"으로 파격적으로 풀이한다. 혜능은 마음의 의지, 감정, 지식 등과 관련한 수행의 단계나 순서를 강조하기 보다는 주체의 능동적 활동을 강조하며, 주어진 규범이나 특정한 형식에 구애받는 것에서 벗어날 것을 강조한다.

혜능의 남종선은 행주좌와(行住坐臥) 모두 선(禪) 아닌 것이 없다며, 좌선(坐禪)으로 깨달음을 얻는다는 북종선을 비판한다. 혜능은 깨달음을 마음의 본성에 대한 자각에 의한 것이지, 앉는다는 좌선 행위에 있지 않다는 사실을 강조한다.[15] 혜능은 어떠한 집착도 떠난

15 小川隆, 이승연 옮김, 『선사상사 강의』, 예문서원, 2018, p.45.

무념(無念)·무상(無相)·무주(無住) 등의 이념을 통하여 어떠한 속박도 해체해 버린다. 이러한 입장은 이후 중국 선종사에서 주류 전통으로 자리하며, 어떠한 형식에 얽매이지 않으며 구체적인 일상 속에서의 자신의 본성을 깨닫고자 하는 경향으로 전개된다.

혜능은 한순간에 진여본성(眞如本性)을 보는 것이 성불(成佛)이라고 말한다. 『육조단경』에서는 누구나 진여로서의 불성(佛性)을 가지고 있고, 이러한 자신의 참다운 본성은 잘못된 생각을 버리는 순간 단번에 얻을 수 있다고 설한다. 이러한 돈오성불론(頓悟成佛論)은 직관에 의하여 바로 해탈에 들어갈 수 있다는 것이다. 그러기에 노동을 착취당하는 민중 계급에게도 퇴폐한 귀족 계층에게도 단번에 고통의 현실에서 벗어날 수 있다는 깨달음의 수월성을 담보해 주고 있다. 그러한 점은 혜능의 남종선이 당시 사회의 사람들에게 신속하게 전파될 수 있는 주요한 원인이 되었다.[16]

자신의 본래성이 곧 진여임을 바로 깨닫는다는 혜능의 선법(禪法)은 신회(神會) 등을 거쳐, 황벽(黃檗)과 마조(馬祖), 임제(臨濟) 등에 의해서 전승된다. 혜능 계열의 남종선 수행법은 의도적 노력, 곧 유위(有爲)를 떠날 것을 강조한다. 그리하여 황벽은 무심(無心)을 강조하고, 마조는 평상심(平常心)이 도(道)라고 하고, 임제는 자연(自然) 그대로 살아가는 것이 도(道)라고 한다. 이러한 선법에는 무위(無爲)를 강조하는 도가(道家)와 유사한 측면이 있어서, 선종의 중국적 색채를 확인할 수 있는 것이기도 하다.

3) 유심정토

선종과 함께 중국의 실천불교를 대표하는 것이 정토종(淨土宗)이

16 方立天, 김용섭 옮김, 『중국의 지혜 2』, 청계, 2003, pp.39-40.

다. 동아시아 불교에서는 인도불교보다 다양하게 정토(淨土) 개념을 전개시켰다. 선종은 정토는 번뇌가 소멸된 청정한 마음 상태를 말하는 것이지 마음 밖에 따로 정토가 있는 것이 아니라는 유심정토(唯心淨土) 사상을 전개한다. 이에 반해 정토종은 아미타불(阿彌陀佛)의 서방극락세계(西方極樂世界)가 실재함을 말하며, 그곳에서 태어나서 부처가 되기를 발원한다. 정토종은 내세에 가는 정토를 중심으로 전개된다면, 선종은 지금 이 세계를 바로 정토로 만들고자 한다.

수·당시대의 중국불교계에서는 '정토는 어디에 있는가?'라는 문제가 주요 쟁점이었다.[17] 당나라시대 이후에는 서방에 정토가 실재한다는 정토종의 교설은 선종에 의해서 강하게 비판받는다. 혜능은 염불(念佛)에 의하여 극락에 왕생한다고 믿는 이들에게 자신이 본래 부처라는 사실을 강조하며, 자신의 본성을 밝히지 못하는 이들을 어리석은 범부들이라고 본다.

혜능은 『육조단경』에서 "서방에 정토는 없다. 정토는 지금 여기, 그대들의 마음 안에 있다."라며, 서방에 극락정토가 실재한다는 정토종의 교설을 비판한다. 혜능은 무생돈법(無生頓法)을 깨달으면, 극락에 왕생하는 것이 지금 이 자리에서 가능하다고 주장한다. 이른바 이러한 유심정토론(唯心淨土論)은 『유마경(維摩經)』의 "마음이 청정하면 그에 따라 불토가 청정해진다."는 사상에 근거한다. 유심정토는 마음이 모든 것의 근원이라는 사실에 기초해하여 마음이 곧 정토라는 주장으로, 마음에서 부처와 정토를 체험하고 깨닫는 것이다.[18] 정토는 마음이 나타난 것이어서, 마음을 변화시킨다면 중생의 마음 속에서 바로 정토를 볼 수 있다는 것으로, 인도불교의 정토관이 중국

---

17 西本照真, 원영상 역, 『붓다와 정토』, 씨아이알, 2017, pp.310-1.

18 方立天, 황성규 등 옮김, 『중국불교철학 01』, 한국학술정보, 2010, p.392.

불교에서 변모하고 있는 사실을 보여준다.

남종선의 돈교 입장에서 보면, 마음 밖에 실재하는 정토를 세울 수는 없다. 일행삼매(一行三昧)를 강조하는 혜능은 선정(禪定)에 의하여 자신의 마음을 청정히 하고, 순간순간의 생각 속에서 자신의 본래성을 확인하는 것이 곧 부처와 정토를 체험한다고 보는 것이다. 극락정토와 같은 이상향을 외계에 용인하지 않고, 자신의 본래 모습이 부처인 사실을 현성하여 지금 여기를 정토로 실현하는 것이 바로 혜능이 보는 돈교적 정토라고 할 수 있다. 이러한 유심정토 사상은 『아미타경』이나 『관무량수경』 등과 같은 인도불교의 실재론적 정토관념이 중국에 와서 유심론적으로 변화했다는 사실을 의미하는 것이기도 하다.

5. 중국 불교 철학

인도문명에서 형성된 불교가 중국문명과 교섭하며, 새로운 사상·문화체계인 중국불교를 완성시킨 것은 수·당시대였다. 중국불교사로 보면, 수·당 시대는 수 백 년에 걸쳐 전래된 불교 전체를 교상판석이라는 해석학적 구상으로 총괄하며 독자적인 교의 체계를 정비하여 종파불교를 꽃피웠던 시기였다. 그 대표적인 종파인 천태종과 화엄종, 선종 등은 현실을 중시하는 중국불교의 특색을 잘 보여준다. 천태종과 화엄종이 철학적 사변을 중심으로 미망의 현실이 바로 진리의 세계임을 논증했다면, 선종은 바로 이 사실의 체현을 강조했다. 중국적 색채를 더하며 새로운 모습으로 철학적 깊이를 더했던 중국불교는 한편으로 인도불교 본래의 모습에서 멀어지며 불교답지 않은 색깔을 더하게도 되었다. 수·당시대의 중국불교가 개척한 인간과 세계 이해는 송나라와 명나라 시대의 새로운 유학의 발생에 큰 영향을 끼쳤다. 천태종의 부처의 마음에도 본성으로서의 선과 악 모두를 갖추고 있다는 성구설(性具說)은 양명학(陽明學)의 심성론에 깊은 영향을 주었다. 화엄종의 원리와 사상의 세계가 걸림이 없다는 이사무애성(理事無礙說)은 주자학(朱子學)의 이일분수설(理一分殊說)에 영향을 주었고, 선종의 견성론(見性論) 등도 신유학(新儒學)의 수양론에 커다란 영향을 주었다. 불교는 중국인들에게 고도의 철학적 사변과 함께 종교적 위안을 제공하며, 동아시아 한역(漢譯) 문화권에서 새롭고 독자적인 사상체계를 구축했다.

■ 토론 주제

1. 천태종과 화엄종, 선종은 어떤 공통점과 차이가 있는가?
2. 이제설과 삼성설은 중국에서 어떻게 전개되었는가?
3. 불교는 중국의 사상과 문화에 어떠한 영향을 끼쳤는가?

■ 참고문헌 및 더 읽어야할 책

심재룡, 『중국 불교 철학사』, 한국학술정보, 2004.

方立天, 황성규 등 옮김, 『중국불교철학』, 한국학술정보, 2010.

伊吹敦, 최연식 옮김, 『새롭게 다시 쓰는 禪의 역사』, 대숲바람, 2005.

田村芳朗, 이영자 옮김, 『천태법화의 사상』, 민족사, 1989.

竹村牧男, 조배균 역, 『화엄이란 무엇인가』, 씨아이알, 2019.

제12장

주돈이·소옹·장재, 북송의 우주론자들

1. 생애와 시대

북송대 초기에 이르러 새롭게 등장하는 일군의 지식인들은 자신들의 시대를 새롭게 혁신하기 위해 이전과는 다른 사상문화 운동을 전개한다. 사상적으로는 순정한 유학을 복원하고 이념적으로는 이단배제를 통해 불교적 사유를 제거하는 데에 있었다. 이러한 흐름은 당시 북송의 학술적 지반에서 주류를 이루지는 못했지만 이전과는 다른 사상문화를 선도함으로써 새로운 학술세력으로 부상한다. 이들은 사문(斯文)의 전통에서 유학적 진리를 추구한다는 점에서 자신들의 학술을 '도학(道學)'이라 명명하였고, 후에 '도학파'라고 불리게 된다. 북송시대 새로운 학술을 전개했던 도학파는 흔히 구당파로 분류되는 인물들로 주돈이(周惇頤, 1017～1073), 소옹(邵雍, 1011～1077), 장재(張載, 1024～1077), 정호(程顥, 1032～1085), 정이(程頤, 1033～1107)로 대표된다.

이 장에서는 신유학이라는 새로운 학술사조를 창출하였던 북송시대의 도학자 가운데 주돈이, 소옹, 장재의 성리학적인 우주론의 관점을 살펴보겠다.

주돈이(周敦頤, 1011～1077)의 자는 무숙(茂叔)이고, 호는 염계(濂溪)이다. 주위의 사람들은 그를 염계선생으로 불렀다. 염계(濂溪)라는 호는 여산의 시냇가에서 초탈한 삶을 살았던 그의 모습을 떠올리게 한다. 그는 평생 미관말직에 머물렀지만 세속에 얽매이지 않고 유유자적한 삶의 태도를 보여주었는데, 이는 유가적인 군자의 인격을 추구하면서도 도가적인 선객의 풍모를 취하였던 그의 지향과 연관된다. '연꽃'을 사랑했던 주돈이의 인품은 「애련설(愛蓮說)」에서 "연꽃을 꽃 중의 군자"라고 한 표현을 통해 확인할 수 있다.[1]

주돈이의 진면목을 보여주는 에피소드가 『이정유서』(3-21)에 전해진다. 창 앞에 잡초가 무성하게 자랐음에도 주돈이는 잡초를 뽑지 않았는데, 그 이유를 자신의 마음(생의)과 잡초가 다르지 않기 때문이라고 한다.[2] 자신(내면)과 외계의 대상이 둘이 아니라고 본 것이다.

주돈이는 한 때 정호와 정이를 가르쳤다고 알려져 있다. 하지만 정이는 북송의 도학적 흐름을 소옹과 장재, 정호를 통해 확인하고 있으면서도 주돈이를 배제한다. 주돈이가 저술한 「태극도설」도 학술적으로 논란의 여지가 많았다. 그의 학술이 당시 사회문화의 주류를 이루던 도교의 영향을 받았다고 보았기 때문이다. 사실 '태극도'는 원래 도교와 관련된 도상이었고, 그것이 '진단(陳摶)-종방(種放)-목수(穆修)'로부터 주돈이에게 전수된 것이었다.[3] 목수는 소옹에게 상수학을 전해준 인물이기도 하다.

소옹(邵雍, 1011～1077)의 자는 요부(堯夫)이고, 강절(康節)은 시

1 周敦頤, 『周元公集』 卷2, 「愛蓮說」. "予謂菊花之隱逸者也, 牧丹花之富貴者也, 蓮花之君子者也."

2 程顥·程頤, 『二程遺書』 卷3, 「二先生語」 3. "明道先生曰 周茂叔窗前草不除去, 問之, 雲: 與自家意思一般."

3 朱伯崑, 『易學哲學史』 2卷, 北京: 崑崙出版社, 2005, 10～14쪽.

호이다. 그는 사물에 구애되지 않는 초탈한 인품으로 많은 사람들에게 존경을 받았고, 진심으로 학문하기를 좋아하여 '호학지사'로 불렸다. 소옹은 하남 땅에 살다가, 38세에 낙양으로 옮겨 그곳에서 강학하였는데, 너무도 가난하였다. 한겨울에도 불을 피울 난로가 없었고, 한 여름의 더위를 식혀줄 부채조차 없었다. 당시 낙양에는 도학적 학풍을 주도하던 정호·정이 형제뿐만 아니라 장재도 강학하였고, 이들은 서로 교유하였다. 소옹은 사마광(司馬光), 부필(富弼) 등 낙양의 당대 명사들과도 친교를 맺는다.

소옹의 저술에는 『황극경세서』와 『격양집』이 있다. 소옹의 학문적 색채는 도교적 경향이 엿보인다. 그는 도교적 상수가인 북해의 이지재에게서 상수학을 전수받는다. 그리고 이 상수학을 도학으로 유입하여 도상학(圖象學)과 수학(數學)의 결합한 독창적인 선천 상수학을 정립한다.

장재(張載, 1024～1077)는 자(字)가 자후(子厚)이고, 장안(長安) 출신이지만 섬서성(陝西省) 미현(郿縣)의 횡거진(橫渠鎭)에서 오랜 동안 강학을 하여 횡거(橫渠) 선생이라 불린다. 사회적 갈등과 변란의 현상에 관심이 많았던 장재는 초기에 불교의 가르침과 도교의 서적들을 탐독하지만 탈세간적인 이론이 갖는 한계를 발견한다.

장재의 인생에서 전환점을 이루는 사건은 21세 때 당시 섬서초토부사(陝西招討副使)로 있던 범중엄(范仲淹)을 만나 『중용』 공부를 권유 받은 일이라고 할 수 있다. 이후 장재는 북송 초기의 새로운 도학적 학술 분위기를 수용하고 유가 경전에 대한 학습을 통해 인간과 자연을 통합적으로 파악할 수 있는 철학적 개념을 모색하게 된다.

장재는 『예기』의 한 편명에 불과 했던 『중용』과 『주역』에 대한 학습을 통해 유(有)에 근간하는 유가적 형이상학의 체계를 모색하고, 『맹자』를 통해 사회적 실천윤리로서의 '도덕과 의리'를 인성론의 측면에서 탐구하게 된다. 이러한 과정을 통해 장재는 중국의 문화적 전통에서 상식적으로 받아들여졌던 '기론(氣論)'을 자기 철학의 핵심 개념으로 설정하여 만물의 근원과 현상사물의 변화 운동을 설명해 내고, 공(空)과 무(無)를 주제로 한 불교와 도교를 강력하게 비판하는 기철학을 체계화 한다. 기를 중심으로 유가사상을 재해석하는 장재의 철학은 우주자연의 근거와 변화 현상, 그리고 인간의 규범적 원천에 대해 일관되고 통일적인 설명을 시도한다.

2. 주요 사상

1) 무극이태극 그리고 도

성리학의 우주론을 대표하는 태극에 대한 학술적 토론은 위진남북조 시기에 나타나기 시작한다. 이 시기에는 현학과 도교의 성행으로 태극은 혼연한 원기와 같은 것으로 논의되어 왔는데, 태극과 무극에 대한 본격적인 논의는 북송의 도학자 계열에서 나타나고 있다.

이러한 태극론에 관한 북송시대의 흐름을 열었던 인물이 주돈이다. 그는 『태극도설』을 통해 우주의 발생으로부터 인간과 사회의 구성원리를 일원적으로 설명하고 있다. 주돈이의 『태극도설』을 편의상 구분하면 대체로 10개의 문장으로 나눌 수 있다.

> 무극이면서 태극이다.
>
> 태극이 움직여 양을 낳고, 움직임이 극단에 이르면 고요하다. 고요하여 음낳고, 고요함이 극단에 이르면 다시 움직인다. 한번 움직이고 한번 고요함이 서로 뿌리가 된다. 음으로 나뉘고 양으로 나뉘어 양의가 정립된다.
>
> 양이 운동하고 음이 따라서 수화목금토를 낳는다. 다섯 가지 기가

순리에 따라 펼쳐져 사계절이 운행된다.

오행은 하나의 음양이고 음양은 하나의 태극이며, 태극은 본래 무극이니, 오행의 생성에 각각 그 성을 하나씩 가진다.

무극의 진실함과 음양 오행의 순수함이 오묘하게 결합하여 응취한다. '하늘의 도는 남성을 이루고 땅의 도는 여성을 이룬다.' 두 기가 교접하고 감응하여 만물을 화생한다. 만물이 낳고 낳으니 변화가 끝이 없다.

오직 사람만이 그 빼어난 것을 얻어 가장 영명하다. 형체가 생겨나서 정신이 지각을 일으켜 오성이 감응하고 움직여 선과 악이 나뉘고 온갖 일들이 나온다.

성인은 중(中)·정(正)·인(仁)·의(義)로 안정시키되 (성인의 도는 인의중정일 뿐이다) 고요함에 중심을 두어 (욕심이 없기 때문에 고요하다) 인극을 정립하였다. 그러므로 '천지와 더불어 그 덕을 합하고, 일월과 더불어 그 밝음을 합하며, 사시와 더불어 그 질서를 합하고, 귀신과 더불어 그 길흉을 합한다.'

군자는 그것을 수양하기 때문에 길하고 소인은 그것을 어기기 때문에 흉하다.

그러므로 "하늘의 도를 정립하여 음과 양이라 하고, 땅의 도를 정립하여 부드러움과 굳셈이라 하며, 사람의 도를 정립하여 인과 의라고 한다"라고 하였다. 또 "시초를 추구하고 끝을 되돌아봄으로써 죽음과 태어남의 이치를 안다"라고 하였다.

위대하다 역(易)이여! 이에 지극하다.[4]

---

4 『太極圖說』. "無極而太極, 太極動而生陽, 動極而靜. 靜而生陰, 靜極復動. 一動一靜, 互爲其根. 分陰分陽, 兩儀立焉. 陽變陰合, 而生水火木金土. 五氣順布, 四時行焉. 五行, 一陰陽也, 陰陽一太極也, 太極本無極也, 五行之生也, 各一其性. 無極之眞, 二五之精, 妙合而凝. '乾道成男, 坤道成女'. 二氣交感, 化生萬物. 萬物生生, 而變化無窮焉. 惟人也, 得其秀而最靈. 形旣生矣, 神發知矣, 五性感動, 而善惡分, 萬事出矣. 聖人定之以中正仁義(聖人之道, 仁義中正而已矣), 而主靜(無欲故靜), 立人極焉. 故'聖人與天地合其德, 日月合其明, 四時合其序, 鬼神合其吉凶.' 君子修之吉, 小人悖之凶. 故曰 "立天之道, 曰陰與陽, 立地之道, 曰柔與剛, 立人之道, 曰仁與

짧은 이 글은 후대에 엄청난 논란을 불러일으키며 북송시대 우주론을 대표하는 논의로 자리잡게 된다. 여기서 핵심은 첫번째 문장, "무극이면서 태극이다."라고 한 주돈이의 말이 함축하는 것은 과연 무엇이었을까 하는 점이었다. 주돈이를 재해석하면서 성리학의 우주론을 리기론으로 정립한 주희는, "하늘이 하시는 일은 없고 냄새도 없지만 실제로는 조화의 중심축이고 만물의 뿌리이다. 그러므로 '무극이면서 태극이다'라고 말했으니, 태극 밖에 다시 무극이 있는 것이 아니다."라고 해석한다.[5]

주돈이가 '무극'을 '태극' 앞에 설정했던 것은 기론적 입장에 치우친 결과라고 해석될 여지가 있었지만, 주희는 이것을 '태극'을 중심으로 재해석함으로써 '태극으로서의 리'를 도출해 내고 있다. 이러한 관점에서 주희는 "태극에 움직임과 멈춤이 있는 것은 천명이 유행하기 때문"이라고 보면서, "태극이란 본연의 오묘함이고, 동과 정은 태극이 타는 기틀이다."라고 하여 태극생음양의 관점을 제기한다.

주돈이가 『태극도설』에서 제기하려 했던 것이 과연 주희의 해석과 부합하는지의 단정할 수는 없다. 어쨌든 '태극-무극'에 대한 새로운 논의는 북송유학의 우주론적 관점을 개시했다고 하는 점에서 학술적 의의를 갖는다. 소옹의 경우 선천 상수역학의 관점에서 태극과 무극에 대해서 언급하고 있다.

소옹은 「선천도」에서 무극과 무극 이전을 괘로 나누어 설명한다. 「선천도」에서 '곤괘'를 중심으로 보았을 때, 곤괘에서 복괘 사이가 무극이 된다. 그 반대인 곤괘에서 구괘까지가 무극 이전이다. 소옹은 구괘에서 곤괘까지는 음이 양을 포함하고, 복괘에서 건괘까지는 양

義." 又曰 "原始反終, 故知死生之說." 大哉易也, 斯其至矣."

5 곽신환·윤원현·추기연 역, 『태극해의(太極解義)』, 서울: 소명출판, 2009. 참조.

이 음을 나누고 있다고 설정한다. 상이 생기는 복괘에서 '천지의 마음을 본다'고 하는 것은 이 때문이다.

소옹은 『황극경세서』에서 여러차례 태극에 대해서 언급한다. 그러나 태극을 명확하게 규정하지 않고 있다. 명확히 규정되지 않았다는 것은 태극의 의미가 사용하는 문맥에 따라 다양하게 해석될 수 있다는 말이다.

소옹은 태극이 나뉘어져 양의가 된다고 본다. 태극은 정확히 규정되지 않지만, 양의는 음양의 두 기인 것을 확실하다. 소옹은 일기가 나뉘어져 음양의 기가 된다고도 한다. 음양으로 나뉘기 전에는 분명 일기였을 터이고, 그럼 일기 이전에는 무엇이라고 할 수 있을까? 소옹은 무극 이전에는 음이 양을 포함한다고 말하고 있다. 무극과 태극의 관계를 정확히 알 수 없지만 무극은 기의 상태임은 확실해 보인다. 이렇게 본다면 태극은 기의 요소를 띠고 있다고 해도 무리가 없을 듯하다.

소옹은 태극을 '도의 극'으로 보고 있다. '극'에 대한 소옹의 설명이 없기 때문에 '도의 극'이 무엇을 의미하는지 명확하게 알 수는 없다. 하지만 그는 '도의 현'을 말하면서 태현을 언급하고 있다. 이를 미루어본다면 '도의 극'은 '도의 지극함'이라고 해석할 수 있겠다. 도의 지극함이 곧 태극이다.

소옹은 도를 매우 강조하면서 비교적 분명하게 개념 규정을 하고 있다. 소옹은 "천은 도로 말미암아 생겨난다"고 한다.[6] 도에 의해 생겨난 천에 대해서 소옹은 여러 형태로 언급하고 있는데, "천은 리로서 다한다" 혹은 "자연히 그러한 것은 천이다"라고 하여 천을 '리'로 파악한다. 그러나 한편으로 "천은 기로써 위주로 삼는다"고 하여 '기'

6 『皇極經世書』 4, 「觀物內篇」 9. "天由道而生."

로 파악하고 있기도 하다. 소옹은 천을 리와 기가 혼재한 것으로 보는 것이다. 천이 리와 기가 혼재한 것이라면 이러한 천을 낳은 도 역시 리와 기가 혼재한 것으로 보는 것이 타당하다.

한편 소옹은 천지만물의 근본은 도라고 정의한다. 도에서 천지만물이 생긴다는 것이다. 이러한 관점은 도가 존재의 근거이자 생명의 시원이라는 의미이다. 이렇게 본다면 도는 리기가 혼재한 존재의 근거이자 생명의 시원이라고 정의할 수 있을 것이다. 따라서 '도의 지극함'인 '태극'은 이와 같은 도의 개념을 포괄하는 상위의 개념이라고 할 수 있다. 태극은 리와 기가 구분되지 않는 존재의 최상 근거이고, 모든 존재는 태극에서 비롯된다고 말할 수 있겠다. 소옹은 존재의 근거를 도에서 찾는 것에서 모자라 사유를 확장하여 도의 지극함인 태극까지 추론한 것이다.

그러나 소옹은 이 지점에서 자신의 사유 방향을 돌린다. 『주역』의 건괘가 상징하는 것처럼 소옹은 극즉반(極則反)의 사유를 통해 새로운 철학을 건설한다. 소옹은 우주의 근원이라는 최상의 단계에서 방향을 돌려 마음의 우주로 향한다. 밖으로 향했던 사유를 안으로 돌리는 것이다. 우주만물의 존재 근거인 태극을 마음에 정위시키는 새로운 관점을 제기한다.

소옹은 '마음은 태극이 된다' '도가 태극이 된다'라고 정의한다. '마음이 태극이 된다'고 하는 탁견은 마음의 근거를 태극으로 정리함으로써 '안-밖''내-외'의 두 차원을 통합하면서 '유'에 근거한 성리학적 사유의 초석을 다지게 된다. 소옹의 철학적 기여는 바로 이러한 점에서 찾을 수 있다.

소옹에게 있어서 도는 '참된 학문을 추구'하는 진리의 도요, 음양의 변화를 가능하게 하는 근거로서의 도이고, 천지만물이 근거하는 생명의 근본으로서의 도이다. 존재하는 만물은 모두 이 도로부터 비롯된다. 그러나 이 도는 인간의 감각과 인식의 대상 너머에 있다. 볼 수도, 들을 수도, 만질 수도 없다. 형체와 흔적이 없기 때문이다. 다만 도는 천지만물이 운행하는 과정에서, 생명의 창조 과정에서 알 수 있을 뿐이다.

비가시적인 도를 가시적인 형태로 제시할 수 없지만, 소옹은 설명을 위해 도를 '도로'로 비유한다. '도는 사람의 길'이라고 하는 개념적 은유는 맹자에게서 '대로(大路)'로 표현되기도 하는데, 이 도는 천하의 사람들이 함께 다닐 수 있는 길이다. 도는 그만큼 모든 사람에게 가까이 있는 것이며, 유용하게 하는 것이다.

이와 같은 천지자연으로서 도는 자연이 그러한 것처럼 무위이면서 무유이다. 무위란 아무 것도 하지 않는다는 것이 아니다. 억지로 하지 않는다는 것이다. 따라서 소옹은 리를 따르는 것이 무위이고, 억지로 하는 것이 유위이라고 한다. 무유라는 것은 소유하지 않는다는 것이 아니다. 억지로 고집스럽게 소유하지 않는다는 것이다. 소유할 수 없는 것을 소유하고자 하는 욕망은 과도한 화를 가져온다. 소유에 대한 집착은 존재를 파괴하는 지경에 이르게 한다.

도는 이처럼 무위하기 때문에 무한히 넓어질 수 있고, 억지로 소유하지 않기 때문에 크고 넓게 빠짐없이 갖출 수 있는 것이다. 이 도는 심성의 영역과 연결된다. 도의 형체가 바로 성이고, 마음은 성의 윤곽이다. 소옹의 도는 우주만물의 근거를 리기로 개념화 하기 이전에 나타나는 근본적인 사유를 담고 있기 때문에 중요한 의미를 갖는다.

2) 관물과 상수역학

소옹은 "관물이라고 하는 것은 눈으로 살피는 것이 아니다. 눈으로 살피는 것이 아니라 마음으로 살피는 것이다. 마음으로 살피는 것이 아니라 리로 살피는 것이다. 하늘 아래에 존재하는 만물은 리가 있지 않음이 없고, 성이 있지 않음이 없고, 명이 있지 않음이 없다. 리라고 하는 까닭은 궁구한 후에 알 수 있기 때문이고, 성이라고 하는 까닭은 그것을 온전히 다 발현한 후에 알 수 있기 때문이며, 명이라 하는 까닭은 거기에 도달한 후에 알 수 있기 때문이다. 이 세 가지 앎이라는 것은 천하의 참다운 앎[진지]이다."[7]라고 하여 사물의 본질을 파악하는 방식에 대해서 말한다. 관물은 곧 사물에 대한 우리의 인식방법을 말하는 것이다.

모든 사물에는 기뿐만 아니라 리가 혼재되어 있다. 그 리를 어떻게 파악할 수 있는가? 소옹은 대상사물의 리를 파악하는 학문을 물리의 학문(物理之學)[황극경세서6]이라 한다. 이 물리의 학문에는 간혹 통하지 않는 곳이 있을 수 있다. 그러나 억지로 이해하려 하면 주관적 견해만 가지게 되고, 그러할 때 사물의 본질인 리를 잃어 술수에 빠지게 된다. 따라서 소옹은 대상사물을 인식하기 위한 방법으로 궁리를 제안하면서, 이것을 관물의 방법을 통해 구체화한다.

소옹은 궁리의 구체적인 단계적 공부 순서를 제안한다. 『주역』「계사」에서 제안하였던 "궁리진성하여 명에 이른다."는 이 말은 후에 정주성리학이 중시하는 주제 가운데 하나가 된다. 소옹은 '궁리-진성'에 '지명(知命)'을 덧붙인 3단계의 공부론을 제안한다. 천지 만물은 모두 리를 가지고 있다. 대상 사물들이 구비하고 있는 리를 파악하는 것이 궁리이다. 그리고 사람은 자기 자신의 본질인 인성을 구체적으로 실천해서 그것을 가시화해야 한다. 그것이 진성이다.

이렇듯 사물의 리를 탐구하고 자신의 본질로 주어진 인성을 실현

---

7 『皇極經世書』 4, 「觀物內篇」 12. "夫所以謂之觀物者, 非以目觀之也. 非觀之以目而觀之以心也. 非觀之以心而觀之以理也. 天下之物, 莫不有理焉, 莫不有性焉, 莫不有命焉. 所以謂之理者, 窮之而後可知也, 所以謂之性者, 盡之而後可知也, 所以謂之命者, 至之而後可知也. 此三知者, 天下之真知也."

하여 대상과 주체가 합일될 수 있는 경지에 이르는 것은 지명과 다르지 않다. 대상의 본질인 리를 탐구[궁리]하고 자신의 본질을 추구[진성]하여 하늘이 부여한 사명[천명]을 실현하는 것이 결국은 도를 실현하는 것이다.

궁리와 더불어 소옹이 제안하는 사물인식의 방법이 관물이다. 관물이란 '순리(順理)', 곧 리에 따르는 것이다. 만물에 내재하는 사물의 법칙과 원리에 따라 리를 파악해 내는 것이다. 다시 말하면, 관물은 객관적 대상을 파악할 때 감각이나 주관적 의식에 따르지 않고 리로 파악해야 함을 말한다. 만물인식의 과정에서 인식주체의 감각기관이나 선이해에 의해 대상을 파악하게 될 때 발생하는 오류의 가능성이 있기 때문이다.

관물은 대상 사물의 관점에서 사물을 보는 방식이다. 나의 관점에서 사물을 파악하는 것이 아니라 사물의 관점에서 파악하는 것, 그것을 다른 말로 반관(反觀)이라 한다. 대상의 본질에 입각하여 대상을 파악하기 때문에 만물의 실정을 그대로 파악할 수 있다는 것이 소옹의 주장이다. 이러한 인식의 과정은 합리적인 설명이 불가능한 무위(無爲)의 직관적 인식이라고 할 수 있다.

역(易)은 일음일양하는 변화를 의미한다. 변화의 과정은 태극으로부터 음양의 양의가 형성되고, 음양이 서로 교차하여 네 가지 형상의 사상이 만들어진다. 이 사상에서 팔괘가 형성되고 천지만물이 생성된다. 『주역』「계사전」은 태극으로부터 팔괘의 형성과정을 설명하고 있는데, 소옹은 태극(太極), 양의(兩儀), 사상(四象), 팔괘(八卦) 등을 상(象)으로 파악한다.

이러한 상에는 수가 포함되어 있다고 보는 것이 소옹의 관점이다. 태극은 1이고, 양의는 2이며, 사상은 4로, 팔괘는 8이고, 이것은 16, 32, 64로 분화된다. 이렇게 역의 변화를 상의 형태로 파악하는 관점

뿐만 아니라 추상적인 수로 파악하는 관점이 결합된 것이 소옹의 상수학이다.

소옹이 제안한 상수역학의 특징은 태극으로부터 음양의 기로 변화하는 과정에서 형태적 요소와 질료적 요소가 결합된다고 보고 있으며, 이 두 측면이 상과 수를 파악할 수 있는 근거로 제시된다. 그리고 이러한 상과 수로 순추(順推)와 역추(逆推)의 추론의 방법을 통하여 천지만물의 생성과 변화운동의 과정뿐만 아니라 인간의 삶과 역사의 성쇠까지도 설명한다.

순추는 일종의 연역추리와 유사하고 역추는 귀납추리와 유사한 방식이다. 일테면 태극으로부터 음양오행과 만물의 생성 과정을 상(象)에 따라 추론하는 것이 순추라면, 현재의 구체적 사물에서 오행 → 음양 → 태극을 수(數)에 따라 추론해 가는 것이 역추이다. 역추의 방법은 아직 만들어지지 않은 미래를 예측하는 소옹 상수학의 주요한 방법론이다. 이 순추와 역추의 논리는 조선시대 이진상의 철학적 방법론으로 활용되기도 하였다.

소옹의 상수학 역학은 그 스스로 "마음을 탐구하는 학술['心法']"이라고 명명한 선천학으로 심화된다. 선천의 학문은 하도(河圖)처럼 끝없는 변화가 일어나는 마음을 탐구하는 것이다. 소옹은 글도 없는 하도가 천지만물의 이치를 모두 담고 있다고 보았다. 그러나 소옹의 선천 상수역학은 그 연원이 이지재(李之才)에게 연결되어 도교적 색채를 의심받는다.

소옹 자신이 도사적 풍모를 보이고, 당시 북송초기 낙양의 학술적 분위기도 불교과 도교적 분위기가 지배적이었기 때문에 그런 의심은 당연하였다. 소옹은 낙양의 문화적 흐름에서 크게 벗어나지는 않았지만 새로운 사유를 통해 다른 세상의 문을 열어가는 노정에 있던 사람이었다.

소옹은 선천 상수역학의 핵심 근거인 수학이 '리에서 나온다'고 천명한다. 그의 아들 소백온도 "수는 도의 운행이자 리의 모임이며, 음양의 법도이자 만물의 근본 줄기"라는 관점을 제시하고 있다. 소옹이 태극을 음양과 혼재한 기의 측면에서 파악하고 있고, 또 리를 명확히 구분하고 있지는 않다는 점에서 당시 도학을 주도하던 정이는 불만을 갖고 있었다.

정이는 소옹의 선천 상수역학이 '공중누각(猶空中樓閣) 같다'[8]고 경계한다. 정이의 의심에도 불구하고 소옹의 학술은 당시 정호, 장재 등 북송초기 도학적 경향의 지식인들에게 광범위한 영향을 미치게 된다.

3) 태허즉기와 성

천지만물과 도의 근본이 '태허즉기'에 근본하듯 인성이나 마음 혹은 감각 또한 태허즉기에서 비롯하는 것이다. 태허즉기는 곧 본체와 현상이 구분되면서도 또한 분리되지 않은 통합적 구조를 이루고 있다는 것을 시사한다. 그러한 점에서 장재는 인성을 두 측면에서 이해한다.

인성을 태허의 본체 측면에서 파악될 경우에는 '천지지성(天地之性)'이라 이름하고, 기의 현상적 측면에서 파악될 경우에는 '기질지성(氣質之性)'으로 명명한다. 장재가 인성을 기론적 체계에 의해서 천지지성과 기질지성으로 구분하는 방식은 유가의 전통적인 성에 대한 이해를 반영한다. 즉 유가의 성에 대한 논의는 맹자의 성선설과

---

8 程顥·程頤, 『河南程氏遺書』 卷7, 『二程集』1. "邵堯夫猶空中樓閣."; 朱熹, 『朱子語類』 卷100, 『朱子全書』 17. "問: "程子謂康節'空中樓閣'." 曰: "是四通八達. 莊子比康節亦髣彿相似. 然莊子見較高, 氣較豪. 他是事事識得了, 又卻蹴踏着, 以爲不足爲. 康節略有規矩. 然其詩云: '賓朋莫怪無拘檢, 眞樂攻心不柰何.' 不知是何物攻他心."

순자의 성악설로 구분되어 각기 다른 의미체계로 이해되었는데, 장재는 이를 하나의 체계에서 두 가지로 구분하면서도 통합하고자 한다.

하나의 체계를 이루는 근본적인 개념은 '태허즉기'이다. 이것을 천지지성과 기질지성에 연계한다면, '천지지성즉기질지성'이 된다. 장재는 태허의 본체적인 영역과 기라는 현상적인 영역이 '하나의 기'라는 것에 근본하고 있다는 점에서 통합적이지만, 그러나 중용적 사고에 따라 천리에 의해 부여된 인성과 기질에 의해 변형되는 인성을 구분한다. '태허가 곧 기'가 될 수 있지만, '기가 곧 태허'가 되는 것은 제한적이듯, '천지지성은 곧 기질지성'이지만, '기질지성이 곧 천지지성'이 되지는 않는다. 왜냐하면 현상 세계는 가변적이고 인간의 경우에는 기질에 의해 제한을 받기 때문이다.

이렇게 천지지성과 기질지성을 구분하는 장재의 철학적 입장은 기질지성의 영역이 곧 인간이 실존하는 모습이라는 점을 드러내고자 하는 것이고, 이러한 기질지성의 왜곡된 현상을 천지지성으로 바꾸는 실천적인 공부가 필요하다는 것, 그러한 노력이 유가적 공부임을 제안하려는 것이다. 인성 개념의 새로운 발명을 통해 장재는 인성이 선험적으로 선할 수 있는 근거를 제시함과 더불어 현실적 인간에게서 나타나는 선악의 문제를 설명할 수 있는 단초를 만들게 된다.

장재는 "마음은 성정을 통섭하는 것이다.(『장자전서』 권14, 「성리습유」)"라 하여 '심성정' 세 자를 '통' 한 자에 묶어서 표현하였다. 이 심통성정은 인간과 우주자연을 통일적으로 설명하려는 장재의 '기철학적 기획'에 의해 제안된 명제라고 볼 수 있다. 그러나 '심통성정'은 장재의 저술에서 한번 밖에 언급되지 않고, 다른 설명이 부가 되어 있는 것도 아니다. 심통성정의 명제는 장재로부터 정호와 정이를 거쳐서 도남학과 호상학이 서로 경쟁하는 과정에서 주희에 의해 재발견된다. 정에 대해서 고심하던 주희는 이 '심통성정'을 발견하고 "매우 좋다(極好)"고 극찬한다. 주희의 학술사상은 도남학과 호상학을 횡단하고 종합하면서 집중과 선택에 의해 당대 학술을 정리하는 과정은 압축되거나 생략된다.

유학적 세계관에서 인간이 생존하고 있는 현상세계가 탐구의 대상이다. 기의 실재성에 기반한 세계가 바로 현실이며, 그러한 세계는 불교에서 말하는 것처럼 헛되고 망령된 '환망'이 아니다. 이 세계는 환영처럼 나타났다 사라져 버리는 허망한 것이 아니라 기의 운동에 의해 구성되고 변화하는 유(有)의 세계이다. 따라서 유의 세계에 존재하는 대상 사물은 리의 법칙성을 갖고 있고, 그러한 법칙성을 탐구하는 것이 궁리이다.

궁리는 기와 리로 구성된 현상의 세계가 태허의 본체와 연결되어 있기에 탐구 가능하다. 궁리 공부는 현상의 개별적 사물의 이치를 파악하는 것만이 아니라, 본체의 세계 곧 태허를 인식하는 과정까지도 포함하며, 그러한 태허로서의 본체가 인간의 본성으로 구현되어 있음을 또한 파지해 내는 것이다. 그러하기에 궁리가 있은 후에야 비로소 본성을 다하는 진성(盡性)의 공부가 가능해 진다.

이처럼 장재는 본체와 현상을 통일적으로 설명할 수 있는 '태허(太虛)'의 개념을 통해 인성을 탐구하는 '천지지성(天地之性)과 기질지성(氣質之性)'의 개념과 '심통성정(心統性情)'의 명제를 제안할 뿐만 아니라, 「서명」을 통해 만물일체의 사유를 제시한다. 이러한 새로운 개념에 의한 철학적 사색은 전통적 의미의 인간 가치에 대한 재발견에 머물지 않는다.

장재는 공(空)과 무(無)로 개념화되는 불교와 도교의 이론을 그와 유사한 허(虛)의 실(實) 혹은 유(有)로 논박하면서 고원한 형이상학적 세계의 탐색보다는 현상적 삶의 세계, 곧 인륜적 세계를 구성하고 있는 가치와 질서의 근거를 정립하고자 한다. 그렇기 때문에 장재의 기철학은 현상세계를 구성하는 기의 근거로 본체의 태허를 언급하고 있지만, 본체의 태허보다는 현상의 기를 변화시키기 위한 궁리가 우선일 수밖에 없다.

기를 통해 세계와 인간을 통일적으로 파악하려는 이와 같은 시도는 사물 현상과 그 배후, 곧 존재의 근원에까지 확장할 뿐만 아니라, 그러한 사유에 의해 인간의 도덕적 규범의 정당화까지 시도하고 있다. 장재의 인간과 세계를 아우르는 규범적 정당화를 위한 핵심 개념이 바로 태허(太虛)이다.

장재는 태허(太虛)가 기의 본체이고, 이 기는 끊임없이 모이고 흩어지는 취산(聚散)의 과정을 통해 만물을 생성하며, 다시 흩어져서는 태허로 돌아간다는 '태허즉기론'을 전개한다. 태허는 본체를 지시하지만 규정할 수 없는, 무규정적인 최고의 개념으로 설정된다. 장재는 어떻게 이와 같은 기론을 전개할 수 있었을까?

기론의 핵심을 장재는 '허(虛)'로 삼는다. 이 때 '허(虛)'는 통상적으로 유(有)보다는 공(空)이나 무(無)와 친연성이 있어 보이지만, 장재는 공이나 무와 유사한 개념으로 허(虛)를 통해 불교나 도교와는 전혀 다른 차원의 유가철학적인 기론을 전개한다. 이 세계는 공(空)이나 무(無)가 근본인 것이 아니라 '허'의 차원에서도 존재하는 유(有)로서의 '기(氣)'에 근거한다. '허'는 '아무 것도 없는 텅빈 상태'가 아니라 공간적으로 경계가 없으면서도 기로 가득차 있는 상태이다.

이 기의 본체를 장재는 '태허'라고 지칭한다. 그리고 변화하는 사물의 세계, 곧 현상은 단지 일시적 형태를 갖는 객형(客形)에 불과하다. 이러한 태허와 객형의 관계는 마치 얼음이 녹아 물이 되기도 하고 다시 얼려져서 얼음이 되는 것과 같이, 상태의 변화가 있을 뿐이다. 이와 같은 상태의 변화는 기가 모이고 흩어져서 사물을 구성하는 것과 다르지 않다. 장재의 태허즉기론이 제기하고 있는 기의 지속적이면서 순환적 구조는 기의 현상적 측면을 설명해 줄 뿐만 아니라 현상의 배후에 본체로서의 태허가 있음을 체계적으로 논증하고 있다.

3. 철학적 의의 및 평가

북송오자로 알려진 인물 가운데 주돈이, 소옹, 장재를 통하여 북송 시기 낙양을 중심으로 형성된 도학의 흐름에서 보이는 그들의 성리학적 우주론을 살펴보았다. 성리학적 우주론은 곧 리기철학적 사유를 말한다.

주돈이는 정향과의 친분으로 그의 아들들인 정호와 정이가 어린 시절에 사사했다고 알려져 있다. 하지만 정호와 정이는 주돈이를 추존하지 않는다. 이들은 주돈이를 '궁선객(窮禪客)'이라 하여 참선하는 사람으로 평가한다. 이런 이유 때문인지 주돈이는 북송의 지식인들 사이에서 크게 주목받지 못하였다. 주돈이와 『태극도설』은 그의 사후에서 부터 남송 시기 주희 이전까지는 사실상 잊혀졌다.

주돈이의 재발견은 남송시기에 이루어진다. 그가 유가철학사에서 등장하는 것은 주희에 의해서이다. 주희는 주돈이의 『태극도설』을 리기철학적 관점에서 재해석하여 자신의 철학적 근거로 삼게 되는데, 이로써 그는 북송오자의 한 사람으로 유가철학사에 이름을 올리게 된다. 주희는 자신의 도학적 연원을 이동으로부터 정호·정이-주돈이까지 소급하고, 주돈이의 저술인 『태극도설』과 『통서』를 발굴하고 재해석하여 세상에 드러낸다. 이로 인하여 주희 이전까지 주목받지 못하였던 주돈이는 송대 도학의 개창자로 자리매김되면서 추숭되기 시작한다.

소옹은 선천 상수학과 만물일체의 사유로 북송도학의 흐름을 심원하게 한다. 선천 상수학을 통해 우주자연의 변화하는 원리와 역사

변천의 법칙성을 수를 통해 파악하고, 이를 리 개념과 연결하여 북송 초기 도학의 토대를 건립하는데 기여한다. 또한 소옹의 도와 태극, 그리고 수로부터 발견되는 리에 대한 사유는 리 개념을 정립하는 초석이 된다.

소옹의 삶은 '한가함[閑]'과 '즐거움[樂]'에 있었다고 평가되며, 당시 낙양의 사람들에게 깊은 인상을 남긴다. 하지만 정이는 소옹의 학문(상수학)을 '공중누각(空中樓閣)' 같다고 평가하기도 한다. 관물의 관점에서 만물일체론을 주장한 그의 선천 상수학은 조선의 서경덕(徐敬德)과 장현광(張顯光)에게 영향을 미친다.

소옹과 낙양에서 동시대를 살았던 장재는 기론을 통해 기존의 유학적 사유와는 다른 면모를 보여준다. 장재는 태허 개념을 중심으로 하여 우주자연의 근거와 변화 현상, 그리고 인간의 규범적 원천에 대해 일관되고 통일적인 설명을 시도한다. 그는 기를 통해 유학적 세계의 '통일성'을 정초하고자 하였다. 장재의 기 철학은 유(有)의 입장을 견지하려는 리의 철학과 함께 도학의 두 근간으로 발전하게 된다. 장재는 도학의 형성기에 기 본체론뿐만 아니라 '서명-인', '성론-기질지성, 천지지성', 심통성정 등 다양한 철학적 논점의 개발을 통해 학술적 기여를 한다.

※ 이 글은 김경호의 『동양적 사유는 어떻게 탄생했는가』(서울: 글항아리, 2012)을 참조하여 기술하였음.

■ 토론 주제

1. 주돈이의 『태극도설』은 도교와 연관되는가?
2. 소옹은 '안락와(安樂窩)'에서 무엇을 꿈꿨을까?
3. 장재가 『중용』을 중시한 이유는 무엇일까?

■ 참고문헌 및 더 읽어야할 책

강길중, 『송대 관료계층의 현실인식과 경세관』, 서울: 박이정, 2018.

고희민, 곽신환 옮김, 『소강절의 선천역학』, 서울: 예문서원, 2011.

구스모토 마사쓰구, 김병화·이혜경 옮김, 『송명유학사상사』, 예문서원, 2005.

김경호, 『동양적 사유는 어떻게 탄생했는가』, 서울: 글항아리, 2012.

모종삼, 황갑연·김제란·이기훈 옮김, 『심체와 성체 2-주돈이와 장재 및 불교 체용론』, 서울: 소명출판, 2012.

몽배원, 홍원식·황지원·이기훈·이상호 옮김, 『성리학의 개념들』, 서울: 예문서원, 2008.

이창일, 『소강절의 철학』, 서울: 심산, 2007.

이현선, 『장재와 이정형제의 철학』, 서울: 문사철, 2013.

주돈이, 권정안·김상래 옮김, 『통서해』, 성남: 청계, 2000.

진　래, 안재호 옮김, 『송명 성리학』, 서울: 예문서원, 1997.

츠치다 켄지로, 신현승 옮김, 『북송도학사』, 서울: 예문서원, 2006.

피터 K. 볼, 김영민 옮김, 『역사 속의 성리학』, 서울: 예문서원, 2010.

피터 K. 볼, 심의용 옮김, 『중국 지식인들과 정체성』, 서울: 북스토리, 2008.

함현찬, 『주돈이』, 서울: 성균관대학교출판부, 2007.

제13장

정호·정이, 북송의 리학자들

1. 생애와 시대

북송시대 신유학의 첫 번째 학자였던 주돈이, 소옹, 장재에 이어 자신들의 학술을 '도학'이라는 이름으로 천명하는 두번째 인물들이 정호와 정이, 두 명의 정씨 형제다. 형인 정호(程顥, 1032～1085)는 자(字)가 백순(伯淳)으로 중국 하남(河南)의 이천(伊川) 출신이다. 그는 흔히 명도(明道) 선생으로 불리는데, 이 호칭은 그가 죽은 후 묘표에 기재된 '명도선생'이란 이름에서 비롯한다. 그는 15-16세의 유년시절에 아우 정이(程頤)와 함께 주돈이를 찾아가 수학했다. 한때는 도의 본질을 찾기 위해 도교(도가)와 불교에도 출입하였다. 그러다 다시 육경으로 돌아와 경서를 통해 자득하였다고 한다.

정호는 인척이었던 장재와도 교류하였고, 소옹과도 막역하게 학술을 담론하였다. 정호는 동생 정이와 함께 이정(二程)으로 불리며, 낙양(洛陽)을 중심으로 강학하여 낙학(洛學)을 형성하였다. 그의 학문은 아우인 정이와 더불어 송대 신유학인 도학(道學)의 시원이 된다.

정호는 자기 학문의 핵심이 '천리(天理)'에 있다고 선언한다. 정호의 이 선언은 우주자연의 변화 운동에 천리라고 하는 일정한 패턴 혹은 법칙이 있다는 발견인 동시에, 그러한 천리는 인간의 도덕적 패턴 혹은 법칙을 이루고 있다고 하는 자각적인 깨달음이다. 그는 자연세계의 일정한 패턴 혹은 법칙이 인간과 사회를 구성하는 도덕적 패턴과 규범 체계의 근거로 작동하고 있음을 '천리'라는 개념으로 체험적으로 파지해낸다.

정이(程頤, 1033~1107)는 자(字)가 정숙(正叔)이고 중국 하남(河南)의 이천(伊川) 출신이다. 그는 흔히 이천(伊川) 선생으로 불린다. 정이는 유년시절에 형인 정호와 함께 아버지의 벗이었던 주돈이에게 학습하기도 한다. 정이는 태학의 학생 시절에 북송 도학의 기초를 제공하는 인물 가운데 한 사람인 호원의 '안연이 좋아한 것은 어떤 학문인가를 논하라'라는 시험문제에 '성인의 도는 마음을 바르게 하고 본성을 기르는 학문을 통해서 도달 가능하다'는 안자소호하학론(顔子所好學論)을 제출한다. 정이는 과거에 낙방한 이후 관직에 나서지 않고 낙양에 거주하면서 저술과 강학을 통해 도학을 주도한다. 그러나 당시 왕안석이 주도하는 신법당(新法黨)의 인물들과 대립하면서 말년에는 위학(僞學)으로 탄압받기도 한다.

정이는 인척이었던 장재와 교류하였을 뿐만 아니라 낙양(洛陽)에 거주하던 소옹(邵雍)과도 긴밀한 관계를 유지한다. 정이의 평가에 따르면, 학문하는 사람이 많이 있었음에도 선학에 빠지지 않고 유학의 도를 고수하던 사람은 장재와 소옹이었다고 한다. 장재와 소옹에 대한 정이의 긍정적 인식은 그들이 도가나 불교의 '무(無)'의 철학이 아닌 유가에 근거한 '유(有)'의 철학을 추구했기 때문이다.

정이는 북송 초기 유학의 흐름에서 그의 형인 정호와 더불어 '만물에는 반드시 리'가 있으며, 그러한 리는 보편적으로 편재한다는 사유를 전개한다. 이러한 사유는 유가의 경전에서 이미 '물이 있으면 법칙이 있다[有物有則]'고 제시되었지만, 만물에 편재하는 법칙성을

'리'의 철학적 개념으로 포착하는 것은 정호와 정이에 이르러서 새롭게 발명된 것이다. 정이는 만물에 편재하는 리, 곧 인간과 자연, 사물에 관통하는 리는 모두 밝힐 수 있다고 본다. 리를 밝혀 나가는 과정이 바로 격물궁리이다. 정이에게 격물궁리가 중시되는 것은 그것이 리를 체득하는 공부이기 때문이다.

정이는 이 '리'를 통해 우주자연과 인간(사회)을 일관되게 설명할 수 있는 이론적 체계를 '리일'의 철학체계로 구축한다. 정이가 체계화 하려는 '리일'의 사유는 우주자연의 객관적이고 합리적인 법칙성을 인간과 사회에 적용하려는 시도라고 할 수 있다. 그러한 점에서 객관적인 법칙으로서의 '리'가 인간과 인간이 거주하는 현실사회에서 그대로 구현되어야 한다는 입장이 정이가 추구하는 '리일'의 궁극적 이유이다. 정이는 '리일'의 포괄적인 세계 구성의 원리를 장재의 「서명」을 통해 독해한다.

2. 주요 사상

1) 천과 리 그리고 천리

정호가 북송유학뿐만 아니라 이후 신유학의 철학적 전개에 기여한 것은 그가 '천리' 개념을 재창한 것에 있다. 정호는 "나의 학문은 비록 배우고 전해받음이 있었지만 천리라는 두 글자는 내가 창안한 것이다."[1]라고 밝히면서, 정호가 자신의 학술적 자부심이기도 했던 '천리' 개념의 창안은 마치 "자신의 체첩(體帖)에서 나온 것"이라고도 한다. 체첩은 '글씨체' 혹은 '글씨본'을 말한다. 서체는 붓글씨를 쓰는 사람들이 일상적으로 공유하지만 기존의 것과 다른 새롭게 창

---

1 『明道學案』 上. "吾學雖有所授受, 天理二字, 却是自家體帖出來."

안된 글씨체가 만들어지면 그 글씨체를 쓴 사람의 이름을 붙여 흔히 '왕희지체'나 '추사체'라고 하는 것과 같다.

정호는 유가적 전통에서 '천리'라는 용어가 없었던 것은 아니지만, 자신의 학문적 연찬과 체험을 통해 마치 하나의 서체가 발명되는 것처럼 정호식 사유체계를 극명하게 보여주는 자기 철학의 개념으로 '정호의 천리'를 만들었다고 천명한다. 천리가 서예의 특정한 글씨체처럼 자신이 발명한 것임을 말하는 정호의 철학적 자긍심은 정당하다. 왜냐하면 송대 신유학은 '천리' 개념의 발명에서부터 시작되었다고 해도 지나친 말이 아니기 때문이다.

그리고 이 천리에 대해 정호는, "천(天)은 리(理)다. 신(神)은 만물을 신묘하게 하는 것을 말한 것이고, 제(帝)는 일을 주재하는 것에 대해 이름을 붙인 것이다."[2]라고 하여 '천은 리'임을 선언한다. 천리는 '온갖 이치가 구비되어 있는 것'으로 완전하기 때문에 조금의 결점도 없는 것이고, 인간의 의지와 관계없는 우주 자연의 객관적이고 보편적인 원리이자 법칙이다. 그렇기에 정호는 '천리는 도리'라고 말한다. 천리를 도리로 말하는 것은 천리의 보편적 원리가 곧 인간의 도리와 다르지 않다는 것을 의미한다. 인간은 도덕과 규범의 근거인 천리를 내 마음 속에서 체득하고 깨달을 수 있다는 것이다.

정호가 '천리'를 철학적 개념으로 호출한 것도 탁월한 점이었지만, 그가 그러한 '천리'를 다시 '천'은 '리'라고 재정의하였다는 것이 중요하다. 이러한 천과 리에 대한 개념적 정의는 기존의 유학에서 '천(하늘)의 리'라고 하는 이해방식과 다르게 '천(하늘)은 리'라고 하는 사고의 전환이다.

'천의 리'라고 할 경우에는 천(하늘)으로 지칭되는 우주자연의 이

---

2 『遺書』 卷11. "天者, 理也. 神者, 妙萬物而爲言者也, 帝者, 以主宰事而名."

치나 원리, 법칙을 의미하지만, 정호는 '천은 리'라고 하여 '리'의 개념을 '천'과 동일시한다. '리'는 단순히 우주자연이 작동하는 원리성이나 법칙성을 의미하는 것이 아니라 '리' 자체가 '우주자연'과 동일한 것으로 간주된다. 리의 개념적 근거를 '천' 혹은 '우주자연'에 정위함으로써 리는 비로소 존재론적 근거를 확보할 수 있게 된 것이다.

그리고 이러한 천, 곧 리는 만물을 생성하는 신묘한 것이고, 주재의 능력을 가진 것이다. 정이에게 리는 우주자연과 동일한 존재론적 지위를 갖는 것이면서 동시에 활발발한 것으로 상정된다. 이처럼 리의 존재론적 근거가 동아시아적 사유방식에서 객관적 '자연천'이면서도 우월한 권능을 갖고 있는 '주재천'의 위상을 확보하게 된다.

이와 같은 정호의 리에 대한 인식은 이후 정이에게서 사물의 존재론적 근거로서만 리를 설정하는 방식과는 차이를 보인다. 주희는 물론 정이의 리에 대한 해석을 수용한다. 어쨌든 정호는 리를 '존재'의 근거와 '활동'의 두 측면에서 포착하면서 '리'는 절대화될 가능성을 예비하게 된다. 그렇기에 정호의 '리' 개념은 존재론적으로 제1자의 위상을 갖게 될 뿐만 아니라, 가치론적으로 '최고의 것' 혹은 '최상의 것'으로 자리매김하게 되는 이론적 토대를 제공하게 하는 것이다.

2) 성즉기와 리유선악

정호는 『예기』에 포함된 『중용』의 마지막 구절[蓋上天之載 無聲無臭]과 첫 구절[天命之謂性]을 변용하여 우주자연의 이치가 인간의 본성이 되는 이유를 설명하고 있다. '하늘이 하시는 일은 소리도 없고 냄새도 없다.'는 구절은 원래 『시경』의 「대아 : 문왕」 편에서 보인다. 이 구절은 문왕으로 상징되는 도덕적 이상인격의 덕이 우주적 본질에 근원하고 있음을 보여준다.

정호는 그러한 덕의 근거로서 우주적 본질을 말한다. 그것을 본체의 측면에서 '역'이라 하고, 변화운동의 원리의 측면에서는 '도'라 하며, 구체적인 작용의 측면에서는 '신'이라 정의한다. 그가 이렇게 객관적인 자연세계의 총체성을 설명하는 것은 뒤에 이어지는 인간의 성(性)에 대해 규정하고자 해서이다.

정호에 따르면, 『중용』의 사유방식처럼, 인간은 우주자연이 총체성을 그대로 받은 존재로 파악된다. 이러한 설명 방식은 인간의 존재론적 근거가 결국 우주자연의 원리성과 다르지 않음을 암시한다. 따라서 인간은 본래적으로 우주자연의 존재라는 것이며, 그러한 것이 인간의 본질로서 본성을 이룬다.

인간은 우주자연의 보편적 법칙성 혹은 가치를 담지하고 있는 존재로 규정될 수 있다. 이러한 논리는 맹자가 말한 '성선'을 체계적으로 표현한 것이다. 인간이 지닌 본질을 규범성의 원천으로 명확히 규정하려는 시도이다.

그러나 정호는 이렇게도 말한다. 정호는 "태어나면서부터 생겨나는 것을 성이라 했으니, 성은 곧 기이고 기가 곧 성이다. 그것은 태어나면서부터 본래적으로 갖는 것이다. 사람은 기를 받아서 태어나고, 그 리에는 선악이 있다. 그러나 성에 원래부터 두 가지가 서로 대립하여 생겨나는 것은 아니다. 어떤 사람은 어려서부터 선하고 어떤 사람은 어려서부터 악한데, 이는 품부된 기가 그러하기 때문이다. 선은 진실로 성이지만, 악도 역시 성이라고 말하지 않을 수 없다."[3]라고 한다.

정호는 "성이 기이고 기가 곧 성이다."라고 말하고, 또 "리에는 선악이 있다."고 한다. 이 두 명제는 후대의 성리학자들에게서 많은 논

3 『遺書』 卷1. "生之謂性, 性卽氣, 氣卽性. 生之謂也. 人生氣稟, 理有善惡. 然不是性中元有此兩物相對而生也. 有自幼而善, 有自幼而惡, 是氣稟有然也. 善固性也, 然惡亦不可不謂之性也."

란을 야기하게 된다. 두 명제를 전후 맥락을 고려하지 않고 뚝 잘라서 본다면, 정호의 의도를 곡해하기 딱 좋다. 정호는 사람의 성품은 태어날 때 부여받게 되는 '기'에 의해 결정된다고 본다. 이러한 점에서 '성은 곧 기'라고 말할 수 있다.

이럴 경우, 사람은 온전하게 우주자연의 본래성을 받고 태어날 수도 있고, 그렇지 못할 경우도 있을 수 있다. 기품에 의해 선악이 결정되기 때문이다. 기품에 의해 선악이 결정되기 때문에, 즉 "사람은 기를 품부하여" 태어나기 때문에 "그 리에는 선악이 있다."는 것도 가능하다.

정호는 사람의 성품은 태어날 때 부여받게 되는 '기'에 의해 결정된다고 본다. 이러한 점에서 '성은 곧 기'라고 말할 수 있다. 이럴 경우, 사람은 온전하게 우주자연의 본래성을 받고 태어날 수도 있고, 그렇지 못할 경우도 있을 수 있다. 기품에 의해 선악이 결정되기 때문이다. 기품에 의해 선악이 결정되기 때문에, 즉 "사람은 기를 품부하여" 태어나기 때문에 "그 리에는 선악이 있다."는 것도 가능하다.

그래서 정호는 "천하의 선과 악은 모두 천리이다. 악이라고 불리는 것들은 본래 악했던 것이 아니라 지나치거나 미치지 못해서 그렇게 된 것이다."[4]라고도 말한다. 정호는 형체도 그림자도 없는 형이상의 세계에서는 순수한 객관적 원리로서의 리는 '조금의 흠결도 없다'는 것을 인정하지만, 사람이 때어날 때는 구체적 형상을 이루고 기질이 결합되기 때문에 인성에는 선악이 있을 수 있다고 보는 것이다.

이와 같은 정호의 논리를 철학적으로 해석한다면, 형이상의 원리가 현실에 적용될 경우, 완전한 원리성 혹은 선이 인간의 본성으로 자리할 수도 있지만, 경우에 따라서는 왜곡될 가능성도 인정하는 것

---

4 遺書』 卷2. "天下善惡皆天理, 謂之惡者非本惡, 但或過或不及便如此."

이다. 정호는 맹자의 성선설을 인정하면서도 맹자식의 성선이 갖는 두 측면, 즉 맹자는 가능태의 측면만 논의하고 있다면, 정호는 가능태와 현실태를 모두 고려하고 있는 것이다.

그렇기 때문에 정호는 '의리(義理)'와 '객기(客氣)'를 구분하여 자기 실천을 강조한다. 도덕적 수양을 통해서 '객기'를 '의리'로 바꾼다면 '악인'도 '선인'으로 바뀔 수 있다는 것이다. 따라서 정호는 인간이 태어나는 객관적 조건에서 자기 기획을 통해 '천리'를 보존하고 '인욕'을 제어하는 방법을 「정성서(定性書)」를 통해 제안하고, 또한 '식인(識仁)'을 통해 역설한다.

'만물이 자기임을 체득하는 것' 곧 '천지만물을 한 몸으로 여기는 인을 체인하는 것'이 관건이다. 천리는 이미 내 안에 있는 것임에도 그것을 깨닫지 못하기 때문에 인욕과 악으로 흐르게 된다. 자기 변화의 기획은 결국 외재적인 것에 얽매이지 않고 자신의 본래성을 탐구하는 것에 있다는 것이다.

3) 음양동정과 무시무단

정이는 "한 번 음하고 한 번 양하는 것을 일컬어 도라 한다. 도는 음양이 아니다. 한 번 음하고 한 번 양하는 까닭이 도이다. 마치 한 번 닫히고 한 번 열리는 것을 일컬어 변화라고 하는 것과 마찬가지다."[5]라 하면서, "음양을 떠나서는 도가 없다. 음양하는 까닭이 도이고, 음양은 기이다. 기는 형이하자이고, 도는 형이상자이다."[6], "동정은 단서가 없고 음양은 시작이 없으니, 도를 아는 자가 아니면 그

---

5 『二程遺書』 卷3. "一陰一陽之謂道, 道非陰陽也. 所以一陰一陽, 道也. 如一闔一闢謂之變."

6 『二程遺書』 卷15. "離了陰陽更無道, 所以陰陽者是道也, 陰陽, 氣也. 氣是形而下者, 道是形而上者."

누가 이것을 알겠는가?"[7]라고 말한다.

동정이라고 하는 변화의 운동성은 끊임이 없이 지속되는 것이다. 정이는 우주자연의 이치는 항구적인 끝도 없고, 시작도 없다고 여긴다. 그는 '끝이 곧 시작'[終而復始]이고, 시작이 끝이 되는 반복되는 차이를 통해서 이 세계가 유지되고 지속성을 띤다고 본다. 이 지속성은 차이를 포함하고 있는 반복이기에 '일정(一定)'하지 않다.

정이는 지속이란 일정함을 말하는 것이 아니라고 본다. 일정하다면 지속될 수 없기 때문이다. 동정의 변화 운동은 일정하지 않기에 지속되는 것이다. 따라서 변화 운동의 과정은 공간의 층위에서 시간성을 점유하고 있지만 단락이 있는 것은 아니다. 멈춤의 상태는 움직임을 예비하고 있는 멈춤이다. 그렇기에 움직이지 않는 상태에서 움직임의 상태로 이어지는 과정은 상태의 변화일 뿐이다. 동정은 흐름의 연속이라고 해도 좋다. 고요함이 움직임의 연장에 있고, 움직임 또한 고요함의 연장이기에 동정의 변화운동은 단서가 없다.

동정이 변화 운동의 측면이라면 음양은 기의 변화 양상인데, 아주 단순하게 말한다면, 양은 빛이 전면에 있다는 것이고 음은 빛이 가리워진 상태라고 할 수 있다. 빛의 있고 없음과 같은 상태가 각각의 기운으로 기호화 되는 과정에서 음과 양이라는 명칭의 구분이 있게 된다. 그렇지만 음과 양은 사실 동전의 앞면과 뒷면같이 '하나의 두 가지 양태'이다.

따라서 하나의 두 가지 상태를 어디가 먼저라고 구분할 수는 없는 것이다. 그러한 점에서 음양은 시작이 없다고 하는 것이다. 결국 음과 양은 하나의 기가 두 가지 양태로 표현된 것이고, 동과 정은 연속적인 운동의 두 상태를 지칭한다. 그러한 점에서 음양과 동정은 중간

---

7 『程氏經說』. "動靜無端, 陰陽無始, 非知道者, 孰能識之."

에 끊어지거나 그래서 사이가 생기는 것이 아니기 때문에 '간단(間斷)이 없다'고 하는 것이다.

정이에 있어서 '동정'과 '음양'의 지속에 대한 파악은 직관의 방식과 유사하다. 그러나 정이는 '직관' 대신 '도(道)'를 말한다. 정이가 말하는 도(道)는 추상적 사유의 관념적 형태를 띠고 있지만, 이 도는 아무런 근거 없이 인식에 주어지는 것이 아니라 인간의 누적된 경험에서 비롯한다. 도의 세계는 인간에 의해 포착된 자연화된 경험의 추상화된 일반화, 곧 법칙적 세계를 의미한다.

정이는 음양동정의 변화와 생성의 지속성을 막연한 추측이나 억측이 아니라 도라고 하는 인간이 세계를 이해할 수 있는 능력으로, 그리고 우주자연의 원리로 파악해 내는 것이다. 따라서 정이는 '도를 아는 자가 아니면, 간단없는 음양동정의 변화와 생성의 지속성을 어찌 알 수 있겠는가?'라고 자신 있게 말할 수 있는 첫 번째 철학자가 되는 것이다.

4) 서명과 리일분수

정이는 장재의 『정몽』 「건칭(乾稱)」의 상편의 글인 「정완(訂頑)」을 읽다가 탄복한다. 그래서 스스로 '서쪽 창 아래에 두는 맹서의 글'이라는 뜻으로 「서명」이라고 수정한다. 정이는 장재의 글에서 무엇을 보았을까?

정이는 "장재의 서명이라는 글은 리는 하나이요 분은 나누어짐이라는 것을 밝혔고, 묵자는 본질을 둘이요 분은 없다고 하였다. 분이 확립되어 리일을 규명하여 그것에 의해서 사심으로 흘러가는 것을 막는 것이 인의 방법이다."[8]라고 말한다. 그는 장재의 글에서 리가

8 『程氏文集』 9, 「答楊時論西銘書」. "西銘明理一而分殊, 墨氏則二本而無分....分立

전변하는 과정에서 '인'이 확산되어 나가는 원리를 깨달은 것이다.

장재는 「서명」에서 "하늘을 아버지라 부르고 대지를 어머니라 부른다. 나는 하늘과 대지에 비해 아주 미미한 존재로서 다른 존재와 뒤섞여서 그 사이에 자리를 잡고 있다. 따라서 천지간에 가득 차 있는 것은 나의 몸을 이루고, 천지간에 모든 존재를 이끌어가며 거느리는 것은 나의 성을 이룬다. 사람들은 나의 형제이고 사물은 나의 동료이다."라고 기술하고 있다. 장재는 천지만물이 나와 형제(民吾同胞)이고 동료(物吾與)임을 밝히고 있다. 장재는 만물 존재의 근원적 동일성을 기론에 의해 설명하고, 인간의 당위적 가치가 인(仁)의 가치 실현에 있다고 하는 설명하고 있다.

조선의 유학자인 송시열이 경연에서 "「서명」의 주된 뜻은 인(仁)인데, 곧 장횡거가 지은 것입니다. 일찍이 학당의 두 들창에다 왼쪽에는 폄우(砭愚)를 쓰고 오른쪽에는 정완(訂頑)을 썼습니다. 정이천이 말하기를, '이것이 논쟁의 단서를 열어주는 것이다.' 하고 동명(東銘)과 서명(西銘)이라고 고쳤습니다."[숙종실록]라고 말하는 것에서 알 수 있는 것처럼 「서명」은 정이에 의해 재평가된 글이다. 정이는 어째서 장재의 글에 대해서 "맹자 이후 이와 같은 글은 볼 수 없었다"고 찬탄하면서, '논쟁의 단서를 열어 주는 것'이라고 했을까?

정이는 장재의 「서명」이 비록 기론의 관점에서 작성된 것이기는 해도 '만물일체'의 철학적 관점을 제시하고 있다고 보는 것이다. 정이는 장재가 인(仁)을 통해 인간과 우주자연이 합일될 수 있는 관점을 주목하면서, 자기의 리 철학적 관점에서 재해석을 시도한다.

정이의 제자인 양시는 「서명」에서 제시되고 있는 인(仁)이 묵자의 겸애설과는 어떤 차이가 있는지를 질의한다. 정이는 양시에게 답

而推理一, 以止私勝之流, 仁之方也."

하는 글에서 「서명」은 '리(理)는 일(一)이고 분(分)은 수(殊)'임을 밝힌 것으로 전제하고, 유가적 인(仁)에 대한 묵자의 '겸애(兼愛)'의 입장을 '이본(二本)'과 '무분(無分)'이라고 비판한다. 정이는 장재의 「서명」에서 만물일체의 근거로 제시된 기(氣) 철학적 관점을 리(理)로 대체하여, 리일(理一)의 동일성이 분수(分殊)된 결과로 파악하는 것이다. 정이는 리일분수라는 새로운 개념으로 장재의 「서명」을 포착함으로써 새로운 철학적 논점을 생산해 낸다.

이렇게 본다면, 정이의 '리일분수'는 엄밀하게 말해서 만물의 존재 근거에 대한 존재론적 개념틀이라고 말하기는 부족하다. 오히려 인(仁)의 실현을 통해 우주만물이 합일될 수 있는 가능성을 제시해주는 가치론적 개념으로 파악하는 것이 타당하다. 그러나 정이의 리일분수 개념은 주희에 의해 리일의 보편성과 분수의 개별성을 설명해주는 주요한 철학적 개념으로 재정위된다. 조선 유학에서도 리일분수의 개념은 이이의 리통기국(理通氣局)의 문제와 함께 임성주, 기정진 등에 의해 주요한 논쟁적 주제로 제기된다.

5) 성즉리

북송유학의 철학적 전회를 이루게 되는 계기는 정호가 '천(天)' 개념을 '리(理)'로 설정하고, '천리(天理)'를 새로운 철학적 개념으로 발명하는 것에서 비롯되었다고 한다면, 북송성리학을 정점을 세운 것은 정이의 '성즉리'의 발명이다. 정이는 "성은 선하지 않음이 없다. 성이 선하지 않은 것은 재(才) 때문이다. 성은 리이다."[9]라고 규정한다.[10] 정이는 '성즉리'를 확보하는 유학적 진리 추구의 방법을 '도학'

9 『遺書』 22. "性卽理也. 所謂理性是也"

10 『遺書』 18. "性無不善. 而有不善者, 才也. 性卽是理."

으로 보았다. 이런 점에서 북송 시기 도학의 경향과 도학이 아닌 경향을 나누는 분기점은 천인론(天人論)과 성설(性說)에 있게 된다.

천인의 관계를 어떻게 볼 것인가의 문제와 인성의 선악 여부는 자연스럽게 연동된다. 천인론은 천인합일과 천인분리의 두 관점이 공존한다. '참된 학문'으로서의 도학을 주도하는 정이는 하늘과 사람을 합일의 관점, 즉 천인합일의 입장에서 파악한다. 따라서 정이는 가치의 근원으로 하늘을 인정하고, 그러한 하늘의 본질은 사람의 본질이 된다는 관점을 취한다.

맹자는 고자와의 논변을 통하여 '인성은 선하다'는 것을 천명한 바가 있다. 그런데 정호의 경우에는 '타고난 것을 성이라 한다'는 입장을 취한다. 그래서 타고난 성은 기품에 의한 것이므로 태어날 때부터 선한 사람과 악한 사람이 구분될 수 있다고 본다.

이러한 정호의 인성에 대한 인식은 인성을 악으로 정의하고자 하는 데에 있는 것이 아니라, 사람의 천성을 자기 주도하에 공부를 통해 변화시킬 수 있다는 점을 주목하는 것이다. 그러나 이러한 정호의 논리는 자칫 인성을 악하다는 것으로 볼 여지가 있음도 사실이다. 정이는 이러한 경우를 차단하고자 한다.

그래서 정이는 인성은 선하지 않음이 없다 하고, 그러한 이유는 인성이 하늘로부터 부여받은 것이기 때문이라고 본다. 천이 '어그러지지 않은 자연스런 리'인 것처럼, 인성도 자연스런 리를 품부받은 것이어서 성은 선하지 않음이 없다. 다만 인간은 기를 통해 육체성을 구성하기 때문에 자질에 있어 혹 선하거나 선하지 않음의 차이는 있을 수 있다.

이렇게 보면 하늘은 자연의 이법과 다르지 않다는 점에서 '하늘이 곧 리[天卽理]'라는 명제가 논리적으로 가능하게 된다. 그리고 '하늘'과 '사람'이 합일된다는 관점에서 본다면 '하늘'의 법칙성은 '사람의 본질(essence)'이 되고, 사람의 본질은 '인성'으로 표현되므로 '하늘의 법칙성'은 곧 '인성'이 된다. '천즉성(天卽性)'이 되는 것이다. 따라서 인간의 본질로서 인성을 규정하는 측면에서 본다면, '하늘은 곧 성[天卽性]'이고 동시에 '하늘은 곧 리[天卽理]'이므로 '성은 곧 리[性卽理]'가 된다.

정이는 인성이 선하다는 논리를 '리의 자연스러움' 혹은 '리의 마땅함'과 연결하여 '성즉리'의 명제로 창안해 내고 있다. 성즉리는 기본적으로 '인성이 리'라는 의미이지만, 이 명제는 리의 스스로 그러한 원리성이 성에 구현되어 있다는 것으로 독해할 수 있다는 것이다. 그렇기 때문에 성즉리는 '인성은 마땅히 리와 같아야 한다'는 당위를 담고 있는 셈이다.

그렇다면 이제 남은 문제는 인간의 특질이 본래 선함에도 어떻게 선하지 않을 수 있는가 하는 점에 대해 설명해야 한다. '천즉성' '천즉리'라는 명제하에서 '하늘', '리', '성'은 어느 하나 불선적 요소가 개입될 여지가 없다. 그럼 불선의 측면은 어디에서 찾아야 할까? 정이는 불선의 단서를 맹자가 제안했던 '재(才)'의 개념에서 찾고 있다.

맹자는 고자와 인성에 대해 토론하면서(「고자」 상) 불선의 직접적 원인은 물욕에 기인한 것이지 인성과 함께 주어진 타고난 재질 때문은 아니라고 말한다. 그러나 맹자는 인간에게 본질로서 주어진 성선의 가능성을 최대한 확충할 수 있는 능력으로서의 '재질'이 주어져 있음에도 그 역할을 다하지 못할 경우 물욕에 빠진다고 주장한다.

그러나 정이는 맹자가 제안했던 재 개념을 변형한다. 재를 기와 연결하여 이해한다. 정이는 재를 장재가 제안하는 기질과 같은 것으로 재해석하는 것이다. 이렇게 함으로써 정이는 불선이 발생할 수 있는 가능성이 결국 기에 있다는 점을 분명히 한다. 이러한 사고는 점차 리에 비하여 기를 가치론적으로 구분하는 입장으로 고착된다.

이렇게 정이는 인성을 리와 연결하여 '선'으로 규정함으로써 객관적 자연세계의 원리성과 인간의 가치가 일관되게 연동할 수 있는 '리일(理一)'의 통합적 철학체계를 구축할 수 있게 된다. 주희는 정이가 성즉리라고 한 것은 "가장 좋다"[11]고 평가하고 마땅히 그러한 리 곧, 당연지리는 선하지 않은 것이 없다고 말한다.

3. 철학적 의의 및 평가

북송초기 도학의 기론적 경향을 리론의 방향으로 돌리는 전환적 계기는 정호의 몫이었다. '천리' 개념의 발명은 유학사의 획기적인 사건이었다. 정호에 의해서 제기된 '천리' 개념은 기존의 유학에서 '천(하늘)의 리'라고 하는 천리에 대한 이해방식과 달리 '천(하늘)은 리다.'라고 하는 사고의 전환이다. 정호 이후, 비로소 유학은 우주의 법칙 혹은 원리로 인간과 우주자연을 설명하던 방식에서 우주자연이 곧 법칙 혹은 원리라는 '리' 개념의 정립하게 된다. 이를 통해 북송도학은 우주자연과 인간을 리와 기의 개념체계로 일관되게 설명할 수 있는 이론을 마련한다.

정호가 제안하고 있는 자기 탐구의 인격 수양의 방법론은 후대의 성리학자들이 다양하게 해석할 가능성을 예비하고 있다. 특히 그가 인간의 품성은 기품에 의해 결정된다고 하면서 '성은 곧 기'라 하고, '리에는 선악이 있다'고 한 두 명제는 많은 논란을 야기한다. 정이는 이러한 관점이 갖는 오독의 가능성을 파악한 듯하다. 그래서 그는 '성은 곧 리'라는 '성즉리'의 명제를 명확하게 제시하고 리 철학인 입장을 강화하게 된다.

---

11 『朱子語類』 卷4, 「性理」1. "此說最好."

정리하자면, 정호는 '천리'를 자기 철학의 핵심 개념으로 설정하고, '리'를 '천'과 동일한 위상에 놓음으로써 이후 송대 유학은 우주자연이 곧 법칙 혹은 원리라는 '리' 개념을 정립하게 된다. 아울러 리는 주재적인 능력을 갖는 것으로 파악된다. 정호에게 보이는 '리' 개념의 이중성은 정이와 주희에 이르러 '존재 근거'로 새롭게 정리된다. 정호는 리 개념의 설정을 통해 비로소 우주자연과 인간을 리와 기의 개념체계로 일관되게 설명할 수 있는 이론적 토대를 마련하게 된다. 이러한 점에서 정호를 송대 유학의 개창자라고 평가해도 좋을 듯하다.

정이는 형인 정호의 리기 개념을 흡수하여 리기론으로 정립한다. 정이는 장재와 소옹이 일체를 포괄하는 '유(有)'의 철학을 체계화시키려는 문제의식에는 동의하지만, 이들이 '기'를 통해 만물일체의 '일(一)'을 설명하는 방식에는 반대한다. 정이는 정호가 제시한 천리 개념을 철학적으로 심화하여 우주자연과 인간 그리고 사회를 통합할 수 있는 형이상학적 체계로서 '리일(理一)'의 철학을 제시한다. 리일은 객관적 자연세계의 법칙성과 인간의 도덕과 규범을 구성하는 근거가 다르지 않다고 하는 인식이며, 그러한 점에서 삶의 의미를 추동하는 근거로서의 리의 지위가 확보된다.

리에 대한 인식은 객관적이고 과학적인 법칙을 자연세계로부터 파악해 내는 것에 있는 것이 아니라 인간의 삶을 이루고 있는 구체성의 원리를 파악해 내는 것이다. 그러한 구체성은 '격물'을 통해 구체화된다. 사물의 법칙성에 대한 탐구는 불가지한 것에 대한 묵시적 동의가 아니라 설명 가능하고 이해 가능한 합리적인 질서 체계를 발견해 내는 것이다. 정이는 세계와 인간이 통일적이고 합리적인 질서 속에서 연계되어 있음을 '리일(理一)'을 통해 확보하고, 이것으로부터 천인합일이 가능함을 자신의 리철학을 통해 가시화한다. 이는 곧 내외를 통일적으로 파악하려는 시도이다.

정호와 정이가 구축한 신유학의 우주론적인 심성론의 토대는 그들을 계승하는 주희에 의해 종합되어 새로운 철학, 주자학으로 탄생한다. 주자학의 선하에 북송오자의 새로운 우주론적 사유와 인간에 대한 이해가 담겨져 있는 셈이다.

※ 이 글은 김경호의 『동양적 사유는 어떻게 탄생했는가』(서울: 글항아리, 2012)을 참조하여 기술하였음.

■ 토론 주제

1. 정호는 '천리'를 왜 제안했을까?

2. 정호와 정이는 '주돈이'를 어째서 스승으로 부르지 않았을까?

3. 정이가 '도학'을 제창한 이유는 무엇일까?

■ 참고문헌 및 더 읽어야할 책

강길중, 『송대 관료계층의 현실인식과 경세관』, 서울: 박이정, 2018.

구스모토 마사쓰구, 김병화·이혜경 옮김, 『송명유학사상사』, 예문서원, 2005.

김경호, 『동양적 사유는 어떻게 탄생했는가』, 서울: 글항아리, 2012.

몽배원, 홍원식·황지원·이기훈·이상호 옮김, 『성리학의 개념들』, 서울: 예문서원, 2008.

이현선, 『장재와 이정형제의 철학』, 서울: 문사철, 2013.

츠치다 켄지로, 신현승 옮김, 『북송도학사』, 서울: 예문서원, 2006.

피터 K. 볼, 김영민 옮김, 『역사 속의 성리학』, 서울: 예문서원, 2010.

피터 K. 볼, 심의용 옮김, 『중국 지식인들과 정체성』, 서울: 북스토리, 2008.

제14장

주희, 성리학의 저수지, 하나의 수원지

우리가 흔히 성리학(性理學)[1]이라고 부르는 유학 사조는 여러 가지 이름을 가지고 있다. 그들 자신에 의해서는 도학(道學)으로, 현대 중국학자들은 흔히 이학(理學) 혹은 송명리학(宋明理學)으로, 서구에서는 신유학(Neo-Confucianism)으로 불린다. 이 거대한 지적 전통의 형성 과정에서 가장 영향력이 큰 학자가 누구냐는 질문에는 으레 주희(朱熹, 1130～1200)의 이름이 거론된다. 주희의 앞에는 주돈이(周敦頤, 1017～1073), 소옹(邵雍, 1011～1077), 장재(張載, 1020～1077) 및 정호(程顥, 1032～1085)·정이(程頤, 1033～1107) 형제 — 흔히 '이정(二程) 형제'라고 불린다 — 가 놓여 있다. 주희의 이름은 이들 가운데서도 독보적인 위상을 갖는다. 즉 주희 철학의 가장 중요한 특징은 그 자신이 몇몇 선행하는 학술적 지류들이 모여드는 하나의 저수지였을 뿐만 아니라, 바로 그러한 바탕위에서 그렇게 종합된 사유 내용이 후세의 학자들에게 하나의 수원지로 간주되었다는 사실

1 성리학이라는 새로운 낱말의 기원은 대개 정이의 "성즉리(性卽理)"라는 표현에서 시작해서, 주희의 제자였던 진순(陳淳)의 『성리자의(性理字義)』, 웅강대(熊剛大)의 『성리군서(性理羣書)』, 왕효우(王孝友)의 『성리이훈(性理彝訓)』 등에서 '성리'라는 표현이 대두하면서 붙여지게 된 이름이라고 알려져 있다.

에 놓여 있다.

예를 들어 그는 이정 형제에게서는 천리(天理)를, 장재에게서 기(氣) 개념을 수용해서 이들을 혼성함으로써 이기론(理氣論)이라는 거대한 형이상학적 기초를 마련했고, 이 위에 유가의 심성론(心性論)과 수양론(修養論)을 중심으로 하는 다른 체계들을 세워 놓았다. 그리고 이러한 종합의 모델을 주돈이의 「태극도설(太極圖說)」에 돌림으로서, 그는 주돈이를 도학의 태두로 간주되도록 하는 철학사적 인식을 창출하는 데도 기여했다.

성리학이 기본적으로 이기심성의 학(理氣心性之學)으로 이해된다는 점에서 주희의 작업은 일차적으로 수직적인 건축의 비유로 읽을 수 있다. 그러나 전적으로 그렇게만 읽는 것은 신유학적 사유의 복잡한 구조를 간과하는 것이다. 그 내부에는 인간의 성을 둘러싼 맹자와 순자 이래의 전통적인 견해 대립이 자리하고 있었고, 그 바깥에는 불교과 도가의 지적 도전들이 버티고 있었다. 그의 철학적 견해들은 하나의 정교한 건물 설계도라기보다는 차라리 구멍이 숭숭 뚫린 낡은 그물을 수리하는 과정에서 새로운 그물코들이 얽혀 들어가는 것과 비슷했다. 하나의 보자기가 그런 것처럼 각각의 사상적 조각들은 이전부터 있었고, 또한 꼭 거기에 그렇게 놓여야 할 필연적 이유가 없었지만, 주희의 손에 의해 자리와 모양 형태와 색깔이 재배치됨으로서 자신의 고유한 양식을 갖게 되었다. 그 결과 최종적으로 완성된 것은 전례가 없는 어떤 것이었다. 사상사에서 이것의 이름을 새로이 명명하지 않고는 제대로 포착할 수 없는 그런 것이 나타난 것이다. 『송사(宋史)』 「도학전(道學傳)」에서 비롯된 도학이든, 송명리학이든, 성리학이든 간에 이것의 출현은 유학의 역사와 그 내용을 새롭게 바라보지 않으면 안 되도록 만들었다.

특히 이 사조는 이정 형제에게서 주희로 이어지는 정주학적(程朱

學的) 경향과 주희와 동 시대의 육구연(陸九淵, 1139~1193)과 그 이후의 왕양명으로 대표되는 육왕학적(陸王學的) 경향의 상호 충돌과 이론적 실천적 측면에서의 선명한 입장 차이로 말미암아 한 집안의 두 가족처럼 동일한 성리학적 흐름 안에 거대한 철학적 긴장을 형성해서 후대의 유학자들의 철학적 관심을 사로잡았다. 이 흐름 가운데 가장 중요한 세 사람이 바로 주희와 육구연, 왕수인(王守仁, 1472~1528)이다. 누구보다 중요한 인물은 역시 성리학의 완성, 혹은 공자 이후 최초로 '집대성'이라는 표현에 어울리는 유학자였던, 심지어 주자(朱子)라고 종종 불리는 주희였다.

1. 시대와 생애

주희는 자는 원회(元晦) 혹은 중회(仲晦)이고, 호는 회암(晦庵)이며, 만년에는 회옹(晦翁), 둔옹(遯翁), 창주병수(滄洲病叟)라는 호를 사용하기도 했다. 그는 1130년에 태어나 1200년 71세의 나이로 세상을 떠났다.

그가 태어난 해는 전통적인 연호법에 따르면 고종(高宗) 건염(建炎) 4년이었는데, 고종의 이름은 조구(趙構)이고, 송나라의 아홉 번째 황제이자, 남송(南宋)의 첫 번째 황제였다. 그는 북송 휘종(徽宗)의 아홉 번째 아들로서 정강(靖康) 2년 금나라 군대에 의해 휘종과 흠종(欽宗)이 금나라로 끌려가는 정강의 변이 발생하자, 남경(南京)에서 제위에 올랐다. 남쪽으로 천도해서 적을 피하자는 의견을 받아들여 장강을 건너 임안(臨安)에 새로운 수도를 세움으로써 북송 시대를 마감하고 남송(南宋) 시대를 열었다. 즉 주희가 태어난 시대는 북송이 망하고 남송이 들어선 지 겨우 4년째 되는 해였고, 남송은 대내적으로는 누적된 사회적 모순과 대외적으로 금나라와의 국제

관계에서 전쟁와 외교 사이에서 갈팡질팡하던 시기였다.

주희는 건주 우계에서 태어났다. 그의 아버지였던 주송(朱松, 1097～1143)이 남검주(南劍州) 우계현위(尤溪縣尉)로 재직하고 있었기 때문이었다. 아버지의 자는 교년(喬年) 혹은 위재(韋齋)다. 휘주(徽州) 무원(婺源)에서 태어나 중화(重和) 원년(1118)에 진사가 되어, 전주(建州) 정화현위(政和縣尉)를 거쳐 우계현위로 재직하던 1130년 주희를 낳았다. 그는 정이-양시(楊時, 1053～1135)-나종언(羅從彦, 1072～1135)-주송 및 이통(李侗, 1093～1163)으로 이어지는 학문적 계보에 속해 있었다. 주희는 훗날 이통에게서 학문을 수학함으로써 정이 계열의 사전제자에 해당하는 학술적 위상을 획득하게 되었다. 주송은 주희가 열넷이 되는 소흥 13년(1143)에 세상을 떠났고, 저술로는 『위재집』 12권이 있다.

주송은 세상을 떠나면서 주희에게 호헌(胡憲, 1085～1162) — 자는 원중(原仲)이며, 숭안 사람으로 호안국(胡安國)의 당질이다. 적계에서 살았기 때문에 적계선생으로 불린다 —, 유면지(劉勉之, 1091～1149) — 남송 숭안현 사람으로 자는 치중(致中)이고 백수선생(白水先生)으로 불렸다. — 유자휘(劉子翬, 1101～1147) — 역시 숭안현 사람으로 자는 언충(彦冲)이고 호는 병산병옹(屛山病翁)이다 — 세 사람에게 가서 학문을 배우도록 유언을 남겼다. 그리고 집안일은 유자휘의 형인 유자우(劉子羽, 1088～1146 — 숭안현 오부리 사람으로 자는 언수(彦修)이다 — 에게 부탁했다. 이렇게 해서 유자우는 주희 모자를 숭안현 오부리에 살도록 보살펴 주었고, 훗날 유면지는 자신의 딸을 주희와 혼인시키기까지 했다. 그러나 유면지와 유자휘가 곧 세상을 떠났기 때문에 10대의 주희는 호헌에게서 가장 오랜 동안 학문을 익히게 되었다.

소흥 21년(1151) 22세의 주희는 좌적공랑의 품계로 천주 동안현 주부라는 최초의 관직에 임명되었고, 이듬 해 이통 — 남검주 검포(劍浦) 출신으로 자는 원중(愿中)이고, 연평선생(延平先生)으로 불렸다 — 을 만나 그에게서 학문을 익히기 시작했다. 주희 자신의 회고에 의하면 그는 10대 시절에 일정한 스승이 없었고, 불교와 도가 사상에도 드나들었었는데, 이통을 만나고 난 뒤에야 비로소 학문이 평이하고 내실있게 되었고, 과거의 학문적 여정이 잘못되었다는 것을 깨닫게 되었다고 한다.

이통의 영향 아래서 이정 형제의 학문적 분위기를 강화하게 된 그의 학문적 여정은 이윽고 30세 시절부터 실제적인 저술들로 나타나게 되었다. 30세에 그는 이정 형제의 제자였던 사량좌(謝良佐, 1050～1103)의 어록, 즉 『사상채선생어록(謝上蔡先生語錄)』을 교정했다. 이 일을 시작으로 주희는 단순한 사상의 선도자가 아니라, 철학자이자 평생을 저술에 몰두했던 저술가로서의 면모를 보여주었다.

효종 원년 계미년(1163) 34세의 주희는 남송의 수도인 임안에 도착해서 수공전에서 효종을 만나 세 통의 상주문을 올렸다. 「계미수공주차」라고 알려진 이 글에서 첫 번째는 격물치지의 학문론을 두 번째는 금나라에 대한 복수의 의리를, 세 번째는 언로의 막힘과, 총애하는 신하들의 권력 남용 등을 논했다. 그리고 이 해 그는 훗날 『논어집주』의 전신이라고 할 수 있는 『논어요의(論語要義)』와 「논어훈몽구의(論語訓蒙口義)』를 완성했다.

건도 원년(1167) 38세의 주희는 장사(長沙)로 장식(張栻, 1133～1180) — 한주(漢州) 금죽(錦竹) 사람으로 자는 경부(敬夫), 혹은 흠부(欽夫)이고 호는 남헌(南軒)이다. 그는 재상을 지낸 장준(張浚, 1097～1164)의 아들이다. — 을 방문했다가, 두 달을 머문 뒤 숭안으로 돌아갔다. 주희 심성론과 수양론의 방향 전환을 뜻하는 중화구설(中和舊說)에서 중화신설(中和新說)로의 이동은 장식과의 만남에서 기인한 것이었다. 그 자신의 회고에 따르면 이통에게서 『중용』에 시린 희로애락의 미발에 대한 이해를 배우다가, 이통이 세상을 떠나는 바람에 이해가 채 성숙되지 못했는데, 호굉(胡宏, 1102～1161)의 영향을 받은 장식의 견해를 전해 듣고 침식을 잊을 정도로 깊은 사색에 잠기는 일이 잦았다고 한다.

39세에 그는 드디어 이정 형제의 어록인 『하남정씨유서(河南程氏遺書)』 25권을 편집했다. 43세 때에는 『자치통감강목』을 완성해서 역사적 사실을 성리학적인 천리의 관점에서 포폄한, 다시 말해 성리학적 질서의 역사적 적용 사례를 창출해 냈다. 또한 그는 『팔조명신언행록』 20권을 완성했으며, 이어서 『서명해의』를 썼고, 이듬해에는 이러한 탐구의 방향을 밀고 나아가 『태극도설해』 및 『통서해』를 완성했으며, 『하남정씨외서(河南程氏外書)』 12권을 편집했고, 또한 『이락연원록(伊洛淵源錄)』을 완성했다. 이정 형제와 그들을 중심으로 하는 제자 집단의 학술사에 관한 저술로, 이 책을 완성하기 위해 그는 미래 『근사록』의 전조를 보여주는 것처럼 여조겸(呂祖謙, 1137～1181)과의 협의를 거쳐 편찬 작업을 수행했다. 그의 성리학적 사유에 대한 이해는 이렇게 해서 이통과 사량좌를 거쳐서, 장재, 이정형제, 주돈이의 핵심적 저술인 「태극도설」와 『통서』에까지 이르게 되었다.

45세가 되자 그는 『고금가례집』 16권을 편찬했고, 그 이듬해 낙양에서 한천정사를 방문한 여조겸과 함께 그는 『근사록』을 함께 편찬했다.

> 순희 을미년 여름, 동래(東萊) 여백공(呂伯恭)이 살고 있던 동양(東陽: 낙양)에서 내가 지내고 있던 한천정사(寒泉精舍)로 와서 지냈다. 열흘쯤 지내면서 함께 주자(周子)·정자(程子)·장자(張子)의 글을 읽으면서 마치 끝이 없는 듯한 그 광대함에 감탄하면서도 학문을 처음 배

> 우는 사람은 어디로부터 시작해야 할 지 알 수 없을까 걱정스러웠다. 때문에 그 가운데서 대체와 관련되고 일상생활에 절실한 것들만을 뽑아 이 책을 만들었는데, 모두 612조목인데 14권으로 나누었다. 학자가 단서를 찾아 힘쓰고 자신을 수양하고 다른 사람을 다스리는 요점과 이단을 변별하고 성현의 대략을 보는데 있어, 여기에서 그 큰 틀을 대략 볼 수 있을 것이다.[2]

성리학의 형성기를 대변하는 낱말인 염락관민(濂洛關閩)은 민중(閩中)의 주희 자신을 포함해서 염계(濂溪)의 주돈이·낙양(洛陽)의 이정 형제, ·관중(關中)의 장재를 가리키는데, 『근사록』은 이 가운데 그 자신을 제외한 나머지 네 사람의 『전서』에서 학술적으로 가치있는 대목만을 선별 편집한 것이다. 훗날 주희가 "사서는 육경의 사다리이고, 『근사록』은 사서의 사다리다"고 했던 발언에서 이 책에 대한 주희의 인식이 잘 드러나 있다. 그리고 그 직후에 주희는 여조겸과 함께 연산(鉛山) 아호사(鵝湖寺)에 들러 중국 철학사에도 잘 알려진 학술 모임인 '아호지회(鵝湖之會)'에 참석했다. 주희와 여조겸은 복재(復齋) 육구령(陸九齡, 1132～1180)과 상산(象山) 육구연을 만나 서로간의 학문관과 수양론을 토론하고, 입장 차이를 확인했다.

순희 4년(1177) 48세의 주희는 『맹자집주』와 『맹자혹문』을 이어 『시집전』 및 『주역본의』를 완성했다. 1179년 50세의 주희는 남강군 지사로 부임해서 백록동서원을 중건했다. 1180년 태극과 중화를 논하던 장식이 세상을 떠났고, 이듬해에는 여조겸이 세상을 떠났다. 대

2 朱熹, 『朱子大全』 권81, 「書近思錄後」. "淳熙乙未之夏, 東萊呂伯恭來自東陽, 過予寒泉精舍, 留止旬日. 相與讀周子, 程子, 張子之書, 歎其廣太閎博, 若無津涯, 而懼夫初學者不知所入也, 因共掇取其關於大體而切於日用者以爲此編. 總六百一十二條, 分十四卷. 蓋凡學者所以求端用力, 處己治人之要, 與夫辨異端, 觀聖賢之大略, 皆粗見其梗概."

신 1182년 53세의 주희는 영강(永康)에서 그를 찾아온 진량을 만났고, 그 자신이 영강으로 진량을 방문하기도 했으며, 두 사람 사이에는 정치 철학을 둘러싸고 서신으로 논변이 벌어졌다. 이것이 그 유명한 '왕패논쟁(王霸論爭)'이다.

순희 9년(1182) 몇 차에 걸친 벼슬살이를 그만두고 주희는 고향으로 돌아왔고, 이듬해 그는 오늘날 세계자연유산으로 등록된 무이산맥의 유명한 관광지인 무이구곡 주변에 무이정사(武夷精舍)를 완성했고, 학자들이 몰려들었다. 1186년 57세의 주희는 『역학계몽(易學啟蒙)』, 『효경간오(孝經刊誤)』를 완성했다. 이듬해에는 『소학(小學)』을 완성했다. 1188년 59세의 주희는 조정에서 임률과의 불화를 겪었는데 이 과정에서 도학에 대한 비판적 목소리들이 점점 그 구체적 모습을 드러내기 시작했다. 즉 "본래 학술이라고는 없이 정이와 장재의 실마리를 표절해서 도학이라고 칭하고, 이르는 곳마다 제자들 수십 명을 이끌고서 공맹이 여러 나라를 방문했던 기풍을 부질없이 본받고 있으며, 높은 값을 구하느라 낮은 벼슬에는 나오지도 않고 있으니, 그의 위선을 감출 수 없다"는 비난의 목소리가 나타났던 것이다.

1189년 60세의 주희는 이미 완성되어 있던 「대학장구」와 『중용장구』의 서문을 썼으며, 이듬해 장주 지사로서 임지에서 사서를 간행했다. 이 와중에 남송의 조정은 효종의 선양과 광종의 즉위, 그리고 효종과 광종의 불화를 겪고 있었고, 결국 효종의 죽음 이후로 3년상을 집상하지 않았던 광종을 퇴진시키고 한탁주와 조여우 및 효종의 비였던 태황후 오씨에 의해 영종이 재위에 오르게 되었다. 그 해가 1193년 이었다.

드디어 경원 원년인 1195년, 66세의 주희는 경원당금을 맞이했다. 영종을 재위에 올리는 데 기여했던 한탁주와 조여우의 권력 투쟁에서 한탁주측이 우위를 차지하면서 재상이었던 조여우가 도학의 수

괴라는 죄목으로 파직되었다. 주희 또한 도학의 무리로서 벼슬을 '거절 한 채 마를 일삼는(吃菜事魔)' 행적이 심계조(沈繼祖)에 의해 고발당했다. 주희는 위학의 우두머리가 되어 한낱 필부로서 천자의 권세를 쥐고 천하를 뒤흔든다는 비난을 받았고, 그의 어록류를 일체 없앨 것이며, 사서에 대한 주희의 주석도 금지해야 한다는 조치가 취해졌다. 이 때문에 주희는 벼슬을 잃었을 뿐만 아니라, 문하에는 찾아와 머무는 이들이 사라졌고 그의 학문은 공식적으로 금지되었다. 이 때문에 천거를 하거나 향시를 치루거나 응시자나 대상자는 자기 자신이 위학의 무리가 아니라고 공개적으로 진술하거나, 집안의 증빙자료를 동반해서 '위학을 익히는 사람이 아니다(不是僞學)'라는 문장을 삽입해야만 했다. 이에 따라 경원당적(慶元黨籍)이 만들어졌는데, 주희를 비롯한 59인의 이름이 올라갔다. 그 와중에 주희는 『의례경전통해』를 편찬했고, 이듬해에는 도주에 편관된 채원정을 전별했다. 이어서 주희는 그 해에 『한문고이』를 완성했고, 1198년 69세의 나이로 친구인 채원정의 막내인 채침에게 『서집전』을 짓도록 명했다. 세상을 떠나기 1년 전인 1199년 그는 『초사집주후어변정』을 완성했고, 마침내 1120년 71세의 나이로 3월에 「대학」「성의장」을 고친 뒤 갑자기 병세가 악화되어 세상을 떠났다.

2. 주희 철학의 핵심 낱말들

주희는 북송리학의 개척자들로부터, 자신이 물려받은 유학의 전통으로부터 무엇을 계승해서, 무엇을 새롭게 했는가? 전통적인 시각은 이정의 천리 개념과 장재의 기 개념을 혼성한 이기론의 확립이라고 설명한다. 물론 설득력이 없지 않다. 그러나 좀 더 전통적이면서도 혁신적인 어떤 사유가 그에게 더 있었다는 것도 사실이다. 이제 그것을 몇 가지로 나누어 설명해 보자. 주희가 '집대성'이라고 불린다는 것의 의미를 따라가 보자. 즉, 그는 그 이전의 학술적 사조를 어떻게 종합했는가?

1) 주돈이로부터

주희가 주돈이로부터 이어받은 생각은 무엇인가? 크게 보자면 세 가지가 있는데 그 가운데 두 가지는 「태극도설」로부터 왔고, 다른 하나는 『통서』에서 왔다고 할 수 있다. 「태극도설」에서 주희는 두 가지를 흡수했다. 첫째는 그 유명한 '무극이면서 태극이다(無極而太極)'라는 첫 구절에 대한 풀이를 통해 나타났다. 그는 이 구절을 '형체가 없는 리가 존재한다(無形而有理)'는 식으로 해석했다. 좀 더 정확하게 말하자면 이것은 「태극도설」을 이정 형제의 천리(天理) 개념을 이용해 풀이함으로써, 자연스럽게 주돈이와 이정 형제의 사상적 연속성을 만들어 내는 동시에 이정 형제가 제출한 천리 개념을 자신의 철학의 핵심에 놓겠다는 선언이었다. 왜냐하면 천리의 존재를 확신한 것은 바로 이정 형제였기 때문이다. 정호는 "나의 학문은 전수받은 것이 있지만, '천리'라는 두 글자는 스스로의 체험에서 나온 것이다"고 분명하게 단언했다.[3]

이를 통해 성리학적인 리의 실체성에 대한 확신이 어떤 지성사적 계보를 가지고 있는지를 알 수 있다. 주돈이의 「태극도설」은 무극과 함께 태극을 언급함으로써, 이 지성사의 계보를 『주역』으로까지 소급시킨다. 이정 형제의 천리에 대한 확신은 이어지는 장재의 기론(氣論)과 종합되어 주희에게서 이기론을 구성하게 만드는 중요한 계기

3 程顥·程頤, 『河南程氏外書』 권12, 25조목. "明道嘗曰: '吾學雖有所受, 天理二字却是自家體貼出來.'"

를 이룬다. 그리고 가장 중요한 것은 이 모든 종합이 주희에 의해 이루어졌다는 것이다. 결국 멀리 『주역』에서 기원해서 주돈이-이정 형제-(장재)-주희의 계보를 거쳐서 성리학적인 리 개념은 자신의 형이상학적 성격을 사상사에 드러낼 수 있었다. 결과적으로 『주역』의 태극은 리가 되었고, 그것은 실재하는 것으로 간주되었으며, 무극은 그것의 무형상성에 대한 술어가 되었다. 즉, 형이상의 리는 실재한다고 주장되었다. 이것이 첫 번째 영향이다.

두 번째는 「태극도설」 그 자체의 구성적 특징으로부터 나온다. 흔히 성리학은 본체론, 심성론, 수양론이라는 삼대 구조로 이해하는 것이 관례이다. 다른 철학적 부분들, 예를 들어 왕패논쟁과 같은 사회철학적 요소들은 이러한 세 가지 이론적 축으로부터 파생되는 것으로 간주된다. 주희는 바로 이러한 성리학의 세 축이 결합되어 있는 텍스트가 바로 「태극도설」이라고 간주했다. 주희에 의하면 태극-음양오행-만물이라는 본체론적 도식, 이 만물 도식 속에서 '가장 빼어난 것을 얻어 가장 신묘한(得其秀而最靈)' 존재로서 인간의 위치 확인과 이상적 인간으로서 성인에 의한 규범의 출현을 언급하는 심성론적 도식, 그리고 이에 대한 인간의 대비적 태도, 즉 "군자는 수양하기 때문에 길하지만, 소인은 거스리기에 흉하게 된다.(君子修之吉, 小人悖之凶.)"는 수양론적 선언의 결합이 「태극도설」이었다. 즉 「태극도설」로부터 주희는 성리학적 이론 체계의 얼개를 어떻게 구축해야 할 것인지에 대한 철학적 함축을 발견한 것이다. 이것이 두 번째 영향이다.

세 번째 영향은 이와 다르다. 또한 그것은 전적으로 주돈이에게서 유래한 것은 아니지만, 가장 명료한 형태로 드러낸 사람이 주돈이라는 데에는 이론의 여지가 없다. 그것은 다음과 같은 이정 형제의 말 속에 상징적으로 담겨 있다.

옛날 주무숙에게 배울 적에 언제나 안자와 공자가 즐거워한 곳에서 (그들이) 즐긴 일이 무엇인지를 찾도록 했다.[4]

비록 주돈이와 이정 형제의 관계가 스승과 제자 사이였는지에 대해서는 의문의 여지가 있지만, 이정 형제가 이 질문을 통해 자신들이 익히고 있는 학문의 본질에 대한 깊은 성찰의 계기를 마련하게 된 것은 부정할 수 없는 사실이었다. 훗날 정이가 「안자소호하학론」이라는 글을 낳게 한 계기가 된 것도 바로 이 질문이었다. 그리고 정이는 이 글을 통해 주돈이의 질문에 대해 분명하게 대답했다.

공자의 제자가 3,000명이라고 하는데, 유독 안자만이 배움을 좋아했다고 했다. 3,000명의 제자가 시서(詩書)와 육예를 익혀서 능통하지 않은 이가 없었는데, 그렇다면 안자가 좋아한 것은 과연 무엇을 배우는 것이었는가? 배워서 성인에 이르는 방법이었다.[5]

배워서 성인이 된다는 것이 유학의 근본 목적이라는 이 발상의 전환은 『논어』에서 줄곧 강조된다고 하는 '인의 달성'이라는 목적과 비교해 보면 그 혁신적 성격을 짐작할 수 있다. 유학은 그저 사서육경을 읽고, 어진 사람이 되기만을 추구하는 것이 아니다. 그것은 배움이라는 인간적 노력을 통해 누구나 인간적 삶의 이상인 성인에 도달할 수 있다는 신념을 기초로 해야 한다. 이것이 어진 사람이 되자는 표어와 무엇이 얼마나 다른 것인가 하는 것에는 논란의 여지가 있을 것이다. 그러나 이 혁신적 사유를 자신들의 학문적 정체성으로 삼음

---

4 『河南程氏遺書』 권2상, 23조목. "昔受學於周茂叔, 每令尋顔子·仲尼樂處, 所樂何事."

5 『河南程氏文集』 권7, 「顔子所好何學論」. "聖人之門, 其徒三千, 獨稱顔子為好學. 夫詩書六藝, 三千子非不習而通也. 然則顔子所獨好者, 何學也? 學以至聖人之道也?"

으로써 비로소 성리학은 자신들을 「유림전」에 나열되는 유학자들의 범주와 독립적인 「도학전」의 당사자로 자리매김할 수 있었다. 그리고 이러한 단언은 이미 주돈이의 『통서』에서 그 실마리가 나타나고 있던 것이었다. 주돈이는 이윤과 안자를 위대한 현인의 대표적 사례로 거론하면서 "이윤이 뜻을 둔 것에 뜻을 두고 안자가 배운 것을 배워야 한다"[6]고 말했다. 그것은 무엇인가? 그는 "성인은 하늘을 바라고, 현인은 성인을 바라며, 선비는 현인을 바란다"[7]고 대답했다. 선비-현인-성인-하늘과의 합일이라는 구도가 여기에서 분명한 모습을 드러낸다. 안자의 학문은 '성인되기'를 지향하고 있는 것이다. 그러므로 학문이란 배워서 성인되기를 바라는 것이다(欲學聖人). 이것이 주희가 물려받은 세 번째 생각이다.

2) 이정 형제로부터

이미 주돈이의 주희에 대한 영향에서 나타났지만, 주희 철학의 종합적 성격은 어느 한 사람의 일방적인 영향이 아닌 다수의 사상적 원천들의 합류를 전제하고 있다. 주돈이의 영향 속에는 이미 이정 형제의 그림자가 어른거리고 있는 것이다. 그렇더라도 이정 형제의 주희에 대한 영향은 너무 거대하고 뚜렷해서 그 중요성을 절대 과소평가할 수 없다. 이정 형제의 영향은 너무 많기 때문에 이제 대략 네 가지 정도만으로 요약하기로 하자. 그것은 천리(天理), 성즉리, 그리고 격물(格物)과 공경함(敬)과 복기초(復其初)이다.

천리에 대한 이정 형제의 주장은 너무나 단호하고 분명했다. 동시에 거기에는 특징적인 명료한 요소들도 포함되어 있었다. 다음 세

6 周敦頤 『通書』 제10, 「志學」. "志伊尹之所志, 學顔子之所學."

7 같은 책, 같은 곳. "聖希天, 賢希聖, 士希賢."

구절이 대표적이다.

> 만물은 모두 하나의 천리일 뿐인데 내가 무엇을 상관할 것인가?[8]

천리라고 하는 것은 하나의 도리일 뿐이니 다시 무슨 한계가 있겠는가? 요임금 때문에 있는 것도 아니고 걸임금 때문에 없어지는 것도 아니다. (천리를) 얻은 이가 크게 실천한다고 해서 천리가 조금이라도 늘어난다거나, 외진 곳에 머문다고 해서 천리가 줄어들지 않는다. 여기에서 다시 어떻게 있다거나 없다거나 늘어나거나 줄어든다고 말하겠는가? 그것은 원래 조금의 흠도 없이 온갖 이치를 갖추었다.[9]

> 선을 밝히는 것은 격물궁리에 달려 있다. 탐구해서 사물의 이치에 이르면 점점 오래된 다음에 천하의 사물을 모두 탐구할 수 있게 되는데, 다만 하나의 이치일 뿐이기 때문이다.[10]

우선 만물이 하나의 이치라는 생각이 중요하다. 이것은 간단하게 말하자면 리의 해석학적 지평을 거대한 일반화의 원칙 아래 놓는 역할을 한다. 즉, 어떤 사물이든지 그들 나름의 이치가 있겠지만, 결국 그들은 최종적으로 하나의 이치로 수렴된다. 여기에서 드러나는 생각을 철학적으로 명료화한 것이 '이일분수(理一分殊)'라고 알려진 성리학적 진술이다. 전하는 말에 의하면 정이는 장재의 「서명(西銘)

8 『하남정씨유서』 권2상, 112조목. "萬物皆只是一箇天理, 己何與焉?"

9 『하남정씨유서』 권2상, 118조목. "天理云者, 這一箇道理, 更有甚窮已? 不爲堯存, 不爲桀亡. 人得之者, 故大行不加, 窮居不損. 這上頭來, 更怎生說得存亡加減? 是佗元無少欠, 百理具備."

10 『하남정씨유서』 권15, 15조목. "明善在乎格物窮理, 窮至於物理, 則漸久後天下之物皆能窮, 只是一理."

」을 보자마자 이 짧은 글이 자신이 생각하던 이 진술의 구체적 사례라는 것을 곧장 파악했다고 한다. 주희는 정이의 이런 생각을 고스란히 이어받아 이렇게 말했다.

> (정자는) '비유하자면 한 나라의 천 갈래 만 갈래 되는 길은 모두 수로도 가는 길과 통한다. 다만 한 길을 택하여 수도로 들어가기만 한다면, 유추해서 나머지 길도 통할 수 있다'고 했다. 대개 만물은 각기 하나의 이치를 구비하고, 온갖 이치는 하나의 근원에서 함께 나온다. 이것이 바로 유추해 나가면 통하지 않을 수 없는 까닭이다.[11]

이치의 실재성과 만물의 이치와 그 근원이 되는 일원의 이치의 동질성을 주장하고 나면, 그것의 절대적 확실성을 위해 그 불변성이 강조된다. 그것은 선한 이를 위해 늘어나지도 않고 선하지 않은 이를 위해 줄어들지도 않는 것이다. 그러므로 그 이치에는 어떠한 결함도 있을 수 없다. 문제는 이 이치를 인간이 어떻게 파악할 수 있는가 하는 것이다. 그래서 이 이치의 실재성에 대한 질문은 이 이치의 인식 가능성에 대한 질문으로 이끌릴 수밖에 없다. 이정 형제는 그래서 이 질문에 대한 대답을 다시 그들의 고전, 그러니까 『대학』에서 발견했고, 주희는 이러한 이정 형제의 입장을 자신의 「대학장구』에 반영하기 위해 세상을 떠날 즈음까지 고심했다. 이정 형제는 다름 아닌 『대학』에 등장하는 '격물(格物)'의 의미를 새롭게 규정했던 것이다.

> (『대학』에서는) "철저한 앎은 격물(格物)에 달려 있다"고 했는데, 격(格)이란 이르다(至)는 뜻이다. 이치를 궁구해서 사물에 이르면, 사물의 이치가 극진해진다.[12]

11 朱熹, 『朱子全書』 vol.6(上海古籍出版社·安徽教育出版社, 2002), 『大學或問』, 525쪽.
12 『하남정씨유서』 권2상, 64조목. "'致知在格物'. 格, 至也, 窮理而至於物, 則物理盡.

그러나 이런 식으로 격물을 이해하게 되면 인간은 곧 원천적인 인식론적 한계를 의식하게 된다. 다시 말해 철저한 인식이란 철저한 인식에 달려 있을 텐데, 그 인식을 직접 사물을 마주하고 그 사물의 이치를 탐구하는 방식이라고 정의하게 되면, 우리는 세상 모든 것을 마주하고 그것들의 이치를 모두 탐구하기 이전에는 결코 '철저한 인식'에 이르지 못하게 될 것이기 때문이다. 바로 이 딜레마를 해결하기 위해 다시 한 번 '이일분수'가 호출된다. 인간은 모든 사물의 이치를 탐구할 수도 없거니와, 그럴 필요가 없다. 왜냐하면 어떤 이치이든지 결국 하나의 이치로 귀결될 것이기 때문이다. 이것이 성리학에 유명한 몇몇 표현들을 만들어냈다. 즉, 모든 사물을 다 탐구하지 않고서도 철저한 인식에 도달하는 통로가 있는 것이다.

> 어떤 이가 물었다. "격물은 반드시 하나하나의 사물마다 이르러야 하는 것입니까? 아니면 하나의 사물에만 이르면 모든 이치를 다 아는 것입니까?"
> 말했다. "어떻게 곧바로 모두 꿰뚫을 수 있겠는가? 하나의 사물에 이르러서 모든 이치에 통달하는 것은 비록 안자라고 할지라도 이처럼 말하지는 못할 것이다. 반드시 오늘 한 가지를 격물하고, 내일 한 가지를 격물하면서, 익히고 쌓는 것이 오래된 다음에 (매미가 껍질을 벗어 버리듯이) 탁 트이듯이 저절로 꿰뚫는 곳이 있을 것이다."[13]

이정 형제는 이와 비슷한 표현을 '활연유각처(豁然有覺處)'[14], '탈

13 『하남정씨유서』 권18, 27조목. "問: "格物須物物格之, 還只格一物而萬理皆知?" 曰: "怎生便會該通? 若只格一物便通衆理, 雖顏子亦不敢如此道. 須是今日格一件, 明日又格一件, 積習既多, 然後脫然自有貫通處.""

14 『하남정씨유서』 권17, 181쪽. "오늘날 사람들이 철저한 앎(致知)을 바란다면 반드시 격물(格物)해야 한다. 물(物)이란 꼭 사물인 다음에야 물이라고 하는 것은 아니다. 한 몸에서부터 만물의 이치에 이르기까지 이해하는 것이 많아지기만

연유오처(脫然有悟處)'[15]라고도 했다. 하지만 도대체 어떻게 그런 것이 가능할까? 이일분수는 그런 것이 가능할 것이라고 추측하게 만들지만, 도대체 구체적으로 어떻게 이런 게 가능하다는 뜻일까? 이 문제는 『대학장구』를 저술한 주희를 마찬가지로 괴롭혔다. 그는 끝내 이 문제에 대한 명확한 해명에 이르지 못했다. 그래서 그의 최종적인 입장은 격물궁리에 대한 다음과 같은 진술이 되고 말았다.

> 요즘에 내가 정자의 뜻을 가만히 가져다 빠진 부분을 다음과 같이 보충했다 : "'지식을 지극히 함이 사물의 이치를 궁구함에 있다'는 말은, 나의 지식을 지극히 하고자 한다면 사물에 나아가 그 이치를 궁구함에 있음을 말한 것이다.……이 때문에 대학(大學)에서 처음 가르칠 때에 반드시 배우는 자들로 하여금 모든 천하의 사물에 나아가서 그 이미 알고 있는 이치를 인하여 더욱 궁구해서 그 극(極)에 이름을 구하지 않음이 없게 하는 것이다. 그리하여 힘쓰기를 오래해서 하루아침에 활연(豁然)히 관통함에 이르면, 모든 사물의 표리(表裏)와 정조(精粗)가 이르지 않음이 없을 것이요, 내 마음의 전체(全體)와 대용(大用)이 밝지 않음이 없을 것이니, 이것을 격물(格物)이라 이르며, 이것을 앎의 지극함[知之至]이라 이른다."[16]

망실된 『대학』의 전5장을 보충하기 위해 주희가 새로이 집어 넣은 이 글은 훗날 성리학의 인식론을 대변하는 고전적인 진술로 평가

한다면 점차 저절로 활연하게 깨닫는 곳이 있다[豁然有覺處]."

15 "이치를 궁구한다는 것은 반드시 천하의 이치를 모두 궁구한다는 말이 아니요, 또 단지 하나의 이치만 궁구하여 얻으면 모든 이치가 터득된다는 것도 아니다. 다만 자신의 한 몸으로부터 만물의 이치에 이르기까지 이해하는 것이 많아지면 자연히 탈연하게 깨닫는 곳이 있다[脫然有悟處]는 말이다." 이 구절은 오늘날 『이정집』 속에서는 발견되지 않고 『대학혹문』과 「경연강의」 등에서 이정의 말이라고 인용되고 있을 뿐이다. 『주자전서』 Vol.6, 『대학논문』, 525쪽.

16 『주자전서』 Vol.6, 『대학장구』, 20쪽.

되었지만, 여기에는 여전히 어떤 모호함이 남아있다는 것을 알 수 있다. 분명하게 '활연유각처(豁然有覺處)'와 '탈연규관통처(脫然有貫通處)'라는 두 표현의 합성으로 보이는 '활연관통(豁然貫通)'이란 도대체 무엇인가? 어떻게 그것이 가능한 것인가? 이정 형제와 주희의 방식은 그것을 위해 이치 개념의 의의를 재편하는 것이었다. 원래 이치는 만물의 이치를 가리킨다. 그런데 이 말 속에는 이미 인간이 포함되어 있다. 다시 말해 이치는 크게 나누자면 '물리'와 '인리'로 대별된다. 여기에 이일분수의 논리를 대입해보자. 물리이든 인리이든 그들은 결국 근원적인 면에서 하나의 이치라는 점에서 일치한다. 그렇다면 물리를 탐구하든 인리를 탐구하든 결과는 똑같을 것이다. 그런데 탐구 대상으로서 물리의 담지자인 물(物)과 인(人)은 차이가 있다. 물은 대부분 외물(外物), 즉 나의 바깥에 객관적으로 실재하는 것이지만, 인은 나 자신이 그 일부를 이루는 개념이다. 그리고 나는 나 자신에게 직접적으로 접근할 수 있다고 가정된다. 이것은 물리의 탐구를 인리의 탐구로 치환하기만 하면 활연관통의 문제가 해결된다는 것을 의미한다. 그래서 이정 형제는 다음과 같이 말했다.

> 문자를 풀이하면서 그 마음을 평이하게 하면 저절로 이치를 알 수 있다. 이치는 단지 사람의 이치(人理)일 뿐이니, 매우 분명하다. 이는 마치 한 갈래 평탄한 길과 같다.[17]

이런 관점의 전환은 격물궁리의 의미를 물리에 대한 탐구가 아니라 오히려 인리에 대한 탐구로 치환하도록 한다. 물리는 결국 끝까지 탐구할 필요가 없다. 오히려 그렇게 탐구된 물리의 인간적 의미와 가치가 무엇인지에 대한 인식이나 깨달음이 더욱 중요한 것이고,

17 『하남정씨유서』 권18, 93조목. "理只是人理, 甚分明, 如一條平坦底道路."

이 인식과 깨달음이 활연관통을 정당화하는 내재적 기반을 이루게 된다.

그리고 바로 이 지점에서 이 인간의 이치에 대한 인식과 깨달음을 한 지점으로 수렴시키는 유명한 문구가 나타난다. 즉 '성즉리'인 것이다. 따라서 이 핵심적 진술에 대한 이정 형제의 진술과 주자의 진술이 서로 대동소이한 것은 당연한 일일 것이다.

> 성은 곧 이치이니, (불교에서) 말하는 이성(理性)이 이것이다. 세상의 이치는 그 나온 곳을 캐보면 선하지 않은 것이 없다. 희노애락이 아직 발현되지 않았을 때, 어찌 선하지 않음이 있겠는가?[18]

> '성이 곧 이치다'와 같은 한 마디는 공자 이후로 오직 이천만이 온전히 말하였다. 이 한 구절은 영원히 성을 말하는 근본이다. 이치는 공공의 사물이니 불선으로 이해서는 안 된다.[19]

물론 이 성즉리에 대한 주장은 유학사적으로 많은 문제를 야기했다. 가장 대표적인 것이 고전적인 맹자의 성선론과 순자의 성악론을 대비시켰을 때, 이것이 분명하게 성악론의 논점과 배치된다는 점이 그것이다. 이 때문에 유학사의 내재적 곤란을 외면할 수 없었던 주희는 또 다른 논점을 수용하지 않을 수 없었는데, 그것은 이정 형제로부터가 아니라 바로 장재로부터 도입되었고, 그것이 바로 기 개념이었다. 상식적인 인식과는 달리 주희의 성론에서 본원의 성과 기질의 성이라는 대비적 구도는 단순한 선악 이분법적 차원에서 그어진 것이 아니라, 그 구도가 오히려 유학사에 내재한 오랜 성론의 충돌을 해소하려는 차원에서 만들어진 것이다.

---

18 『하남정씨유서』 권2상, 71조목. "性卽理也, 所謂理性是也. 天下之理, 原其所自, 未有不善. 喜怒哀樂未發, 何嘗不善?"

19 『주자전서』 권17, 『주자어류』 권93, 3107~3108쪽.

문제는 그것 외에도 또 있었다. 성이 이치이고, 이것이 인간에게 내재한다면, 즉 인간이 선험적으로 선한 속성을 타고 나는 것이 사실이라면, 왜 인간은 선하지 못한 행동을 저지르게 되는가? 물론 성리학적인 측면에서 장재를 개입시키면 다시 답은 기로 회귀한다. 이것은 잠시 뒤에 다루겠지만 여기에서의 논점은 그것이 아니다. 이미 악을 저질렀거나, 아니면 저지를 악의 가능성에 대비해서 인간이 기울여야 할 선의 수호 노력이 무엇인가 하는 것이 논의의 대상이기 때문이다. 그래서 수양론적 개념으로서 공경함에 대한 강조가 나타났다.

> 성현들이 논한 천덕(天德)은 그 자체로 완전하고 자족적입니다. 더럽혀지거나 망가진 것이 없다면 마땅히 곧게 행해야 합니다. 반면에 더럽혀지고 망가진 것이 있는 경우에는 곧 공경함으로 다스려 예전과 같이 회복해야 합니다. (더럽혀지고 망가진 것을) 예전대로 만들 수 있는 이유는 그 자체의 본질이 원래 완전하고 자족적이기 때문입니다.[20]

사실 이 구절은 표면적으로는 공경함의 수양론적 가치를 언급하고 있지만, 주희에게는 그 이면에 깔려있는 내적 구도 하나가 더 심각한 영향을 끼쳤다. 그것은 사람이 설령 자신이 타고난 본성을 저버리더라도 그 자체가 더럽혀지거나 망가지지 않는 속성을 갖고 있기 때문에, 영원히 사라지지 않고, 따라서 여기에 기초해서 더럽힘을 깨끗하게 회복할 수 있다는 생각이었다. 그것의 통로가 공경함이라는 것보다도 이 구절에 포함된 '복여구(復如舊)'라는 발상은 위로는 한유의 제자였던 이고의 「복성론(復性論)」이나, 주희의 그 유명한 '복기

---

20 『하남정씨유서』 권1, 1조목. "聖賢論天德, 蓋謂自家元是天然完全自足之物, 若無所汚壞, 卽當直而行之; 若所有汚壞, 卽敬以治之, 使復如舊. 所以能使如舊者, 蓋爲自家本質元是完足之物."

초(復其初)'에서나, 마찬가지도 동일한 수양론의 은유적 구도를 공유하고 있다. 그래서 주희는 「논어집주」의 첫 머리에서도 『대학장구』의 첫 머리에서도 동일한 표현을 사용했다.

> 학(學)이라는 말은 '본받는다[效]'는 뜻이다. 사람의 본성은 모두 선하지만 이것을 깨닫는 데는 순서가 있다. 뒤에 깨닫는 사람은 반드시 먼저 깨달은 이가 한 것을 본받아야, 선을 분명하게 알아서 그 처음을 회복할 수 있다[復其初也].[21]

> 명덕(明德)은 사람이 하늘에서 얻은 바, 허령(虛靈)하고 어둡지 않아서 온갖 이치를 갖추어 있고 모든 일에 응하는 것이다. 기품(氣稟)에 구애되고 인욕(人慾)에 가리면 때로 어두울 적이 있으나, 그 본체(本體)의 밝음은 일찍이 쉬지 않는다. 그러므로 배우는 자가 마땅히 그 발(發)하는 바를 인하여 마침내 밝혀서 그 처음을 회복하여야 한다[復其初].[22]

다시 말해 이러한 표현의 중복은 우연이 아닌 것이다. 애초의 상태를 회복한다는 구도는 애초의 성선, 성선의 상실, 되찾으려는 노력, 노력의 성취, 성취된 이상적 인격으로서의 성인으로 이어지는 일관된 내재적 맥락을 전제하고서 나타날 수 있다. 이것은 주희의 '복기초'라는 주장이 우연이 아니라는 주장뿐만 아니라, 그 내재적 맥락이 그가 받아들이고 종합했던 새로운 유학적 사고의 전체 도식 속에서 재음미되어야 할 필요가 있음을 뜻한다. 퍼즐 맞추기처럼 처음 시작하는 사람은 부준적인 퍼즐들의 이치와 적합성을 따라 놀이를 시작하지만, 어느 단계를 지나서 퍼즐을 맞추려는 사람은 전체 퍼즐의

21 주희, 『논어집주』, 성백효 역주(서울: 전통문화연구회, 1990), 17쪽.
22 주희, 『주자전서』 vol.6, 『대학장구』, 16쪽.

이미지가 대략적으로 어떤 것인지에 대한 인식을 바탕으로 할 경우 개별 퍼즐들의 전체에서의 의미와 형태가 무엇일 것인지에 대한 더 한층 분명한 깨달음을 얻게 된다. 주희의 공경함과 복기초는 더 큰 유학사적인 내재적 맥락 속에서 그 의미가 밝혀져야 하고, 그것들은 이정 형제의 그것과 어떤 연관성을 갖는가 하는 것을 포함해서 탐구되어야 하는 것이다.

3) 장재로부터

장재에게서 온 것 가운데 가장 중요한 것이 기 개념이라는 것에는 의심의 여지가 없다. 하지만, 주희에게 기 만큼이나 중요했던 것이 바로 장재가 천명한 '심통성정(心統性情)'이라는 심성론적 표어였다. 물론 이 낱말들의 수용에는 큰 차이가 있다. 기 개념은 장재의 발언 맥락과 주희의 발언 맥락에서 커다란 차이를 보였다. 그러나 심통성정은 거의 고스란히 주희에게 수용되었다. 주희는 이 표어의 해석에 대해 약간씩 입장을 바꿔가기는 했지만, 이 주장 자체의 성리학적 의의에 대해서는 한결 같은 입장을 고수했기 때문이다.

> 이천의 "성은 곧 이치다"라는 말과 횡거의 "마음은 성정을 통괄한다"는 두 구절은 절대로 깨뜨릴 수 없다![23]

> 횡거의 "심통성정"이란 주장을 보고서야 이 말이 (유학에) 큰 공적이 되는 줄을 알았으니, 비로소 맹자의 설명과 마찬가지로 '정'이란 글자가 있어야 할 곳을 찾을 수 있었다.[24]

---

23 『주자어류』 권5, 70조목. "伊川"性卽理也", 橫渠"心統性情"二句, 顚撲不破!"

24 『주자어류』 권3, 65조목. "看橫渠"心統性情"之說, 乃知此話有大功, 始尋得箇"情"字著落, 與孟子說一般."

적어도 주희에 의하면 성리학적 심성론의 양대 원칙은 정이와 장재를 통해 천명되었다는 것이 분명했다. 그리고 '성즉리'가 천리로 성을 정의한다는 원칙의 표명이라면, '심통성정'은 심성론에서 특히 '정'의 위상에 관한 원칙을 표명하는 것으로 받아들여졌다. 주희에 의하면 이러한 주장은 유학사에서 맹자와 장재만이 할 수 있었는데, 그 가운데 장재의 기여는 더욱 분명한 것이었다.

> 횡거의 '심통성정' 한 구절은 바꿀 수 없는 진리다. 맹자가 마음을 많이 말했다지만, 모두 이 말처럼 분명하게 말한 적은 없었다. 자세히 보면 기타 여러 선생들의 책에는 모두 이 말과 비슷한 것조차 없음을 알 수 있다.[25]

이와 달리 장재에게 그의 기 개념은 그 자체로 자족적인 개념이었지만, 이미 이정 형제에게서 천리 개념을 수용했던 주희에게는 그럴 수 없었다. 기는 무엇보다도 이치와의 상호 관계 속에서 그 역할을 재배당받았다.

> 세상에는 리 없는 기도 없고 기 없는 리도 없다. 기로 형체가 이루어지면 리도 거기에 부여된다.[26]

주희의 이기론에서 이기선후를 비롯한 이기 관계에 대한 숱한 비유적 진술들의 철학적 의미에 대한 복잡한 논란은 잠시 제쳐두자. 무엇보다 중요한 점은 이정 형제에게서 물리의 탐구가 결국 인리의

---

25 『주자어류』 권100, 36조목. "如橫渠'心統性情'一句, 乃不易之論. 孟子說心許多, 皆未有似此語端的. 子細看, 便見其他諸子等書, 皆無依稀似此."

26 『주자어류』 권1, 6조목. "天下未有無理之氣, 亦未有無氣之理. 氣以成形, 而理亦賦焉."

탐구로 수렴되는 것처럼, 주희가 장재의 기개념을 받아들인 주요 목적이 세계에 해당 해명이라기보다는 인간에 대한 해명을 위한 것이라는 점이 가장 중요하다.

> 하늘과 땅 사이에는 이치가 있고 기가 있다. 이치란 형이상의 도(道)이고 만물을 낳는 근본이다. 기란 형이하의 기(器)이고 만물을 낳는 도구다. 이런 까닭으로 사람과 사물이 생길 때 반드시 이 이치를 부여받은 다음에 본성이 있게 되고, 반드시 이 기를 부여받은 다음에 형체를 갖추게 된다. 본성과 형체는 한 몸에서 벗어날 수 없다지만 도와 기 사이는 구별이 아주 분명해서 뒤섞을 수 없다.[27]

이 구절은 주희가 장재의 기를 도입한 핵심적 이유를 잘 보여준다. 즉, 기 개념으로 도입함으로써 주희는 유학의 성선설을 여전히 유지하면서도, 성선설의 난점을 보여주는 여러 가지 문제들을 해결할 수 있을 것이라고 생각했던 것이다. 이 때문에 이 논의는 다시 이와 기에 기초한 성의 정의 즉, 천지의 성과 기질의 성에 대한 논의로 전파된다.

> 성은 다만 이이다. 그러나 그 천지의 기질이 없으면 이 이도 둘 곳이 없다. 다만 기 가운데 맑고 밝은 것을 얻으면 뒤덮이거나 막히지 않으며, 이 이가 순조롭게 발하여 나온다. 덮이거나 막히는 것이 적은 것은 발하여 나온 천리가 이기게 되고, 덮이거나 막히는 것이 많은 것은 사욕이 이기게 되니, 곧 본원의 성에 훌륭하지 않은 것이 없음을 알 수 있다. 맹자가 이른바 성선과 주자(周子)가 이른바 순수하여 지극히 선한 것, 정자가 이른바 성의 근본과 돌아가 근원에 뿌리를 둔 성이 이것이다. 다만 기질에 의해 흐리고 탁해지게 되면 막히게 된다. 그러므로

27 『주자대전』 권58 「答黃道夫」. "天地之間, 有理有氣. 理也者, 形而上之道也, 生物之本也; 氣也者, 形而下之器也, 生物之具也. 是以人物之生, 必稟此理然後有性, 必稟此氣然後有形. 其性其形雖不外乎一身, 然其道器之間分際甚明, 不可亂也."

> "기질지성은 군자가 성으로 여기지 않는 것이 있다. 배워서 되돌이키면 천지의 성은 존속하게 된다."고 하였다. 그러므로 성을 말할 때는 모름지기 기질을 겸하여 말하여야 갖추어진다.[28]

천지의 성과 기질의 성을 받아들이면서도, 여전히 천지의 성에 중심을 두고 이론을 전개하려는 주희의 태도는 결국 유학사에서 맹자와 순자를 중심으로 벌어졌던 이론적 간극을 성리학이 어떻게 종합하려고 했는지에 대해 상징적으로 알려준다. 그들은 맹자를 중심에 두고 순자를 그 이론의 주변부에 묶어 둠으로써, 하나의 유학 속에 내재하는 두 가지 경향을 포괄했고, 동시에 바로 이런 방식을 사용함으로써 그들 자신의 이론적 편향성과 난점을 함께 드러냈다. 기질의 성이 천지의 성으로 수렴되어야 한다는 일방성은, 물리가 인리로 수렴되어야 한다는 목소리와 방향성을 함께 한다. 그렇다면 결국 문제가 되는 것은 천지의 성과 인리가 인간의 삶에서 하는 역할이 무엇인가 하는 것이다. 과연 그것은 인간의 본질로서 인간에 의해 실현되어야 하는 이념적인 목적인가? 아니면 그 자체가 자신의 실현을 위해 약동하는 하나의 살아있는 실체인가? 리의 실체성을 인정하고, 그 형이상학적 특성을 받아들였기에 이들의 문제는 이러한 형이상학적 실재가 인간의 삶에서 갖는 역할과 위상이 무엇인지에 대한 논란을 낳지 않을 수 없었다. 그리고 그것이 바로 아호사에서 주희와 육구연 사이에 놓였던 논점이었다. 따라서 이 이야기는 육구연에게서 다시 언급될 것이다.

28 『주자어류』 권4, 43조목. "性只是理. 然無那天氣地質, 則此理沒安頓處. 但得氣之清明則不蔽錮, 此理順發出來. 蔽錮少者, 發出來天理勝; 蔽錮多者, 則私欲勝, 便見得本原之性無有不善. 孟子所謂性善, 周子所謂純粹至善, 程子所謂性之本, 與夫反本窮源之性, 是也. 只被氣質有昏濁, 則隔了, 故"氣質之性, 君子有弗性者焉. 學以反之, 則天地之性存矣." 故說性, 須兼氣質說方備. "

3. 철학적 의의

이상의 내용은 주희의 학술적 종합을 북송의 네 명의 사상가, 주돈이, 이정 형제, 그리고 장재 사상의 흡수와 소화 및 재구성이라는 측면에서 살펴본 것이다. 본체론적인 차원에서 주희는 세 가지 사상적 요소를 섭렵했다. 「주역」에 기초한 「태극도설」의 본체론, 이정 형제의 천리론, 장재의 기론의 종합이 그것이다. 심성론적 측면에서 주희는 성즉리와 심통성정에 근거한 성선론의 옹호, 그리고 주변적으로 기 개념의 도입을 통한 성 개념의 이중화에 의한 맹자적 전통과 순자적 전통의 종합을 달성했다. 수양론의 측면에서 그는 이정 형제의 격물궁리에 대한 입장을 수용했고, 특히 물리와 인리의 연속성에 기초한 인리의 추구라는 편향성을 함께 받아들였다. 그리고 주돈이에게서 뚜렷하게 모습을 드러내고, 정이가 명확하게 표명했던 성인되기를 배우는 학문으로서 새로운 유학의 정체성을 명료화했다. 그것은 그가 반복적으로 사용했던 '복기초'라는 표현의 중복 사용에서 잘 드러나고 있었다. 결과적으로 주희는 일생 동안 많은 저술 활동을 통해 자신 이전의 지적 전통이 성리학이라는 하나의 저수지로 수렴되어 역사 속에 그 구체적 양상을 드러나게 만들도록 했으며, 그 자신이 그 저수지의 조성자로서 하나의 거대한 근원이 됨으로써 후대의 유학적 사유에 거대한 그림자를 드리웠다. 중국과 한국이 근대를 마주하기까지 그의 철학과 사상 및 저술들은 늘 학습의 대상이 되었고, 논란의 대상이 되었으며, 심지어는 그 자신을 포함한 성리학자들이 그토록 거리두기를 시도했던 거업(擧業), 즉 과거를 위한 시험의 공식 학문과 교재로 채택되기도 했다. 좋든 싫든 12세기 이후 주자학, 혹은 정주학은 북송리학의 대표적인 흐름으로 사상계를 주도하게 만든 것은 언제나 주희의 업적이었던 것이다.

■ 토론 주제

1. 성리학의 리 개념이 인리와 물리로 구분된다는 것은 무엇을 의미하는가? 바꿔 말해서 왜 물리를 전제하고, 격물궁리를 표명함에도 불구하고, 성리학은 어째서 물리학(物理學)이 되지 못했는가? 이 질문은 성리학의 어떤 약점을 우리에게 폭로해 주는가?

2. 이기론이라는 형이상학적이고 독단적인 전제를 현대 철학의 반성에 의해 거부한다고 할 때, 21세기에도 여전히 호소력을 가질 수 있는 성리학적 사유의 기여는 무엇이라고 생각하는가?

3. '성인되기'란 12세기나 21세기나, 아니면 더 먼 미래에도 인간이 여전히 추구할 만한 '좋은 가치 지향'인가? 부정적이라면, 그 이유는 무엇인가? 긍정적이라면, 이 '성인되기'의 21세기적 특징을 지적하고 규정할 수 있는가? 혹은 시대를 뛰어넘는 '성인되기'의 불변하는 이상이 존재할 수 있는가?

■ 참고문헌 및 더 읽어야할 책

미우라 쿠니오, 김연식·이승연 옮김, 『인간 주자』, 서울: 창비, 1996.

수징난, 김태완 옮김, 『주자평전』, 고양: 역사비평사, 2015.

候外廬, 박완식 옮김, 『송명이학사』 1·2, 서울: 이론과 실천, 1995.

호이트 틸만, 김병환 옮김, 「주희의 사유세계: 주자학의 패권」, 파주: 교육과학사, 2010

제15장

육구연, 주희의 논적인가? 유학의 정통인가?

1. 생애와 사상

육구연(陸九淵)은 오늘날 장시성(江西省) 진시현(金溪县)에 해당하는 무주(撫州) 금계(金溪) 사람으로 자는 자정(子静)이다. 서재의 이름을 '존(存)'이라고 지었기 때문에 존재선생(存齋先生)이라고 불리기도 했고, 상산서원(象山書院)에서 강학했기 때문에 더 흔하게는 상산선생(象山先生)이라고 불렸다. 이 때문에 철학사에서는 육상산(陸象山)이란 호칭으로 더 많이 불린다. 그는 남송 고종 소흥 9년(1139)에 태어나 광종 소희 3년(1192)에 세상을 떠났다. 그의 논적이었던 주희에 비해 아홉 살이 어리고, 세상을 떠난 것은 주희 보다 8년이 앞선 셈이다.

육상산의 생애에서 가장 중요했던 순간은 그가 열 셋이 되었을 때 찾아왔다. 그는 제목을 알 수 없는 옛 책을 보다가 '우주(宇宙)'라는 두 글자에 대한 해석을 보고서는 갑자기 어떤 깨달음을 얻었다고 전해진다. 그의 「연보」에 의하면 그 기록은 다음과 같다.

> 옛 책을 읽다가 '우주'라는 두 글자에 대해 '상하사방을 우라 하고,

> 예부터 지금까지를 주라 한다'고 주를 단 것을 보고 갑자기 크게 깨달았다. 그래서 '천지는 원래 끝이 없는 것이다. 사람과 천지만물은 모두 끝없는 이 우주 가운데 자리하고 있다'고 하고는 바로 붓을 들어 이렇게 적었다. '우주 안의 일은 바로 내 안의 일이고, 내 안의 일은 바로 우주 안의 일이다.' 또 이렇게도 말했다. '우주는 바로 내 마음이고 내 마음은 곧 우주다. 동해에 성인이 나셨다 하더라도 이 마음은 같고 이 이치도 같다. 서해에 성인이 나셨다 하더라도 이 마음은 같고 이 이치도 같다. 남해와 북해에 성인이 나셨다 하더라도 이 마음도 같고 이 이치도 같다. 천년 앞이든지 천년 뒤이든지 성인이 나셨다 하더라도 이 마음과 이치는 또한 같지 않음이 없을 것이다.[1]

열셋의 청소년이 이런 질문을 던졌다는 것이 당연히 예외적이기는 하지만, 그의 어린 시절에 대한 일화들은 이 철학적으로 조숙한 소년의 자질이 처음부터 남달랐다는 것을 보여준다. 이미 그는 네 살 때 아버지를 따라 길을 나섰다가 느닷없이 '천지가 어째서 끝이 없는지'를 물었다고 하다. 그래서 그는 어릴 적부터 책을 읽을 때면 책의 종이 모서리가 말리거나 접히는 일이 없도록 아껴가며 읽기도 했다는 것이다. 이런 모습은 열한 살 시절의 기록에 다음과 같이 묘사되고 있다.

> 어려서부터 책을 읽으면 주의를 기울여 집중했고, 의문스러운 구절을 대충 넘어가는 경우가 없었다. 겉으로는 편히 쉬는 것 같았지만, 실

1 陸九淵, 「陸九淵集」 권36, 「年譜」. "因讀古書至宇宙二字, 解者曰: 四方上下曰宇, 往古來今曰宙. 忽大省曰: 元來無窮, 人與天地萬物, 皆在無窮之中者也. 乃接筆書曰: 宇宙內事乃已分內事, 已分內事乃宇宙內事. 又曰: 宇宙便是吾心, 吾心即是宇宙, 東海有聖人出焉, 此心同也, 此理同也. 西海有聖人出焉, 此心同也, 此理同也. 南海北海有聖人出焉, 此心同也, 此理同也. 千百世之上至千百世之下有聖人出焉, 此心此理, 亦莫不同也."

제로는 탐구에 열중하고 있었다.[2]

훗날 육구연은 제자들에게 학문을 하면서 의심하는 것의 가치에 대해 반복적으로 언급했다. 예를 들어, "배움에는 의문이 없는 것이 병폐이므로, 의심해야만 진보가 있을 것이다"는 식의 어투가 자주 발견되는 데 이러한 그의 말은 어린 시절 가졌던 철학적 호기심을 해소하기 위해 독서에 열중했던 그의 체험에서 유래한 것이었다. 이런 취향을 가진 탓인지 그는 이미 16세에 「대인시(大人詩)」를 지어 학문에 뜻을 두려는 태도를 보였고, 24세에 비록 향시에 4등으로 급제하기는 했지만 육구연 자신은 과거를 보는 것을 내켜하지 않았다. 향시는 관리로 선발될 자격을 부여하는 것이 아니라, 성시(省試)를 치룰 자격만을 부여하는 시험이었는데, 이 시험에 합격하고 성시를 응시하지 않거나, 탈락하면 다시 향시를 치러야만 했다. 육구연은 그 해 12월 부친상을 당하는 바람에 향시 합격의 의미를 찾지도 못하고 성시를 치루기 위해서 3년상을 치루고 난 후 1771년 그의 나이 33세가 될 때까지 기다려야 했다. 그 자신은 과거 응시 기회가 늦어지는 것을 오히려 학문 연찬의 기회로 삼을 수 있게 되어 좋아했다고 한다. 33세에 그는 향시에 합격했고, 이듬해에는 성시에 응시했다. 그가 제출한 답안지는 여조겸의 시야에 들어왔는데, 그는 단번에 이 글이 한 번도 본 적이 없는 육구연의 글이라는 것을 알아봤다고 한다. 이렇게 해서 육구연은 성시에 합격했을 뿐만 아니라, 그의 답안지가 고관의 주목을 받았다는 소문이 퍼지면서 육구연을 찾아오는 학자들이 늘어나기 시작했다. 그는 5월에 황제를 직접 만나 문답을 주고받는 연시대책(延試對策)을 치르고 동진사출신이 되었다. 7월 16일

2 「연보」. "從幼讀書便着意, 未嘗放過, 外視雖若閑暇, 實勤攷索."

그는 과거 급제자의 신분으로 고향으로 돌아갔다.

고향에 돌아온 그에게도 학자들이 찾아오기 시작했고, 그는 집안 동편에 '존재(存齋)'라고 이름붙인 서실에서 강학 활동을 시작했다. 국자정(國子正)을 제수받고 관직에 나아가게 되는 1182년 마흔네 살이 되도록 그는 존재에서의 강학을 지속했다. 그의 가르침은 규칙에 의한 엄격한 학문 탐구라기보다는 학생 스스로가 자신의 본심에 의거해서 공부하는 자율적인 방식을 선호했다.

> 나는 다른 사람과 말을 할 때 대부분 핵심처에서 그를 감동시키고 변화시킨다. 그렇기 때문에 사람들이 내 말을 들으면 쉽게 변화된다. 이것은 법령과 같은 것으로 할 수 있는 것이 아니다. 마치 맹자가 제선왕을 설득할 때 그저 백성들과 함께 즐겨야 한다는 것으로 그를 변화시킨 것과 같다. 그러면 나머지는 저절로 바르게 된다.[3]

이 때문에 그는 배우는 이들에게 글쓰기와 같은 외적인 일에 지나치게 몰두하지 말고, 오히려 지금 이 순간 자신의 마음속에서 일어나는 생각이 이익과 의로움의 어디에 속하는지를 분별하는 것이 중요하다는 것을 지속적으로 강조했다. 1175년 여조겸의 주선에 의해 아호사에서 주희와의 학술적 만남을 가졌을 때도 육구연은 마찬가지 입장을 견지했다.

아호사에서의 모임은 "주희와 육구연 사이에 여전히 이견이 있기에 이를 염려해서 하나로 귀결시켜서 적절하게 따를 만한 견해를 결정하려는 것이었다." 왜냐하면 사람을 가르치면서 주희는 사람들에게 널리 독서를 한 뒤에 핵심적인 것으로 귀결시키라는 것이었는데

---

3 「연보」. "吾與人言, 多就血脉上感移它, 故人之聽之者易. 非若法令者之為也. 如孟子與齊君言, 只就與民同處轉移它, 其餘自正."

반해, 육구연 형제는 배우는 이는 먼저 자신의 본심을 밝힌 다음에 널리 독서를 하라는 것이었기 때문이었다. 두 사람 사이의 입장이 '지나치게 소략하다[太簡]'와 '지리멸렬하다[支離]'라는 비판적 어조 사이에서 대립한 것은 당연한 일이었다. 이 자리에서 심지어 육구연은 먼저 널리 독서하라는 주희에게 "요순이 세상에 나오기 이전에 읽을 만한 책이 어디에 있었단 말인가?"라고 힐난하다가 형인 육구령에게 제지를 당할 정도였다. 당연히 육구연이 말하고 싶었던 것은 독서의 무가치성이 아니었다. 그는 경전에 쓰인 말들은 성현의 마음을 기록한 것이므로, 자기 본심을 회복하면 그 본심이 곧 성현의 마음이고, 따라서 경전의 가르침과 저절로 부합할 것이라는 것을 강조하기 위해서였다.

1182년 44세의 육구연은 국자감 국자정을 제수받아서 처음 벼슬에 나갔다. 1년 3개월 뒤 그는 칙령소(勅令所) 산정관(刪定官)이 되었다. 칙령소는 조정에서 반포하는 조령 등의 공문서를 작성 수정하고, 지방관원이 보낸 조치나 상소를 편수하는 곳이었다. 그는 산정관으로 있으면서 남강군 지사로 근무하던 주희가 부호들을 통제하면서 기근 구제를 위한 개혁적 정책을 단행한 것에 대해, 반대 여론이 일어나자 학문적 이견에도 불구하고 주희의 조치를 적극 옹호하기도 했으며, 산정관으로서 효종을 직접 만나 정치적 건의를 올리기도 했다. 그러나 1186년 육구연이 효종에게 조정의 내분을 직언할 것이라는 점을 우려한 급사중(給事中) 왕신(王信)의 비판에 직면해서 그는 태주 숭도관 주관이라는 사록관을 제수받고 조정에서의 관직 생활을 마감했다.

고향인 금계로 돌아온 육구연은 효종에게 제위를 물려받은 광종의 부름을 받고 1191년 형문군 지사로 부임하기까지 대략 6년여를 응천산(應天山) 위에 정사를 짓고 2차 강학활동을 시작했다. 그는 곧 응천산의 이름을 상산(象山)이라고 바꾸고 자신의 정사를 상산정사(象山精舍)로 이름붙였다. 나중에 그는 이 정사를 서원으로 확대 개편하려는 생각을 가지게 되었지만, 형문군 지사로 나가는 바람에 소망을 이루지 못하고 말았다. 이 기간 사이에 그는 아호사에서의 만남 이후로 주희와 무극과 태극을 둘러싼 중요한 철학적 논쟁을 진행하기도 했다. 상산정사에서의 강학 과정에서도 그의 학술적 주장은 한결같았다. 즉 본심의 회복과 확충에 힘써서 누구나 본심을 자각한다면, 인간이 원래 가지고 있는 양지와 양능이 외물에 이끌리지 않고 본연의 능력을 발휘하게 된다는 것이었다. 그가 형문군 지사로 떠나는 1191년 당시까지 상산정사에서 가르침은 받은 학생들은 수 천 명에 달했다고 전해진다.

형문군에 도착한 육구연은 의욕적으로 지사 업무를 수행했다. 군비체제의 정비, 성곽의 건설, 호적 제도의 정비 및 세금과 화폐 제도 개선, 치안 정책의 강화 등등에 전념하면서도 그는 군학을 정비해서 교육 환경의 개선에도 노력을 기울렸다. 그러나 이듬해인 소희 3년(1192) 12월 14일 54세의 육구연은 뜻하지 않게 병세가 악화되어 갑작스레 세상을 떠나고 말았다. 「연보」는 그의 마지막을 다음과 같이 기록하고 있다.

> 7일 선생이 병에 걸렸다.…12일 갑자기 눈이 내렸다.… 집안사람들에게 '내가 장차 죽을 것 간다'고 하자 어떤 이가 '어찌 이리 불길한 말을 하십니까? 저희들은 앞으로 어떻게 살라고 그러십니까?'라고 했다. 선생은 자신의 죽음 또한 자연스러운 일이라고 하면서 동료들에게도 '내가 곧 죽을 것이다'라고 했다. 선생은 혈질(血疾)을 앓았는데, 열흘 동안 크게 발작했다.… 정실(靜室)에서 고요히 앉아 청소하고 분향할 것을 명하고 집안일은 언급하지 않았다. 눈이 내리자 목욕 준비를 하라고 명했다. 목욕을 마치고 새 옷으로 갈아입은 후 두건을 바로 하

> 고 정좌하고 앉았다. 집안사람이 약을 올리자 거절하고 이때부터 다시 말하지 않았다. 14일 낮 선생이 돌아가셨다.[4]

육구연은 그의 학문의 방향과 걸맞게 많은 글을 쓰지 않았다. 소량의 시문과 어록 및 잡저와 편지 등이 남아 있을 뿐이다. 그의 아들인 육지지(陸持之)에 의해 집안에 남아 있거나 제자들이 가지고 있던 글을 모아 『상산선생전집』이 편찬되었고, 이후로도 몇 번의 편찬을 거쳐 1980년 중화서국본 『육구연집』이 간행되었다

2. 마음(心) : 육구연의 근본 범주

육구연 철학의 근본 범주는 두 말할 나위 없이 마음이다. 그리고 이 마음에 대한 육구연의 주장은 단 한 마디로 요약할 수 있다. 이미 맹자가 말했던 것처럼 '먼저 그 큰 것을 세우라!(先立乎其大者)'는 것이 그것이다. 그러므로 먼저 세워야 할 큰 것이란 무엇인가? 그것은 너무도 자명하게 마음이다. 왜 마음이 다른 모든 것에 앞서는 이런 위상과 가치를 가져야만 하는가? 이 마음이 이치 그 자체이기 때문이다. 즉, 심즉리(心卽理)는 육구연 철학의 근본 요지다. 이 세 글자를 '성즉리'라는 주장과 대비시킬 때, 육구연 철학의 개성적인 면이 눈에 들어온다. '마음이 이치'라는 주장과 '성이 이치'라는 주장은 도대체 무엇을 말하려는 것인가? 이들은 어디가 같고, 어디가 다른가? 나아가 도대체 왜 이런 대비상이 유학사에 나타나야만 했는가?

수징난(束景南)의 주자의 일생을 다룬 『주자평전』에서 아호사에

---

4 「연보」. "七日丙午先生疾…語家人曰: 吾将死矣. 或曰; 安得此不祥語? 骨肉将柰何? 先生曰: 亦自然. 又告僚屬曰: 某将告終. 先生素有血疾, 居旬日大作.…宴息靜室, 命灑掃焚香, 家事亦不掛齒. 雪降, 命具浴, 浴罷, 盡易新衣, 幅巾端坐, 家人進藥, 却之, 自是不復言. 十四日癸丑日中先生卒."

서의 모임을 논하면서 "사람들은 통상 아호의 회합을 단순히 두 사람의 방법론 논쟁이라고 보지만, 이는 아호 회합에서 두 사람이 보인 모순과 엇갈림을 과소평가한 생각"이라고 비판하면서 "서로 만나기 전부터 두 사람 사이에는 본체론·인식론으로부터 방법론에 이르기까지 이미 초보적이 대립이 형성되어 있었는데, 그 초점은 '심'에 있었다."[5]고 말하고 있다. 이어서 그는 마음이란 낱말을 둘러싼 두 사람의 근본적인 차이를 이렇게 설명했다.

> 주희는 심(心)과 이(理)를 둘로 여겨서 이(理)는 본체이고 심은 인식의 주체라고 하였다. 이에 반해 육구연은 심과 이를 하나로 여겨서 심이 주체와 객체를 통틀어서 관통하고 있다고 여겼다. 주희는 이(理)가 만물을 낳고, 심은 모든 이치를 갖추고 만물에 응하는 것이라고 보았으므로 '일과 사물에 나아가서 이치를 궁구해야 한다(卽事物窮理)'고 주장하였다. 반면 육구연은 심이 만물을 포함하고, 심이 곧 모든 이치이며 우주를 생성한아고 보았으므로 일을 떠나서 스스로 깨쳐야 한다고 주장하였다.[6]

수징난의 주장은 꽤나 많은 설명들을 요구한다. 주희와 육구연 사이에는 어떤 간극이 있다는 것은 확실하지만, 도대체 왜 성리학적 사유의 내면에서 이러한 철학적 분기가 나타나야만 했던 것일까? 이것을 위해 성리학의 근본 구도로 다시 돌아가 볼 필요가 있다.

이정 형제가 제안하고 주희가 건립한 성리학적 체계의 가장 큰 이론적 변화상은 유학적 사유에 리의 실재성을 도입했다는 것이었다. 이 리의 실재성에 대해서는 주희이든지, 육구연이든지 이론의 여지가 없었다. 그러므로 대립은 그 다음 수준에서 나타난 것이다. 즉 그

---

5 수징난 지음, 김태완 옮김, 『주자평전』(상), 역사비평사, 2015, 700쪽.

6 같은 책, 같은 곳.

것은 리의 성격을 둘러싼 것이었고, 리와 인간의 상호 관계에 대한 차원에서 나타난 것이었다. 먼저 리에 대해 육구연은 이렇게 말했다.

> 우주에 충만한 것은 하나의 이치다…이 이치의 크기를 어떻게 가늠할 수 있는가. 정명도의 '천지에 유감이 있다'는 말은 천지보다 큰 것이 있기 때문이다. 이것은 바로 이 이치를 말한다.[7]

> 이 이치는 우주에 충만하여 천지 귀신 또한 어길 수 없는데, 하물며 사람이야 어떻겠는가?[8]

주희가 형이상의 실체로 간주했던 이치의 특성은 고스란히 육구연에게서도 나타나고 있다. 이치는 공간과 시간을 초월하면서 실재한다. 그러나 진정한 육구연의 면모는 이 리의 실재성을 내면화하는 방식에서 나타난다.

> 마음이란 하나의 이치요 이치란 하나의 이치이므로, 지극히 타당한 것은 하나로 귀결되고 정밀한 의리는 둘이 아니다. 이 마음, 이 이치는 실로 둘이 있을 수 없다.[9]

> 사람에겐 모두 이 마음이 있고 마음에는 모두 이 이치가 갖추어져 있으니 마음이 곧 이치다.[10]

여기에서는 먼저 성리학적 사유 전체에 걸쳐 암묵적으로 가정된 중요한 생각 하나가 모습을 드러내고 있다. 일찍이 이정 형제는 이렇게 말했다. "위와 아래·근본과 말단·안과 밖은 본래 하나의 이치라

---

7 『상산전집』 권12, 「答趙詠道」.
8 『상산전집』 권11 「與吳子嗣」.
9 『상산전서』 권34, 「어록」.
10 『상산전서』 건1, 「答曾宅之」.

야 도일 수 있다."[11] "음양 두 기운과 오행의 강하고 부드러움은 갖가지로 다르지만, 성인이 따르는 것은 오직 하나의 이치일 뿐이니, 사람들은 반드시 그 처음을 회복해야 한다."[12] 이들이 의미하는 것은 단순한 '이치'에 대한 주장이 아니다. 그들이 말하는 것은 오직 '하나의 이치一理'다. 이 차이가 중요한 이유는 이 일리의 해석과 의미에 대한 재평가가 성리학적 사유가 분기하는 중요한 계기를 이루기 때문이다. 이 일리의 실재성을 가장 근원적인 차원에 두고 있는 것이 이정 형제와 주희다. 그들은 이러한 일리의 존재를 부정하지 않지만, 이러한 일리를 만나기 위해서 매개되어야 할 '만리(萬理)'의 존재도 부정하지 않는다. '이일분수'는 이러한 일리와 만리의 거리감을 해소하기 위해서 나온 표어이다. 무엇보다 직관적으로 이런 주장은 상식적이다. 현상의 다양성은 보편적인 유일한 이치 이전에 인간에게 개별적인 현상의 이치를 먼저 따져볼 것을 요구한다. 갖가지 현상에 대한 이치의 탐구, 즉 격물궁리는 그것이 충분히 축적된다면 '활연관통'이라는 모호한 방식에 의해 일리에 대한 통찰과 깨달음으로 인간을 이끌 것이다. 따라서 '박람(博覽)'은 이치의 탐구를 위한 필수불가결한 절차이다.

하지만 육구연의 생각은 다르다. 이것은 이미 이정 형제에게 나타난 물리와 인리의 구별 방식을 통해 설명할 수 있다. 육구연은 무엇보다도 격물궁리라는 방식의 탐구가 일차적으로 물리(物理)를 대상으로 한다는 점을 지적한다. 그리고 그 물리에 대한 탐구의 결과로 나타나는 것은 인리(人理)로의 회귀이다.

---

11 『하남정씨유서』 권1, 10조목. "蓋上下本末內外, 都是一理也, 方是道."

12 『하남정씨유서』 권6, 39조목. "二氣五行剛柔萬殊, 聖人所由惟一理, 人須要復其初."

> 오늘날 배움에 있어 과연 무엇을 일삼아야 하는가? 천지 사이에 사람으로 태어났으면 마땅히 인간의 도리를 다해야 한다. 배우는 자가 학문을 한다는 것은 사람다움을 배울 뿐, 그 어떤 것도 위한 바 있어서는 안 된다.[13]

그렇다면 격물궁리란 사실상 인리(人理)라는 종착지를 향해 나아가는 인식론적 활동인데, 이것이 인리라는 사실이 이 활동을 회귀적으로 만든다. 이치의 실재성이 인리의 실재성으로 변모할 때, 그것은 인간 내면에 자리잡은 것으로 간주되는 것은 당연한 일이다. 그렇다면 격물궁리란 결국 내 안에 있는 인리를 통찰하기 위해 물리를 경유하는 원형 운동의 이미지를 갖게 된다. 중요한 것은 물리를 경유해서 도달된 인리의 내용이 무엇이든지 그렇게 확신을 갖게 되는 통찰에는 또 다른 인식이 수반된다는 점이다. 그것은 다름 아닌 그 인리가 애초에 나의 내면에 갖춰졌다는 사실의 확인이다. 만약에 정말로 그런 것이라면 도대체 왜 인간은 인리의 파악을 위해 자신의 내면으로 곧장 들어가지 않고, 물리의 파악을 경유해야만 하는 것인가에 대한 의문이 도출된다. 육구연의 심즉리는 바로 여기에서 나온 것이다. 우리가 격물궁리를 통해 인리에 도달한다는 것은 격물궁리의 주체와 파악되는 인리가 일종의 인식론적 단절 상태에 놓여 있다는 것을 의미한다. 이러한 단절이 격물궁리의 요구를 불러오는 것이다. 그러나 이 단절은 진정으로 실재하는 것인가? 이치가 인간의 내면에 자리를 잡는다고 가정하는 한 이 단절은 자기모순에 빠진다. 인간의 내면에 있다면 그것은 인간과 단절되지 않은 것이다. 단절되었다면 그것은 어떤 의미에서 우리의 내면에 있지 않은 것이다. 그럼에도 불구하고 내면에 있는 리의 실재성을 의심하지 않으면서 인간이 자기 자신의

13 『상산전집』 권35, 「어록」.

내면에 실재하는 것과 단절되어 있다고 주장하는 것은 인간이 자기 내면에 있는 것의 실상에 대해 오해하기 때문이 아닐까? 육구연이 가지고 있는 리에 대한 정주학적 이해의 문제점은 이런 것이다. 돌아가는 것이 문제가 아니라, 단절되어 있다는 것이 문제인 것이다. 인식론적 용어로 표현을 하자면 그것은 '리의 대상화'이다. 그것은 인간에 의해 파악되기를 기다리는 어떤 것이 아니다. 그러므로 이 문제를 극복하는 것은 대상화의 극복, 즉 주체화의 길이다. 그리고 이것이 육구연의 철학이 걸어간 길이다. 즉 그는 리를 주체화하려고 시도했다. 따라서 이 개념이 인간과 일체화를 이루기 위해서는 인간에게서 '주체'에 해당하는 개념과 어울려야만 하는 것이다. 그것이 마음이고, 따라서 마음은 곧 이치인 것이다. 이러한 사실에 대한 자각에 근본을 둘 때, 학문의 핵심은 간단명료하기 짝이 없는 것이다. 육구연은 실제로 간이(簡易)라는 표현을 사용했다.

> 학문이란 두 가지 일이 없으며 두 가지 길이 없다. 근본이 성립되면 존양하는 바 이어져 자연히 날로 새롭게 된다. 이른 바 광대하고 장구함(可大可久)이란 '간이(簡易)'에서 벗어나지 않는다.[14]

이 간이 공부의 반대 측면에는 '본심의 확립' 이전에 해결해야 할 선행 문제가 있다. 그것은 심즉리라는 통찰을 가로막고 있는 것들에 대한 대처 방법이다. 즉 본심의 자각에 방해가 되는 마음을 해치는 것들에 대한 제거가 선행되어야 하는 것이다. 그리고 그것이 바로 '박락(剝落)'이라고 불리는 낱말로 묘사되는 마음의 폐해(心蔽) — 육구연에 의하면 가장 대표적인 심폐는 예를 들자면 물욕(物欲)과 의견(意見)이다 — 를 '털어내 버리는' 과정이다. 독서와 격물궁리는

14 『상산전서』 권5, 「答高應朝」.

이런 과정의 뒤에 수반되는 학문적 활동들이다. 결과적으로 이러한 노선의 학문 지향을 가키려 존덕성(尊德性)에 뒤이은 도문학(導問學)의 양상으로 파악했던 시각에는 나름의 설득력이 있는 것이다.

3. 철학적 의의

이렇게 따지고 보면 주희와 육구연의 사유의 차이가 무엇인지에 대해서도 약간은 분명해지는 점이 있다. 이치의 실재성을 수용하는 이상, 남는 문제는 그 이치와 인간의 상호연관성을 어떻게 규정할 것인가의 문제만이 남는다. 현대의 비판철학자라면 당연히 그들이 가정하는 이치의 독단성을 문제삼을 것이다. 그러나 남송 시대의 유학자들은 그 이치의 실재성이 도가의 허무와 불교의 적멸로부터 유학을 구출해내는 동아줄이라고 여겼다. 그들의 시대적 소명의식을 감안하자면 이치와 인간의 상호연관성이 문제가 될 때 은유적인 의미에서 이치와 인간의 거리가 더 가까울수록 이론의 긴밀성이 높아지고 통일성이 증대된다. 이치와 인간의 거리가 적절하게 떨어져 있을 경우, 인간의 삶은 이치 자체가 아니라 그 이치로 근접하려는 노력으로 규정되기 쉽다. 인간과 이치의 긴장 상태란 다른 것이 아니다. 쉽게 말해 왜 선하게 타고난 인간들의 사회의 온갖 악행으로 뒤덮여있는가 하는 질문이 바로 그것을 대변하기 때문이다. 정주학파가 격물궁리를 경유하지 않으면 안 되었던 것은 바로 이 질문에 대답하기 위해서였다. 이 때문에 '이치로의 지향'이라는 삶의 양식이 나타난 것이다. 반면에 육구연은 그렇게 해서 도달한 이치 자체가 삶의 동인이 되기를 바랐다. 즉 그는 '이치로부터의 삶'을 추구했다. 이 양자 가운데 어느 것이 더 나아 보이는가?

이 문제를 생각하기에 앞서 우리가 재음미해야 할 사소한 철학적 사실이 하나 있다. 흔히 삼단논법은 귀납과 연역으로 구별된다. 귀납은 반복되는 특수한 명제의 동일한 진리값을 토대로 일반적 주장에 이른다. 연역은 일반명제로부터 특수한 주장으로 나아간다. 귀납논증의 결론은 언제나 단 하나의 반증 사례에 의해 부정될 수 있다. 연역논증은 연역되는 일반 명제의 타당성이 흔들리지 않는 한 절대 진리값에 흔들림이 없다. 그리고 오늘날 우리에게 잘 알려진 사실이 하나 있다. 우리가 사용하는 연역논증의 전제인 일반 명제들은 모두 귀납논증의 결론을 차용한 것이다. 다시 말해 그것의 뿌리가 경험적 진술들의 일반화된 형식이라는 점에는 단 하나의 경험적 반증 사례가 존재한다면 여지없이 연역논증의 전제를 뒤흔든다. 이것은 연역과 귀납 어디에도 확실성이라는 것이 무조건적으로 주어져있지 않다는 것을 의미한다. '이치로의 지향'과 '이치로부터의 삶'은 모두 '이치'를 공유한다. 이 두 가지 삶의 양식을 대변하는 성리학자가 주희와 육구연이라고 할 때, 그들의 우열을 논하기에 앞서, 그들이 확신했던 그 "이치의 확실성은 지금 어디에 놓여 있는가?"라는 질문이 먼저 제기되는 것이다.

■ 토론 주제

1. 이치와 마음의 일치라는 육구연의 주장은 오늘의 우리에게 어떤 삶의 양식을 제시하고 있는가? 징병 의무를 받아들인 한국의 젊은이와 양심적 병역 거부를 선택한 또 다른 젊은이에게 육구연의 주장은 어떻게 받아들여질 수 있는가?
2. 주희와 육구연의 학술적 태도 가운데 그 둘을 절충할 수 있는 제 3의 길을 제안할 수 있는가? 그럴 수 있다면 그러한 길의 얼개는 어떤 내용으로 채워져야 하는가?
3. 머우쫑산은 육구연적인 사유가 유학의 정통이고, 주자학적 사유는 별자(別子)에 해당하는데, 유학사에서 정통의 지위를 차지한 학술 사조라고 평했다. 그가 유학의 정통적 사유라고 간주한 것의 내용이란 무엇인가?

■ 참고문헌 및 더 읽어야할 책

陳來 지음, 안재호 옮김, 『송명 성리학』, 서울: 예문서원. 1997.

육구연 저, 고재석 역주, 『상산어록 역주』, 서울: 세창, 2017.

구스모토 마사쓰구, 김병화·이혜경 옮김, 『송명유학사상사』, 서울: 예문서원, 2005.

안영석, 『육상산의 도덕철학』, 부산: 세종출판사, 2000.

候外廬, 박완식 옮김, 『송명이학사』 1·2, 서울: 이론과 실천, 1995.

제16장

왕수인, 그는 유학에서 무엇을 보았는가?

1. 생애

왕수인은 절강(浙江)의 소흥부(紹興府) 여요현(餘姚縣) 사람으로 어릴 때의 이름은 운(云)이고, 자는 백안(伯安)이며 양명(陽明)은 그의 호이다. 무엇보다 명대를 대표하는 사상가의 한 사람으로서 '육왕심학(陸王心學)'이라고 불리는 낱말이 암시하듯이 심학의 완성자로 불린다. 그는 성화(成化) 8년인 1472년에 태어나 가정 7년인 1528년에 세상을 떠났다.

어렸을 때 왕수인은 다섯 살이 되도록 말을 하지 못했다고 전해진다. 그의 철학적 사유가 계발된 것은 1489년 18세의 나이로 주자학자인 누량(婁諒, 1422～1491)을 만나 정주학과 그들의 격물설(格物說)을 논한 때였다. 이 즈음에 10대의 왕수인이 일종의 출세간적인 삶을 꿈꾸었다는 증거가 발견된다. 이 일은 그가 17살 때 혼인하는 과정에서 벌어졌다. 왕수인은 남창(南昌)에서 부인인 제씨(諸氏)와 혼례를 치루던 날 집을 나섰다 근처 산중에서 만난 도사와 양생술을 논하다가 집에 돌아가는 것도 잊고, 그 자리에서 밤을 새웠다고 전해진다. 결국 다음날 새벽 무렵 그를 찾아 나선 사람들에게 발견되어 그는 집으로 되돌아왔다. 이 일화는 젊은 왕수인이 당시에 추구하고 있던 것이 세속적인 관심사에서 벗어난 것이라는 점을 잘 보여준다.

21세에 그는 향시에는 합격했지만, 회시에서는 낙방했다. 북경에서 주자학의 격물설에 근거를 두고 학문을 탐구하다가, "나무 한 그루, 풀 한 포기에도 나름의 이치가 있으므로 그 이치를 끝까지 탐구해야 한다"는 격물궁리(格物窮理)를 말 그대로 실천하겠다고, 대나무를 7일 동안 바라보았지만 병이 들어서 포기하고 말았다고 전해진다. 그는 이 일을 계기로 주자학의 격물궁리에 대해 근본적인 회의를 느끼게 되었다. 사실 이러한 회의는 이미 육구연의 사례에서 나타난 것이었다. 육구연은 주자학의 격물궁리가 가지는 두 가지 문제 즉, 먼저 이치를 대상화함으로써 인간과 이치 사이의 단절을 전제하고, 둘째 모든 것의 이치에 대한 인식론적 탐구라는 격물궁리가 원리적, 현실적으로 불가능하다는 점에 바탕을 두고, 이치의 내재성과 그 내적 이치에 대한 탐구의 우선성을 주장했었다. 이런 점에서 젊은 왕수인의 일화는 기본적으로 육구연의 노선을 따라 나아갈 준비를 마쳤다는 신호였던 셈이다.

그런데 이 회의는 왕수인을 곧장 유가적 심학으로 이끌지 않았다. 대신에 그는 도가의 양생술(養生術)과 도인술(導引術)을 찾아 다녔고, 불교의 수련법을 탐색했다. 그가 도가와 불교에 대한 미련을 접은 것은 31세가 되던 해였다. 그 이전에 왕수인은 스물여덟의 나이로 회시에 합격하여 비로소 관리가 되었다. 공부(工部)를 거쳐 이듬해에 형부 운남 청리사주사가 되었다. 그 와중에 그는 승방을 방문하기도 하고, 도사에게 도를 묻기도 했다. 31세 때 병을 이유로 관직을 그만두고 귀향해, 양명동(陽明洞)에 집을 짓고 도가의 도인술을 수련했지만, 이윽고 왕수인은 이러한 수련에 대해서도 회의를 느끼게 되었다. 즉, 부모를 그리워하는 것이 인간 본래의 마음인데 도교나 불교는 이러한 자연스런 정감을 무리하게 끊어버리고 '정신을 갖고 논다(欺弄精神)'는 비판적 의식이 싹텄고 이로 인해 그는 도가와 불교의 수련이 도에는 무익하다는 인식에 도달했다.

33세에 북경에 돌아와 왕수인은 드디어 34세가 되자 강학을 시작했다. 육구연이 사람들에게 '먼저 그 큰 것을 확립하라'고 했던 것과 유사하게 그는 먼저 사람들에게 성인과 같은 뜻을 세우라고 가르쳤다. 그리고 이 해에 담약수(湛若水, 1466~1560)와의 교류를 시작했다. 그리고 35세가 되어 그는 귀주(貴州) 용장(龍場)으로 유배를 당했다. 갓 제위에 오른 무종에게 상소하는 글을 올렸다 감옥에 갇힌 간관들을 옹호한 것이 빌미가 되어 장형 40대를 받고 귀주 용장의 역승(驛丞)으로 좌천된 것이었다. 용장에서의 오도(悟道)을 통해 왕수인은 격물치지에 포함된 '치지(致知)'를 '치량지(致良知)'로 재인식하게 되었고, 이에 근거한 지행합일설(知行合一說)을 구축하기 시작했다. 그리고 38세 때 귀양서원(貴陽書院)을 주관하면서 비로소 왕수인은 지행합일론을 주창하기 시작했다. 39세가 되어 왕수인은 강서(江西) 여릉(廬陵)의 지현(知縣)이 되었고, 이후 10여 년간 자신의 관원 생활에서 가장 인상적인 활약을 펼쳤다. 강서, 복건 등지의 무장 도적떼를 토벌했고, 영왕(寧王) 신호(宸濠)의 난을 평정하는데 공을 세우기도 했다.

학문적인 측면에서는 사람들에게 정좌한 채로 스스로의 깨달음을 중심으로 삼을 것을 가르치기 시작했다. 심체(心體)와 참된 본성(眞性)에 대한 주장들이 나타나기 시작했고, 학문에서 가장 핵심적인 것이 개인이 자신의 주체성을 확고하게 정립하는 것이라는 생각이 체계적으로 무르익기 시작했다. 40세의 왕수인은 주희와 육구연의 학술상의 차이를 논하면서 주희를 심각하게 논하지는 않았지만, 기본적으로 육구연을 배척하는 시류의 경향에 반대했다. 이듬해인 1512

년에는 41세의 나이로 제자인 서애(徐愛, 1487～1518)와 함께 배를 타고서 대학의 가르침에 대해 논했는데, 이것이 훗날 『전습록(傳習錄)』의 앞부분을 이루는 내용으로 편집되었다. 43세가 되어서는 주체성의 확립이 결국 천리를 보존하고 인욕을 제거하는 것이라는 내용을 가르치기 시작했고, 47세 되어서는 일부러 주희의 『대학장구』의 체제를 따르지 않는 고본대학을 판각했으며, 주희의 만년 사상과 자신의 철학적 사유가 갖는 유사성을 주장하기 위해 『주자만년정론(朱子晩年定論)』를 판각했다.

무종이 죽고 세종이 즉위하자 왕수인은 신건백(新建伯)에 봉해지고, 남경병부상서(南京兵部尙書)를 겸하게 되었다. 이 때 나이 50세였다. 이듬해에 수인의 아버지가 죽어 상을 치르게 되었는데, 3년상을 마친 뒤에도 복직하지 못하고 56세까지 고향에서 아무 임무도 없이 지냈다. 그 사이에 양명은 양지(良知)의 학설을 수립했고 제자들에게 이를 가르쳤다. 그리고 50세가 되자 비로소 왕수인은 '치량지'라는 가르침을 공개적으로 언급하기 시작했다. 그는 자신의 치량지설이 '성문(聖門)의 정법안장(正法眼藏)'이라고 주장했다. 51세에 아버지가 세상을 떠났고, 53세에는 『전습록』이 간행되었다. 그리고 54세 무렵에는 확고하게 "내 마음의 양지(良知)가 곧 천리(天理)다"라고 주장했었다. 그리고 1527년 그의 나이 56세 때 그는 사전(思田) 지방을 정벌하라는 명을 받았다. 9월 8일밤 전덕홍(錢德洪, 1496～1574)과 왕기(王畿, 1498～1583)가 다음날 왕수인이 출발 예정이었기 때문에 함께 찾아와 사구교(四句敎)와 사무설(四無說)에 관해 물었다. 그리고 그들은 천천교(天泉橋) 위로 이동해서 사구교의 종지를 논했다. 이것이 유명한 '천천증도(天泉證道)'라고 불리는 사건이었다.

사구교는 "선도 없고 악도 없는 것이 마음의 본체이고, 선도 있고 악도 있는 것은 의지의 움직임이며, 선과 악을 아는 것은 양지이고,

선을 행하고 악을 물리치는 것이 격물(無善無惡心之體, 有善有惡意之動, 知善知惡是良知, 爲善去惡是格物.)"이라는 왕수인의 가르치을 네 구절로 요약한 것이다. 사무설은 사구교를 둘러싼 대립되는 두 해석의 후자를 가리킨다. 즉, 전덕홍은 왕수인의 가르침을 절대 변경할 수 없는 것으로 보아 사구교의 심, 의, 지, 물에 대한 사유설(四有說)을 주장했는데, 이와 상대적으로 왕기는 왕기는 사구교를 방편으로 받아들여 "심(心)과 의(意)와 지(知)와 물(物)은 다만 한 가지 것이므로… 선생님의 교법에만 집착하여 그것을 고정된 것으로 삼는다면 이는 언어에 구애됨을 면치 못하는 것이니 또한 바람직한 학문이라고 할 수 없다"라고 하여 심·의·지·물을 네 가지로 나누는 것에 반대했던 것이다. 결국 전덕홍의 입장은 네 가지의 개별성을 인정하는 바탕에서 마음의 차원에서부터 선을 행하고 악을 없애는 것을 공부로 삼아야 한다는 것이었고, 왕기는 마음에 본체에는 선과 악도 없다는 사실부터 깨닫는 데에서 공부를 해야 한다고 주장했던 것이다. 이 사유와 사무의 대립은 양명학파의 학문관과 수양론에 대한 견해 차이일 뿐만 아니라, 인간 삶의 근원적 조건으로서 '마음'의 유학적 위상과 의의에 대한 왕수인의 통찰에 대한 이해 방식의 차이를 의미하는 것이었다.

어쨌든 왕수인 사전 지방의 난을 평정하고 11월 남안(南安)에 이르러 배에 올랐지만, 배가 청룡포에 머물렀을 때 병으로 세상을 떠났다. 그의 향년은 57세였다.

2. 양명학의 키워드: 양지, 심즉리, 지행합일

양명학(陽明學)이라는 고유명사는 왕수인의 철학이 유학사에서 하나의 독보적 위상을 갖고 있다는 사실을 알려준다. 그의 학문을 독보적인 것으로 만드는 것은 다음 아닌 '양지'에 대한 그의 주장 때문이다. 양지는 그의 학문을 대표하는 유일무이한 낱말인 것이다. 첸라이는 명대 사상사에서 왕수인의 위상을 대략적으로 이렇게 묘사했다.

> 전체적으로 볼 때 왕수인의 사상은 주희의 철학에 대한 반동이다. 그가 제창하고 이끌었던 심학의 부흥 운동은 송대 육구연의 심학 방향을 계승한 것이었다. 또 그것은 극도로 부패했던 명대 중기의 정치 상황과 날로 경직돼 가던 정주학의 현실을 겨냥한 것이었다는 점에서 시대적 의의를 갖는다. 다른 한편으로 그는 유가 사상의 기초 위에서 불교 사상의 자양분을 흡수하려고 노력함으로써 북송 이래로 리학자들이 불교와 도가를 지양하려는 과정을 한껏 절절에 이르도록 하였으며, 그 뒤에 이어진 삼교합일(三敎合一)의 추세를 촉진시켰다.[1]

양명학, 흔히 양명심학(陽明心學)이라고 불리는 것의 가장 간명한 이미지는 그의 죽음의 순간에서 찾아볼 수 있다. 가정 7년(1528) 10월 29일 세상을 떠나기 직전 그가 남긴 마지막 유언은 "이 마음이 환히 밝은데 다시 무엇을 말하겠는가?"라는 것이었다고 한다. 그렇다면 이 말의 전조는 어디에서 발견되는가? 그가 용장에서 깨달았다고 하는 철학적 통찰에서 이미 유사한 내용이 나타나고 있다. 용장의 유배 생활 도중 어느 날 그는 젊은 시절 그를 괴롭혔던 정주학적 격물치지에 대한 새로운 이해에 도달했다. 그는 이렇게 말했다.

> "비로소 성인의 도를 알게 되었다. 나의 성은 자족한 것이니 과거에 사물에서 이치를 찾으려는 것이 잘못이었다.[2]

---

1 陳來, 『송명성리학』, 안재호 옮김(서울: 예문서원, 1997), 367쪽.

2 『양명전서』 권32, 「연보」. "始知聖人之道, 吾性自足, 向之求理於事物者誤也."

이것은 '마음이 바로 이치'라는 육구연의 외침을 재확인시킴과 동시에 '마음 밖에 따로 이치란 없다'는 주장을 가능하게 만들었다. 이것은 성리학적 이치에 인리와 물리의 분열과 대비가 존재하지만, 결국 성리학적 차원에서 이치의 탐구가 인리의 탐구로 수렴된다는 기본 관점에서 볼 때 주자학적인 이치 개념의 물리적 요소를 완전히 탈색시키는 방향으로 그의 철학이 나아갔음을 뜻한다. 즉 격물궁리는 이제 외부의 사물에 대해서가 아니라 나 자신의 내면을 향해서 방향을 선회하게 된 것이다. 보다 상투적인 용어로 말하자면 왕수인은 주희가 말하는 리의 두 가지 범형, 즉 '소이연지고(所以然之故)'와 '소당연지칙(所當然之則)'과 같은 개념상의 충돌을 소당연지칙으로 일원화함으로써 제거하려고 시도한 셈이었다. 같은 인식을 첸라이는 이렇게 말하고 있다.

> 주희의 철학에서 '물리(物理)'란 필연과 당연의 두 측면을 포함한다. 필연은 자연 법칙을 의미하고 당연은 도덕 법칙을 의미한다. 하지만 왕수인의 '마음이 바로 리이다'거나 '마음 밖에는 리가 없다'는 주장은 당연에 대한 해석만을 제기하였다.[3]

이치 개념이 이렇게 사물의 원리가 아니라 '인간의 행동 규범'에 대한 것으로 전환되고 나면 남는 것은 그 규범성이 외재적이 아니라, 철저하게 인간에게 내재적이라는 사실을 자각하고, 그 내재적 규범성을 확인하는 것만이 학술적으로 중요한 의미를 갖게 된다. 육구연이 걸어간 길도 이러한 길이었고, 왕수인이 걸어간 길도 이러한 동일한 길이었다. 그래서 그는 "모든 사물에서 지선을 추구하는 것은 오히려 의로움을 밖에 있는 것으로 여기는 것이다. 지선이란 마음의

3 『송명성리학』, 374쪽.

본체다"[4]라고 주장했던 것이다. 유의할 점은 일단 이러한 사상 노선을 걷게 되면 한 가지 얻는 것과 잃는 것이 필연적으로 나타날 수밖에 없다는 사실이다. 얻는 것은 사상의 단일성과 순수성의 정도가 급격하게 높아진다는 점이다. 성리학적 이치 개념의 분열은 사라지고, 순수한 이치 개념만이 남는다. 반면에 잃는 것은 인간과 세계라는 우리 삶의 기본적 조건 가운데 후자에 대한 관심이 급격하게 떨어진다는 점이다. 물 리가 아니라 인리만이 중요한 의미를 갖게 되며, 인리의 인간의 내면에서 찾을 수 있다고 가정되기 때문이다. 이러한 인간은 필연적으로 내향적 방향성을 갖게 된다. 이 방향성의 전환을 둘러싼 가장 대표적인 대화가 서애와 왕수인 사이에 이미 있었다.

서애가 물었다. "지선을 단지 마음에서만 구한다면 천지만물의 이치를 다 궁구하지 못할 것 같습니다."

선생이 말했다. "마음이 바로 이치인데 마음 바깥에 또다시 사물이 있고 이치가 잇겠는가?"

서애가 다시 말했다. "예를 들어 부모를 섬길 때의 효, 임금을 섬길 때의 충, 친구와 교제할 때의 미더움, 그리고 백성을 다스릴 때의 어짊, 이 밖에도 많은 도리들이 있기 때문에 살피지 않으면 안 될 것입니다."

선생이 탄식하면서 말했다. "그런 주장의 폐해는 오래되었다. 어떻게 말 한마디로 깨우칠 수 있겠는가? 지금은 잠시 물은 내용에만 대답해 보겠다. 예를 들어 부모를 모신다면 설마 부모에게서 효도의 이치를 구하겠는가? 임금을 섬긴다면 설마 임금에게서 충의 이치를 구하겠는가? 친구와 교제하고 백성을 다스린다면 설마 친구와 백성에게서 미더움과 어짊의 이치를 구하겠는가? 모두 이 마음에 있을 뿐이다. 마음이 바로 이치인 것이다."[5]

4 『양명전서』 권1, 「전습록」 상. "於事事物物上求至善, 却是義外也. 至善, 是心之本體."

5 『양명전서』 권1, 『전습록』 상. "愛問: 至善只求諸心, 恐於天下事理有不能盡. 先

이렇게 해서 왕수인이 취한 방식은 리를 완전히 마음과 일체화시키는 길로 나아간다. 물론 육구연이 이런 방향의 선구자라는 사실에는 변함이 없다. 그럼에도 불구하고 왕수인은 육구연보다 한 걸음을 더 나아가는 것처럼 보인다. 그는 심지어 리와 마음의 일체를 주장할 뿐만 아니라. 리 자체가 마음의 활동으로부터 유도되는 것이라는 데까지 나아갔기 때문이다.

> 이치란 마음의 조리다. 이 이치가 부모에게 발현되면 효도가 되고, 임금에게 발현되면 충성이 되며, 친구에게 발현되면 미더움이 된다. 끊임없이 변하더라도 나의 한 마음에서 발현되지 않는 것이 없다.[6]

이렇게 해서 정주학적인 격물궁리는 완전하게 자신의 내면에 존재하는 이치의 소재지를 향한 탐구로 전환될 뿐만 아니라, 이치와 인간의 일체화를 이루는 데까지 나아가며, 그것이 직접 마음의 활동을 통해 세계로 발현되는 것으로 주장된다. 단순하게 말해서 선이란 오직 나의 마음으로부터 나오는 것이다. 그러므로 가장 중요한 학문의 탐구는 바로 이 마음의 본체에 대한 통찰과 이 본체의 성격에 대한 깨달음인 것이다. 그리고 그 가장 핵심적인 축은 두 가지다. 첫째, 마음이 이치의 근원이라는 것, 둘째 그러므로 이치의 근원을 확보하는 방법은 이 마음이 자신의 성격에 따라 활동할 수 있는 여지를 가장 많이 확보하는 것이다. 즉, 그것은 이 마음이 다른 어떤 것에도

生曰; 心即理也, 天下又有心外之事, 心外之理乎? 愛曰: 如事父之孝, 事君之忠, 交友之信, 治民之仁, 其間有許多理在, 恐亦不可不察." 先生嘆曰: 此說之蔽久矣. 豈一語所能悟! 今姑就所問者言之. 且如事父, 不成去父上求箇孝的理; 事君, 不成去君上求箇忠的理; 交友治民, 不成去友上民上求箇信與仁的理. 都只在此心, 心即理也."

6 『양명전서』 권8, 「書諸陽伯卷」. "理也者, 心之條理也. 是理也, 發之於親則為孝. 發之於君則為忠. 發之於朋友則為信. 千變萬化, 至不可窮竭, 而莫非發於吾之一心."

좌우되지 않고 자신의 본질 그 자체로부터 나오는 이치에 따라 인간 행위를 동기화하고, 실천하는 것이다. 그리고 이것은 곧 상식적인 언어로 마음이 모든 인간 행위의 주어가 된다는 것을 의미한다. 이렇게 해서 왕양명의 철학은 마음의 절대적 주체화라는 단계에 도달한다. 그리고 이 주체화를 대표하는 낱말이 곧 '양지'인 것이다.

여기에 이르면 또 다른 연관된 낱말의 의미 변형이 일어난다. 애초에 왕수인의 '양지'는 정주학적인 격물치지에 대한 재구성을 의미하는 것이었다. 정주학적 의미의 격물치지에 대한 고전적인 이해는 당연히 이정 형제의 격(格)을 이르다(至)로 해석하는 관행 위에 성립된 것이다. 이제 왕수인이 격물치지의 의미를 자신의 마음에 대한 것으로 변형시키자 당연히 격물치지 그 자체의 의미 변형이 나타나는 것이다. 그 가장 대표적인 것이 바로 '격'자의 의미 변형이다. 다음 세 가지 진술을 비교해 보자.

> 격(格)이란 이르다(至)는 뜻이다. 이치를 궁구해서 사물에 이르면, 사물의 이치가 극진해진다.[7]

> '지식을 지극히 함이 사물의 이치를 궁구함에 있다'는 말은, 나의 지식을 지극히 하고자 한다면 사물에 나아가 그 이치를 궁구함에 있음을 말한 것이다.[8]

> 격물(格物)에 관해 묻자, 선생은 말했다. "격이란 바로잡는다는 말이다. 그 바르지 못함을 바로잡아 바름으로 돌이키는 것이다."[9]

이정 형제에서 주희를 거쳐 왕수인에게 이르는 의미 변천이 명확

---

7 『하남정씨유서』 권2상, 64조목. ""致知在格物". 格, 至也, 窮理而至於物, 則物理盡.

8 『주자전서』 Vol.6, 『대학장구』, 20쪽.

9 『양명전서』 권1, 『전습록』 상. "問格物. 先生曰: 格者, 正也. 正其不正, 以歸於正也."

하게 드러난다는 것을 알 수 있다. 게다가 격의 의미가 바로잡는다로 변형된다는 것은 연관된 낱말의 또 다른 변형을 가져온다. 격이 바로잡는다 일 때 '격물'은 '사물을 바로 잡는다'라는 어색한 표현이 된다. 이것은 '물'의 의미에도 변화가 온다는 뜻이고, 그것은 당연히 '물'의 의미가 '마음'으로 변형된다는 뜻이다. 격물은 마음을 바로잡는 것이요, 바로잡혀야 할 마음이란 이미 마음의 주체성을 훼손시키는 바르지 못한 마음을 전제한다. 그러므로 왕수인의 '치지'는 '치양지'이고 이것은 결국 정주학적 격물궁리는 왕수인에게 '정심치양지(正心致良知)'를 의미하는 것이다. 이 때문에 그의 격물은 완전히 내향적인 의미를 획득하는 한편, 외향적인 물리 탐구의 가능성을 차단해버렸다. 이런 일방적인 이해의 편파성을 수인은 지행합일에 대한 재의미화와 강조를 통해 극복하려고 시도했다.

지행합일은 아는 것과 실천하는 것이 하나라는 의미보다는, 앎과 실천이 서로 분리될 수 없는 필연적 연관 관계에서 이해되어야 한다는 뜻이다. 다시 말해 어떤 앎이 참된 것이라면 그것은 반드시 실천과의 강력한 연계를 가질 수밖에 없다는 뜻이다. 이런 생각은 실천의 가능성이 참된 앎과 그렇지 못한 앎을 구별하는 기준으로 작용하게 만든다. 다시 말해 누군가 '안다'고 말하면서 연관된 실천을 보여주지 못한다면, 그는 '참으로 아는' 것이 아니다. 왕수인이 말하고자 했던 것도 이런 것이었다. "참된 앎은 실천의 이유이기 때문에, 실천하지 못한다면 참된 앎이라고 할 수 없다."[10] 이처럼 인식 이후에 실천이라는 선형적 이해에 반대하면서, 인식이 실천을 함축하고, 실천이 인식을 확증한다는 식의 논법을 사용하게 되면 앎과 실천의 관계는 다음과 같은 전형적인 양상을 나타나게 된다.

---

10 『양명전서』 권2, 「답고동교서」. "眞智卽所以爲行, 不行不足謂之知."

> 앎은 실천의 시작이고, 실행은 앎의 완성이다. 이 사실을 깨닫는다면, 앎에 대해서만 말하더라도 실천은 저절로 그 안에 있게 되고, 실천에 대해서만 말하더라도 앎은 저절로 그 안에 있게 된다.[11]

이렇게 해서 지금껏 이야기한 왕수인의 철학적 핵심어 세 가지가 얽혀 들어간다. 격물치지의 새로운 형태로서 '정심'과 '치양지', 육구연으로부터 이어받은, 실제로는 맹자적 사유를 계승하는 '심즉리', 그리고 인식과 실천의 상호 연관성을 뜻하는 지행합일설이 그것이다. 이 세 가지가 모여서 그의 철학의 삼위일체를 이루게 된 것이다.

3. 철학적 의의

첸라이가 말한 것처럼 왕수인의 철학은 송명리학의 정주학적 경향에 대한 일종의 반동으로 해석할 수도 있다. 그러나 보다 원천적인 것은 이러한 사유 노선의 선택 가능성이 이미 그 이전부터 유학사에 내재해 있었다는 점이다. 맹자가 성선설의 주창자라고 하지만, 현대적인 해석들은 맹자의 '성'과 '심' 개념의 구분이 그렇게 엄격하지 않다는 것을 지적하고 있다. 즉 맹자의 성선설은 일종의 심선설로 볼 수도 있다는 것이다.[12] 그리고 양지는 양능(良能)과 함께 명확하게 맹자적 기원을 가지는 낱말이다.

격물치지와 양지 양능의 결합을 곧 『대학』과 맹자적 사유의 결합을 뜻한다. 그리고 『대학』에서 격물치지는 일종의 유가 인식이론처럼 간주된다. 즉 맹자의 성선, 혹은 심선론에 기초한 도덕 이론이 유

---

11 『양명전서』 권1, 『전습록』 상. "知是行之始, 行是知之成. 若會得時, 只說一箇知, 已自有行在. 只說一箇行, 已自有知在."

12 신정근, 「맹자와 순자의 결정적 차이」, 『동양철학연구』 67집(동양철학연구회, 2011), 122쪽 참조.

가의 인식이론과 만나서 이치 개념을 도덕적으로 절대화한 것이 육구연과 왕수인을 통해 나타난 것이라고 할 수 있다. 여기에서 소외되고 있는 것은 다름 아닌 순자로 대변되는 유학적 사유의 흐름이다. 주희가 장재의 기 개념을 도입해서 성리학의 기질지성이란 개념을 창출해낸 이유는 바로 이것을 흡수하기 위해서였다.

그러므로 왕수인이 정주학에 대한 반동이라면, 이것은 유학적 사유에서 맹자적 경향과 순자적 경향의 종합이라는 주희의 철학적 기획에 대한 반대라는 것을 의미한다. 종합은 나쁘게 말하자면 절충주의이고, 좋게 말하면 다음 단계로 나아가기 위한 새로운 정초를 확립하려는 수순이다. 주희의 기획을 이렇게 볼 수 있다면 왕수인의 기획은 무엇인가? 그의 기획은 절충주의의 부정이라는 점은 확실하다. 그는 육구연과 함께 명확하게 맹자지향적이다. 그렇다면 그의 기획은 유학의 다음 단계를 위한 예비적 작업인가?

유감스럽게도 이 질문에 대한 대답은 그리 긍정적이지 못한 것 같다. 인간의 마음으로 돌아가 거기에서 절대적 주체성을 확립한 다음 인간이 나아가야 할 곳은 그 어디에도 없다. 그는 다시 자신이 속한 사회로 나아가 자신의 주체성을 발휘해야 한다. 하지만, 바로 그 순간 그는 자신의 주체성으로 절대 회귀하지 않는 타자의 존재를 발견하게 된다. 그리고 이 타자의 존재 앞에서 나의 주체성은 여지없는 상대성으로 변모하는 것을 발견하게 된다. 이 타자의 존재를 무시하는 주체성의 발휘를 이상적인 삶의 양상으로 간주할 것인가? 아니면 타자의 개입을 수용해서 나 자신의 주체성을 변화시켜 나갈 것인가? 불행하게도 양명학의 마지막 지점에서 이러한 상호주관성에 의한 자아의 변모에 대한 담론을 발견하기란 힘든 것 같다.

■ 토론 주제

1. 인간 삶에서 주체성의 확립이라는 철학적 주제가 왜 유학의 역사에서 장구한 탐구의 목표가 되어 왔는가? 이 여정은 인간 삶의 어떤 측면을 옹호하기 위한 탐색이었는가?
2. '심즉리'와 공존할 수 있는 '물리'에 대한 탐구의 학이 양명학에서 가능한가?
3. 왕수인의 사구교(四句教)가 간과하고 있는 인간의 사회적 삶의 특징은 무엇이라고 생각하는가? 다시 말해 상호주관성의 측면에서 바라본 인간 정체성이라는 관점에서 볼 때 양명학의 약점은 어디에 있는 것인가?

■ 참고문헌 및 더 읽어야할 책

뚜웨이밍 지음, 권미숙 옮김, 『한 젊은 유학자의 초상』, 서울: 통나무, 1994.

왕양명 지음, 정인재·한정길 옮김, 「전습록: 실천적 삶을 위한 지침』, 고양: 청계, 2007.

최재목, 『내 마음의 등불이다: 왕양명의 삶과 사상』, 서울: 이학사, 2003.

陳來 지음, 안재호 옮김, 『송명 성리학』, 서울: 예문서원. 1997.

候外廬, 박완식 옮김, 『송명이학사』 1·2, 서울: 이론과 실천, 1995.

제17장

왕부지, 기철학의 완성자

1. 생애와 시대

왕부지(王夫之: 1619~1692)는 중국 명말·청초의 사상가로 자는 이농(而農)이고, 호는 강재(薑齋)이다. 말년에 고향 석선산(石船山)에 은거하여 왕선산(王船山)이라고도 부른다. 그의 주요 저술은 『주역외전』, 『주역내전』, 『상서인의』, 『사문록』, 『독사서대전설』, 『장자정몽주』, 『독통감론』 등 다수가 있는데, 경학과 역사 문학 등에 걸쳐있다. 그의 존재는 알려지지 않았는데, 사후에 중국번과 중국전 형제가 『선산유서』를 간행하면서 세상에 소개되었다. 그는 황종희와 고염무와 더불어 명말·청초 3대 사상가로 불린다.

왕부지는 선진시대부터 청대 이전까지의 역학을 비판하고 종합한 것으로 평가받는다. 특히 왕부지의 이론을 이해하기 위해서는 그의 핵심 이론인 도기론(道器論)을 살피는 것이 중요하다. 일반적으로 도기론의 문제에 대한 철학적 논의의 핵심은 크게 두 가지로 정리할 수 있다. 첫째, 세계와 그 배후의 본질 사이를 가르는 기준이 무엇인가에 관한 것이다. 즉 현상세계에 존재하는 기(器)와 그 배후의 본질인 도(道)를 어떻게 나누고 이해하느냐의 문제이다. 둘째, 현상세계와 그 배후의 본질 중에서 어떤 것을 보다 근원적인 것으로 간주하느냐의 문제이다. 여기에서는 도(道)를 바탕으로 기(器)를 설명하느냐 아니면 기(器)를 바탕으로 도(道)를 설명하느냐의 차이가 생긴다. 위의 두 문제에 대한 해명방식은 중국철학의 여러 이론 체계들을 구별하는 중요한 기준 중에 하나이다. 그래서 도기론에 대한 이해 방식에 따라 세계의 이해, 사물의 인식, 가치판단의 기준이 달라진다.

그런데 이 도기론이 왕부지에 의해 집중적으로 다루어지고 그의 철학적 근거가 된 까닭은 무엇인가? 첫째, 그는『역』을 근거로 삼아 철학 체계를 형성하였기 때문에『역(易)』내에서 세계를 설명하는 개념인 도기를 연구하게 되었다. 둘째, 그는 중국의 전통적인 사유체계에 관심을 가졌기 때문에 송대에 이르러서야 쟁론화된 이기(理氣) 개념을 사용하기보다는 선진 시대의 도기 개념을 사용하였다. 셋째, 그는 반청복명(反淸復明)운동에 몸담으면서 명나라의 멸망 원인을 송대의 공리공담만을 늘어놓는 이기론(理氣論)이라고 여겼기 때문에 이기(理氣)보다는 도기(道器)의 개념으로 철학적 근거를 세웠다. 이러한 도기론이 등장하게 된 배경에 따라 왕부지는 '도(道)는 기(器)의 도(道)'라는 명제를 설정하여 그의 철학 전반을 걸쳐 일관된 논리적 구조를 유지한다. 그렇다면 왕부지의 도기론을 구체적으로 서술해보자.

2. 도기론(道器論)의 의미

1) 도(道)와 기(器)의 개념

왕부지는 자신의 철학을 장재의 기철학을 바탕으로 확립한다. 장재(張載: 1020~1077)는 "기화(氣化)로 말미암아 도(道)라는 명칭이 있다."[1]라고 하여 태허의 기(氣)가 운행 변화하는 자연과정으로 도(道)를 설명하였다. 즉 기(氣)가 모이면 사물이 완성되고 기(氣)가 흩어지면 사물이 파괴되는 음양이기(陰陽二氣)의 작용을 도(道)로 보았다. 왕부지는 장재의 철학을 받아들여 도(道)를 사물 안에 내재하는 원리로 보고 사물을 벗어나 독립적으로 존재할 수 없다고 여겼다. 여기서 내재하는 원리라는 것은 기(器)안에 내포하고 있는 음양이기의 변화를 의미한다. 기(器)의 의미를 보다 철학적으로 이해한 곳은 『주역』의 "형이상자위지도(形而上者謂之道), 형이하자위지기(形而下者謂之器)"이다. 이것은 형이상학적인 도(道)의 의미와 상반하여 형이하학적인 기(器)의 의미를 드러낸 것이다. 이런 철학적인 기(器)에 대한 논의는 송대 이후에 구체화 된다.

장재의 『정몽』에서는 "형적(形迹)이 있는 것이 곧 기(器)이다."[2] 라고 하여 기(器)를 보다 넓은 의미로 사용하였다. 왕부지는 이러한 장재의 철학을 받아들여 『주역외전』에서 형체가 있는 구체적 사물로 기(器)를 파악하였으며, 구체적 사물의 실재성의 조건이기도 하기 때문에 기(器)를 구체성의 원리로 보고 있다. 즉 그는 "기(器)가 없으면 도(道)가 없다는 것을 말하는 사람은 드물지만 진실로 그것은 그러한 것이다."[3]라고 기(器)를 해석하였다.

도(道)와 기(器)의 개념을 살펴보았지만, 도기론(道器論)의 구조를 분명히 하기 위해서는 도(道)와 기(器)의 관계를 살펴보는 것이 중요하다. 도(道)와 기(器)의 관계가 전통적인 방식에서 어떻게 시작되어 전개되었는가?

---

1 朱熹 注『正蒙』, 『張子全書』(臺灣: 商務印書館股份有限公司, 1979), 24쪽. "由氣化 有道之名."

2 『易說』, 『張子全書』, 239쪽. "有形迹者卽器也."

3 『周易外傳』, 『船山全書』 권1, 1028쪽. "無其器則無其道, 人鮮能言之, 而固其誠然者也."

3. 도기론(道器論)의 구조

1) 형이상자(形而上者)와 형이하자(形而下者)의 관계

왕부지는 '형이상자위지도 형이하자위지기(形而上者謂之道, 形而下者謂之器)'에 대해 "천하는 오직 기(器)일 뿐이다. 도(道)는 도(器)의 도(道)이다."[4]라고 하고, "형이상자의 도(道)는 형이하자의 기(器) 안에 있다."[5]라고 주장하여 '도(道)' 보다는 '기(器)'에 우선성을 부여하였다. 이러한 해석은 기존의 형이상자를 우선적으로 보는 경향에 대한 반론이며, 형이상자와 형이하자의 관계를 재편하는 출발점이 된다. 왕부지의 견해에 따라 형체가 먼저 존재한다고 한다면 어떻게 형이상자를 이해할 것인가의 문제에 직면하게 된다. 왕부지는 다음과 같이 설명한다.

> 형이상자는 형체가 없는 것을 가리키는 말이 아니다. 먼저 형체는 있고 형체가 있은 이후에 비로소 형이상자가 있게 된다. 형체가 없는 형이상자는 고금을 통하고, 모든 변화를 모두 살펴보고, 천지와 인물을 다 궁구해보더라도 찾을 수 없다.[6]

왕부지의 형이상자에 관한 해석은 사물의 배후에 존재하는 어떤 것을 지적한 것이 아니다. 즉 구체적 사물이 존재하고 그것을 바탕으로 형이상자와 형이하자의 이름으로 나누어 설명한 것이지, 형체를 떠나서 형이상자를 해석하지 않았다.[7] 그래서 그는 형체를 통하여 형

---

4 『周易外傳』, 『船山全書』 권1, 1027쪽. "天下惟器而已矣. 道者器之道."
5 『禮記章句』, 『船山全書』 권4, 876쪽. "形而上之道卽在形而下之器中."
6 같은 책, 1028쪽. "形而上者, 非無形之謂. 旣有形矣, 有形而後有形而上. 無形之上, 亘古今, 通萬變, 窮天窮地, 窮人窮物, 皆所未有者也."
7 『周易內傳』, 『船山全書』 권1, 568쪽. "「形而上」, 而不離乎形."

이상자와 형이하자를 통일시킨 것이다. 그는 보다 구체적으로 형이상자와 형이하자를 다음과 같이 말한다.

> 형이상자는 아직 형체를 이루지 않고 숨어 있는 것이어서 뛰어넘을 수 없는 천칙(天則)이 있는 것이다. 하늘은 그것을 본받아 변화하고 사람은 그것을 본받아 마음의 작용으로 삼는다. 형체가 생겨나는 곳은 감추어져 있어 아직 드러나지 않은 것이다.[8]

> 형이하자는 바로 형체가 이미 구체적 개별자들 속에 이루어져 있는 것으로서 볼 수도 있고 좇을 수도 있는 것이다.[9]

여기서 왕부지는 형이상자의 개념을 구체적 사물이 존재하기 이전의 천칙(天則)[10]으로 보았다. 그 천칙은 구체적 사물이 존재하고 난 뒤 그것에 내재하는 것으로써 성능과 공효로 드러나는 것이다.

---

8 같은 책, 같은 곳. "形而上者, 當其未形而隱然有不可踰之天則, 天以之化, 而人以爲心之作用. 形之所自生, 隱而未見者也."

9 같은 책, 같은 곳. "形而下者, 卽形之已成乎物而可見可循者也."

10 '구체적 사물이 존재하기 이전의 천칙(天則)'이라는 것은 어떤 사물을 형성하기 위한 기화의 작용을 말하는 것이다. 구체적 사물이 존재하고 나서 형이상자와 형이하자를 논의해야 하는데, 구체적 사물이 존재하기 이전의 천칙, 즉 형이상자가 있다는 것은 모순된 견해처럼 보인다. 하지만 구체적 사물이 존재하기 이전 단계에서 그것을 이루는 것이 양능(良能)이며, 사물이 존재한 이후에 그것의 쓰임새를 결정하는 것이 공(功效)이다. 그러므로 왕부지는 형이상자를 존재의 법칙과 당위의 법칙으로 나누어 파악하였다.(김진근, 『왕부지의 주역철학』(서울: 예문서원, 1996), 190~191쪽 참조.) 또한 형체가 존재하기 이전의 천칙은 도기(道器)의 문제를 가리켜 말한 것이 아니라 이기(理氣)의 문제를 가리킨 것이다. 이(理)와 기(氣)는 감각할 수 없는 것이다. 그래서 실질적인 존재물이 아닌 기(氣)의 작용을 형이상자로 본 것이다. 즉 이기(理氣)의 관점에서 형이상자의 의미를 말한 것이다. 형이상자는 드러나지 않을 뿐, 형체와 서로 떨어져 존재하는 것이 아니다. 왕부지의 견해는 도(道)가 기(器)에 내재한다는 논리와 같이 이(理) 또한 기(氣)에 내재한다고 본 것이다. 이것이 정주학(程朱學)에서 말하는 이기(理氣) 관계와 다른 점이다.

그런데 이런 정의는 중국철학사에서 하나의 논쟁거리를 제공한다.

왕부지가 말하는 형이상자란 사물의 당연한 도리이고, 형이하자란 사물의 구체적 형태인데 이것은 이학파(理學派)의 입장과 유사하지만 다음 두 가지 점에서 차이를 드러낸다. 첫째, 형이상자과 형이하자는 함께 존재하는 것이며 형이하자와 떨어져서 독립적으로 존재하는 형이상자는 없다고 보아 형이하자의 선재성을 강조한다. 둘째, 형이상자와 형이하자의 구별은 반드시 형태로부터 시작되므로 만약 형태가 없다면 이른바 형이상자와 형이하자의 구별도 존재하지 않는다는 점이다. 왕부지는 형이상학적 체계를 세우는 것은 반대하지 않지만 형이상학의 탐구는 현실세계를 바탕으로 세워야한다고 여겼다.

2) 숨어있는 것[隱]과 드러난 것[顯]의 관계

숨어있는 것과 드러난 것이라는 말은 『중용』 1장에서 신독(愼獨)의 개념을 해석하면서 나오는 말이다. "숨어있는 것만큼 잘 드러나는 것이 없다."[11]는 『중용』의 표현은 홀로 있을 때 더욱 삼가라는 뜻이다. 그런데 왕부지는 이런 숨어있는 것과 드러난 것을 도용하여 형이상자와 형이하자를 설명한다. 그는 "도(道)가 숨어있다고 해서 없는 것이 아니다. 어떻게 숨어있는 도(道)를 찾을 수 있는가? 형이상자는 숨어있는 것이고, 형이하자는 드러난 것이다. 형이상자를 설명하자마자 이미 하나의 형(形)자가 있게 되어 흔적을 살필 수 있게 되고 그것이 무엇인지 가리켜 지적할 수 있게 된다."[12]고 말한다.

---

11 『四書訓義·上』, 『船山全書』 권7, 103쪽. (『中庸』, 1장), "莫見乎隱, 莫顯乎微, 故君子愼其獨也."

12 『讀四書大全說』, 『船山全書』 권6, 490쪽. "道之隱者, 非無在也. 如何遙空索去? 形而上者隱也, 形而下者顯也. 纔說個形而上, 早已有一形字爲可按之跡, 可指求之主名."

이런 점에서 형이상자와 형이하자는 초월과 현상으로 보여지는 것이 아니라, 숨어있는 것과 드러난 것이다. 숨어있는 것과 드러난 것은 형이상자와 형이하자의 존재방식의 차이이다. 즉 "형이상자는 보고 들을 수 없고, 형이하자는 보고 들을 수 있는 것"[13]이다. 그러나 형이상자는 기물(器物) 안에 숨겨져 있고, 우리의 시야에서 벗어나 있을 뿐 철저하게 실재적[實有]이다. 왜냐하면 숨겨진 것이든 드러난 것이든 모든 것은 실재하는 기(氣)가 운동하는 양태들이기 때문이다. 즉 숨어있는 것과 드러난 것은 기(氣)를 매개로 하여 통일한 것이다.

> 허공은 모두 기(氣)이다. 모이면 드러나는데, 드러나면 사람은 그것을 유(有)라고 일컫는다. 흩어지면 숨겨지는데, 숨겨지면 사람은 그것을 무(無)라고 한다. ……기(氣)가 모여서 사람과 사물이 되면 형체가 있게 되고, 흩어져 태허(太虛)로 들어가면 형체가 없으나 반드시 소종래(所從來)가 있다.[14]

이것은 장재의 "드러난 것이란 모인 것이요, 숨어있는 것이란 흩어진 것이다."[15]라는 입장을 받아들인 것이다. 여기서 기(氣)의 운동은 언제나 현재적이다. 일반적으로 사람들은 숨어있는 것과 드러난 것을 유무(有無)로 판단하지만, 이것은 기(氣)의 운동일 뿐이다. 그래서 그는 "모이는 것이 크게 쌓이면 볼 수 있고, 흩어진 것이 지극히 미미해지면 볼 수 없다."[16]라고 하여 기(氣)가 운동하여 흩어지면

13 같은 책, 505쪽. "形而上者, 可見可聞者也, 形而下者 弗見弗聞者也."

14 『張子正蒙注』, 『船山全書』 권12, 23쪽. "凡虛空皆氣也, 聚則顯, 顯則人謂之有, 散則隱, 隱則人謂之無.……其聚而出爲人物則形, 散而入於太虛則不形, 抑必有所從來."

15 『張子正蒙注』, 『船山全書』 권12, 312쪽. "顯, 其聚也; 隱, 其散也."

16 같은 책, 312쪽. "聚則積之大而可見, 散則極於微而不可見."

숨어있는 것이고, 운동하여 모이면 드러난다고 보았다. 기(氣)는 그 자체로 굴신(屈伸)·왕래(往來)·취산(聚散)·유명(幽明) 등으로 운동하는 것이지, 생멸(生滅)이 있는 것이 아니다. 그는 현실세계에 존재하는 기(器)를 바탕으로 세계의 원리를 설명하기 때문에 구체적인 사물이 있기 전에 어떤 하나의 원리가 있는 것이 아니라고 본다. 더 나아가 왕부지는 역사적 근거를 가지고 숨어있는 것과 드러난 것으로 도기(道器) 관계를 설명한다.

> 기(器)가 없으면 그 도(道)도 없게 되는데 이것을 말하는 사람이 드물다 하더라도 진실로 옳다. 아득한 옛날에는 읍양(揖讓)의 도(道)가 없었고, 요순시대에는 조벌(弔伐)의 도(道)가 없었으며, 한당 시대에는 오늘날과 같은 도(道)가 없었다. 오늘날도 다른 때의 도(道)가 없는 것이 많을 것이다. 활과 화살이 없으면 사도(射道)가 없고, 수레와 말이 없으면 어도(御道)가 없다.[17]

왕부지는 숨어있는 것과 드러난 것이 현재성을 가진 기물(器物) 안에 도(道)가 들어있다는 관점을 강조한다. 과거나 미래의 도(道)가 있는 것이 아니라, 지금 존재하는 사물에 도(道)가 숨어있는 것이다. 왕부지는 개체 사물의 앞 혹은 위에 도(道)를 두어 세계의 본원이라고 하는 것에 반대하였다. 그래서 그는 '기(器)에 의거하여 도(道)는 존재하고 기(器)를 떠나면 도(道)는 없어진다'고 하였다. 즉 도(道)는 시·공을 초월하여 존재하는 것이 아니며, 시대가 같지 않으면 도(道)도 다르다는 것이다. 여기에서 도기(道器)의 의미는 자연의 구체적인 사물의 범위를 넘어서 사회제도까지 논의를 확대시킨 것이다. 즉

---

17 『周易外傳』, 『船山全書』 권1, 1028쪽. "無其器則無其道, 人鮮能言之, 而固其誠然者也. 洪荒無揖讓之道, 唐虞無弔伐之道, 漢唐無今日之道, 則今日無他年之道者多矣. 未有弓矢而無射道. 未有車馬而無御道."

단순히 존재론적 의미로만 사용한 것이 아니라, 사회전반의 변화를 설명하는데 사용하였다. 이것은 사회제도 가운데에서 윤리와 사회생활의 관계를 논의한 것이며, 이전의 유학 특히 송대의 이본론(理本論) 혹은 성리학적인 사고의 틀을 깨트린 것이다.

기(器)의 특징은 드러난 것과 함께 변해간다는 의미를 내포하고 있다. 기(器)는 불변하거나 고정적으로 정지하고 있는 것이 아니라 그 자체로 끊임없이 변해 가고 있는 것이다. 왕부지는 세계를 기(器)가 부단히 생성 변화하는 과정으로 보았기 때문에 드러난 것은 기(器)이고, 숨어 있음은 바로 그 생성 변화하는 도(道)라고 보았다. 이렇게 해서 숨어있는 것으로서의 도(道)는 변화를 통해 드러나게 되고, 그것은 기(氣)의 모임과 흩어짐 혹은 기(器)의 생성 변화 과정과 일치한다. 따라서 기(氣)의 변화 과정에 대한 관찰과 인식은 변화 과정 속에 포함된 운동의 법칙과 규칙들에 대한 인식으로 나아갈 수 있는 토대가 된다. 이것은 기본적으로 역학적 사유방식이며, 왜 도기론(道器論)이 역학이란 범주 안에서 탄생했고, 또 논의되어야 하는지에 대한 실마리를 제공한다. '변화'는 단순한 의미를 넘어서 도(道)를 내포하고 있는 기(器)의 움직임이 되는 것이다. 변화가 존재하지 않거나, 기(氣)가 모이지 않는다면, 또 기(器)가 생성 변화하지 않는다면 도(道)에 대한 인식이란 불가능하다. 그러므로 기(氣)는 본질상 변화 운동하는 것이요, 도기론(道器論)은 기(氣)의 세계가 생성 변화하는 것에 대한 관찰을 통해 얻어진 세계에 대한 인식 틀이다.

그렇다면 변화 과정의 규칙성 속에서 파악된 도(道)는 변화하는 기(器)와 어떤 관계를 이루게 되는가? 왕부지는 드러난 것들의 변화를 통해 숨겨진 것을 인식해야 한다는 인식론적 입장에서 확립된 태도를 바탕으로 도(道)와 기(器)의 관계를 본체[體]와 현상[用]이란 개념으로 범주화해서 설명한다.

3) 본체[體]와 현상[用]의 관계

도기(道器) 관계를 설명할 때 자주 채택되는 체용론(體用論)은 불교의 중국화 과정에서 등장했다는 설이 지배적이다.[18] 그러나 왕부지는 체용론(體用論)의 연원을 한유(漢儒)에게로 소급하고 있다.

체용(體用)과 도기(道器)의 관계를 통한 분석은 송대에 들어 더욱 철학적인 면모를 띄게 된다. 이정(二程)은 체용(體用)에 대하여 "지극히 숨어있는 것은 이(理)이며, 지극히 드러난 것은 상(象)이다. 체(體)와 용(用)이 동일한 근원이며, 현상과 본체 사이에는 틈이 없다."[19]고 하여 체용을 이(理: 본체)와 상(象: 현상)의 관계로 설명하였으며, 이것에 따라 그는 도체기용(道體器用)의 입장에 선 것을 알 수 있다. 이정(二程)의 체용(體用論)은 주희에 와서 더욱 구체화되었다. 그는 "드러난 것은 본체이고 나중에 생겨난 것은 작용이다. 하늘은 본체이고, '만물이 의지하여 시작한다'는 것은 작용이다. 땅은 본체이고, '만물이 의지하여 생겨난다'는 것은 작용이다."[20]라고 하여 체(體)는 용(用)을 드러나게 하는 원인으로 보았으며, 용(用)은 체(體)로 인하여 드러난 것으로 보았다. 이것은 형이상자와 형이하자의 관계에서 형이상자가 형이하자에 선행하는 것으로 인식하는 태도와 마찬가지로 용(用)에 대한 체(體)의 우선성을 강조하는 태도를 보여준다. 즉 주희도 역시 도체기용(道體器用)의 입장이다.

왕부지는 송대의 도체기용(道體器用)과 다르게 기체도용(器體道用)이라는 명제를 제시한다. 이것은 "기(器)에 의거하여 도(道)가 존

---

18 김병환, 「北宋性理學-儒學의 부흥과 '道·佛'의 영향」, 『중국철학』 권6, 1999, 196~198쪽 참조.

19 『二程集』 권2, 689쪽. "至微者理也, 至著者象也. 體用一原, 顯微無間."

20 『朱子語類』 권1, 101쪽. "見在底便是體, 後來生底便是用. 此是體, 動作處便是用, 天是體, 萬物資始處便是用. 地是體, 萬物資生處便是用."

재하며, 기(器)를 떠나면 도(道)는 허물어진다."[21]는 의미와 같은 맥락으로 이해할 수 있다.

> 성인으로도 알지 못하고 능하지도 못한 것이 기(器)이며, 보통 사람으로도 잘 알고 능한 것이 도(道)이다. 그러므로 기(器)를 다하기가 어렵다. 기(器)를 다하면 도(道)가 통하지 않음이 없다. 도(道)를 다하는 것은 기(器)를 살피는데 있고, 앎이 기(器)를 다하는 것에 이르고 능함이 실천에 이르게 되면 덕(德)이 왕성해 질 것이다.[22]

이것은 구체적인 현실세계를 인식한 후에 보편적인 원리인 도(道)를 알 수 있음을 말한 것이다. 즉 기(器)를 체(體)로 삼고 도(道)를 용(用)으로 삼은 것이다. 인식할 수 없는 원리 속에서 이야기하는 것이 아니라, '존재한 것[器]'를 인정하고 그 안에서 원리를 탐구하는 것이다. 그래서 왕부지는 이전의 송명리학(宋明理學)에서 체(體)는 불변하는 실체이고, 용(用)은 활동하고 쓰이는 부수적이라는 도체기용(道體器用)에 반대하여 실제의 쓰임인 용(用)을 강조하였다. 이것은 또한 '도(道)는 기(器) 가운데에 있다'는 의미와 상응하는 말이며, 공자의 '하학이상달(下學而上達)'의 의미와 같은 말이다.

결국, 왕부지가 말하는 기(器)는 형체를 가지고 있는 개별적인 존재이며, 도(道)는 구체적 개별자와 개별자들의 관계 사태의 제약을 받아 존재하는 법칙성에 불과하다.[23] 그는 도(道)를 바탕으로 기(器)를 설명하는 송유의 방식을 벗어나 기(器)를 바탕으로 도(道)를 설명

---

21 『周易外傳』, 『船山全書』 권1, 861쪽. "据器而道存, 離器而道毁."

22 『思問錄』, 『船山全書』 권12, 427쪽. "聖人之所不知不能者, 器也. 夫婦之所與知與能者, 道也. 故盡器難矣. 盡器則道無不貫. 盡道所以審器, 知至于盡器, 能至于踐形, 德盛矣哉!"

23 이규성, 「王船山 氣哲學體系 硏究」(서울대박사학위 논문, 1989), 120쪽 참조.

하는 방식을 채택하였다. 이것은 기(器)를 중심으로 세계를 해석하는 것이지, 기(器)가 있는 후에 도(道)의 개념이 있다는 선후의 문제로 치환된 것이 아니다. 즉 이것은 도(道)의 개념을 구체적 현상세계로 끌어내린 커다란 변혁을 이룬 것이며,[24] 이상의 실현이 현실생활의 밖에 있는 것이 아니고, 일상의 생활 속에서 표현되는 것이다. 그리하여 그는 종합해서 "도기(道器)를 합하고 상하(上下)의 이치를 다하면 성인의 뜻을 파악할 수 있다."[25]라고 한 것이다.

4. 도기론의 실현

1) 천형론(踐形論)

중국 지성사의 전통에서는 육체적 삶보다는 정신적 삶에 우위를 두는 경우가 많았다. 천형(踐形)에 대한 담론은 『맹자』에서 찾아볼 수 있다. 「진심 상」에서 "형색(形色)은 천성(天性)이니, 오직 성인이라야 형색(形色)을 실천할 수 있는 것이다."[26]라고 하고, 「고자 상」에서는 "사람은 자기 몸에 대해서 애착을 가지고, 애착을 가지면 잘 보존하려고 한다. 자신의 자그마한 살점이라도 애착을 가지지 않음이 없다면, 그 자그마한 살점을 보존할 수 없는 까닭에 그것을 잘하고 잘하지 못하는 이유에 어찌 다른 까닭이 있겠는가?"[27]라고 하였다. 여기서 현실적인 삶을 소중히 여기고 육체를 소중히 해야 할 것

---

24 김진근, 『왕부지의 주역철학』(서울: 예문서원, 1996), 184~185쪽 참조.

25 『周易內傳』, 『船山全書』 권1, 568쪽. "合道器而盡上下之理, 則聖人之意可見矣."

26 『四書訓義·下』, 『船山全書』 권8, 891쪽. (『孟子』, 「盡心上」), "形色天性也, 惟聖人然後可以踐形."

27 『四書訓義·下』, 『船山全書』 권8, 731쪽. (『孟子』, 「告子上」), "人之於身也, 兼所愛, 兼所愛, 則兼所養也, 無尺寸之膚不愛焉, 則無尺寸之膚不養也, 所以考其善不善者, 豈有他哉?"

을 강조하고 있다. 즉 천성(天性)이라는 것은 형색(形色)으로 드러나는 것이며, 형색(形色)이 없으면 천성(天性)도 나타나지 않는다. 그러므로 형색(形色)으로 천성(天性)이 드러나게 하는 것은 도덕 수양의 실질적인 목표가 된다.

송대에는 이치[理]와 마음[心]을 중시하였기 때문에 형체를 소중히 여기지 않았으나, 왕부지에 와서 형체를 중시하는 천형론(踐形論)이 적극적으로 받아드려졌다. 그의 천형론은 '도(道)는 기(器)의 도(道)이다'의 관점에서 인생철학으로 드러나며, 사람이 우주 가운데서 사물과 그 변화의 추이를 인식할 수 있기 때문에 그것들을 이용하고 통제할 수 있다고 여겼다. 사람은 자연에서 태어남과 동시에 자연과 대립상태가 되며 자연계의 주인이 된다. 그리하여 왕부지는 인간이 짐승과 구별되는 조건을 보존해야한다고 주장하여 사람은 주어진 본성을 발전시킬 수도 있고 개조할 수 있다고 보았다. 이것은 사람의 가치에 대한 중요성을 드러낸 것이다. 왕부지는 구체적으로 천형을 다음과 같이 말하였다.

> 형체가 이루어진 곳에 성(性)이 있고, 정(情)이 드러나는 것은 오직 그 형체를 통해서이다. 그래서 (맹자는) '형색(形色)은 하늘의 성(性)이므로 오직 성인이라야 형체의 모습을 실천할 수 있다'라고 하였다.[28]

> 형식(形色)은 천성이 아님이 없기 때문에 천성의 지각은 형색에 의해서 드러난다.[29]

『중용』의 '천명지위성(天命之謂性)'이란 말에 의하면, 형체가 형

---

28 『周易外傳』, 『船山全書』 권1, 836쪽. "形之所成斯有性, 情之所顯惟其形, 故曰, 形色天性也, 惟聖人然後可以踐形."

29 『張子正蒙注』, 『船山全書』 권12, 148쪽. "形色莫不天性, 故天性之知, 繇形色而發."

성되면 여기에 성(性)이 부여되는 것이다. 사람의 형색(形色)은 하늘로부터 받은 성(性)이며, 성인은 하늘로부터 받은 성(性)에 부끄럽지 않기 때문에 능히 형색(形色)을 실천할 수 있다. 그러므로 천성(天性)이라는 것은 형색(形色)으로 드러나는 것이며, 형색(形色)이 없으면 천성(天性)도 나타나지 않는다. 이것은 '도(道)는 기(器) 가운데에 있다'는 관점과 같다. 그러므로 천형은 곧 "바로 몸에 도리(道理)가 있다."[30]는 의미를 가지고 있으니, 형색의 도리를 충분히 발전시켜서 각각 도리에 맞게 해야만 한다는 것이다. 즉 형색이 소멸되면 천성이 소멸된다.[31] 그러므로 천형은 "형체를 가지고 있는 형이하자를 실천하는 것이지 형체가 없는 형이상자를 실천하는 것이 아니다."[32]라고 하였다. 이것은 객관적인 세계인 유형의 세계를 삶의 바탕으로 보고 있는 것이다. 더 나아가 왕부지는 본성을 날로 새롭게 변화는 것으로 보았다.

> 형체는 날마다 길러지고 기운은 날마다 자라고 이치는 날마다 이루며, 바야흐로 생하고 받으니 하루는 생하고 하루는 받는다. 그것을 받는 것은 주는 것으로 말미암아 있는 것이니 어찌 하늘이 아니겠는가? 그러므로 하늘은 사람에게 날마다 명(命)하고 사람은 날마다 하늘에서 명을 받는다. 그러므로 '성(性)은 생하는 것이다'고 하니 날마다 생하고[日生] 날마다 이룬다[日成].[33]

---

30 『尙書引義』, 『船山全書』 권2, 1028쪽. "卽身而道在也."

31 『思問錄』, 『船山全書』 권12, 424쪽. "'形色, 天性也', 故身體髮膚不敢毁傷, 毁則滅性以戕天矣."

32 『周易外傳』, 『船山全書』 권1, 1028쪽. "踐其下, 非踐其上也."

33 『상서인의』 권3, 「태갑2」, 300쪽. "形日以養, 氣日以滋, 理日以成; 方生而受之, 一日生而一日受之. 受之者有所自授, 豈非天哉? 故天日命於人, 而人日受命於天, 故曰性者生也, 日生而日成之也."

'본성이 날로 이루어진다'는 것은 고정 불변의 형이상학적인 관점을 반대하는 왕부지의 독창적인 학설이다. 송대의 주희는 '성즉리'라는 개념을 사용하여 하늘이 인간에게 성을 내려주며, 인간의 청탁(淸濁)에 따라서 본연지성과 기질지성으로 나누어진다고 보았다. 이것은 하늘이 성을 한 번 내려주면 인간은 그 성을 유지하고 닦아야한다는 논리인데, 왕부지는 이와 달리 하늘은 날마다 새로운 본성을 내려주고 인간은 항상 그 새로운 본성에 따라 자신을 발전시켜 나간다는 것이다. 세계의 모든 것은 변화하고 날로 새로운 것이기 때문에 인간의 본성 또한 새롭게 발전한다. '날로 새롭게 한다'는 것은 날로 덕을 쌓아가는 것이다. 덕은 어느 한 시점에서 형성되는 것이 아니라, 끊임없이 자강불식(自强不息)하는 과정 속에서 형성되는 것이다. 이것은 덕을 숭상하는 것[崇德]이며 덕을 성대하게 하는 것[盛德]이다.

2) 인욕론(人欲論)

송대의 유학자들은 천리(天理)와 인욕(人欲)의 문제를 극기복례(克己復禮)의 공부로 여겼으며, '인욕(人欲)을 막고 천리(天理)를 보존한다'는 명제를 제시하여 인욕(人欲)을 억눌러야할 것으로 전락시켰다.[34] 이러한 이욕관(理欲觀)은 또한 봉건사회의 도덕과 질서를 유

---

34 송대 이후의 인용론(人欲論)도 인욕(人欲)을 주로 '부정한 것', '막야 할 대상', '악(惡)의 원인'이라는 입장에서 전개되었다. 예를 들면 왕양명(王陽明)은 "인욕(人欲)을 제거할 수 있으면 곧 천리(天理)를 알게 된다."(왕양명(王陽明), 『전습록 상(傳習錄 上)』, "거득인욕(去得人欲), 변식천리(便識천理).")고 했으며, 호굉(胡宏)은 "천리(天理)와 인욕(人欲)은 같은 예(體)이나 용(用)이 다르며, 같이 행(行)하나 정(情)이 다르다"라 하고, "좋아하고 미워하는 것은 性이다. 소인의 호오는 자기를 위한 것이고, 군자의 호오는 도(道)에 들어맞는다. 이것을 살펴 천리(天理)를 체득하면 인욕(人欲)도 알 수 있다."(호굉(胡宏), 『지언(知言)』. "천리인욕(天理人欲), 동체이이용(同體而異用), 동행이이정(同行而異情)," "호악성야(好惡性也), 소인호악이기(小人好惡以己), 군자호악이도(君子好惡以道),

지하는 권력층의 지배원리가 되었다.

그러나 왕부지는 '도(道)는 기(器)의 도(道)'라는 원리를 바탕으로 현상 세계 안의 존재에 가치를 부여하였기 때문에 욕(欲)을 비롯한 자연세계의 모든 것을 선(善)한 것으로 인정하였다. 그는 악(惡)의 기원을 습(習)의 때에 맞지 않는 위치에서 구하고, 때에 맞는 위치에 있을 때 선(善)이라고 보았다. 즉 습(習)이 타당하면 선(善)이 되고, 타당하지 않으면 곧 악(惡)이 되는 것이다.[35] 습(習)이란 사람의 도(道)[36]이며, 꾸준한 노력을 통하여 날마다 익혀서 새롭게 나아가는 것으로 도덕실천에서 중요한 지위를 차지한다. 그래서 왕부지는 "습(習)은 성(性)과 더불어 이루어진다."[37]라고 말하여 후천적으로 얻어지는 성품을 중시하였다. 그는 선험적으로 주어지는 인성론에 대하여 반대하고 끊임없는 습(習)을 통하여 날로 새로운 성품을 길러야 하는 것으로 보았다. 이것은 변화하고 운동하는 인성(人性)을 말하는 것이라기보다는 인간의 실천을 강조한 것이다.[38] 그러므로 인간은 사회적 환경 속에서 실천하는 방법으로 항상 습(習)에 힘써야한다.

왕부지는 습(習)에 의해서 이루어진 인성(人性)을 '도(道)가 기(器)에 내재한다'는 논리와 같이, '천리(天理)도 인욕(人欲)에 내재한다'고 보고 있다. 그러므로 그는 인욕(人欲)을 단순히 억제하고 부정할 대상으로 본 것이 아니라, 인욕(人欲)을 적극적으로 긍정하여 천리(天理)와 인욕(人欲)을 두 개의 물로 보지 않는다. 천리와 인욕은 모두 외물에서 기인한 것이며, 행하는 것은 같으나 그 정(情)이 다를

찰호차득천리(察乎此得天理), 인욕가지(人欲可知).")고 하였다.

35 노사광, 『중국철학사(명청편)』, 정인재 역, (서울: 탐구당, 1992), 329~330쪽 참조.

36 『俟解』, 『船山全書』 권12, 494쪽. "習者人道."

37 『尙書引義』, 『船山全書』 권2, 299쪽. "習性而性與成也."

38 胡發貴, 『王夫之與中國文化』(貴州: 貴州人民出版社, 2000), 151~154쪽 참조.

뿐이다. 그는 '오늘의 인욕은 내일의 천리를 이룰 수 있고, 오늘의 천리는 내일의 인욕이 될 수 있다.'[39]고 하였다. 그러므로 "인욕은 곧 천리이다."[40]라고 하고, "인욕이 있어야 천리가 있게 된다."[41]라고 하여 천리는 인욕에 속에 있고 인욕이 있으면 비로소 천리가 있다고 보았다. 즉 그는 인욕과 천리를 하나의 원리로 파악하였으며, 인욕을 체(體)로 삼고 천리를 용(用)으로 삼았다. 왕부지의 견해에 따르면 인욕이 천리에 합당하지 않을 때 불선(不善)이 성립된다. 그래서 그는 다음과 같이 말을 하고 있다.

> 성인에게도 인욕이 있으나 그 인욕은 곧 천리이다. 하늘에는 인욕이 없으나 그 천리는 곧 인욕이다. 학자에게도 천리와 인욕이 있으니 천리를 다한다면 사람의 인욕에 합당하고, 인욕으로 미루어 보면 곧 천리와 합당함을 여기에서 볼 수 있다.[42]

그러므로 인욕은 곧바로 악(惡) 자체는 아니다. 인욕에 천리가 내재하고 있기 때문에 인욕을 긍정하지 않고서는 천리를 이야기할 수 없다. 그래서 그는 "천리는 본래부터 인욕을 제쳐두고 별도의 체(體)가 되지 않는다."[43]고 하여 이욕이체(理欲一體)를 주장하였다. 왕부지는 보편성이 부여된 인욕은 긍정하지만 보편성이 없는 사욕(私欲)은 거부하고 있다.

---

39 侯外廬·張豈之,「王夫之的哲學思想」,『王船山學術討論集』(北京: 中華書局, 1965), 172쪽 참조.

40 『讀四書大全說』, 『船山全書』 권6, 637쪽. "欲則理也."

41 『周易外傳』, 『船山全書』 권1, 882쪽. "有欲斯有理."

42 『讀四書大全說』, 『船山全書』 권6, 639쪽. "聖人有欲, 其欲卽天之理. 天無欲, 其理卽人之欲. 學者有理有欲, 理盡則合人之欲, 欲推卽合天之理, 於此可見."

43 『周易內傳』, 『船山全書』 권1, 413～414쪽. "天理原不舍人欲而別爲體."

사사로운 욕망[私欲]이 지극히 깨끗해지고 천리가 운행하면 곧 公이 된다. 천하의 이치를 얻으면 천하의 욕망을 넉넉히 할 수 있다.[44]

왕부지는 공욕을 보존하고 사욕을 제거해야할 것을 주장한다. 즉 그가 말하고 있는 인욕은 사사로움[私]을 말한 것이 아니라, 공공성[公]을 포함하고 있는 인욕을 주장한 것이다.[45] 전통적인 유가에서 말하는 것과 같이 부귀를 추구하는 것은 인정하지만, 부귀에 빠져 사심으로 가는 것을 거부한다.

4. 철학적 의의 및 평가

왕부지는 '형이상자의 도(道)는 형이하자의 기(器) 가운데에 있다'는 관점으로 일관된 철학체계를 형성하였다. 기(器)는 가장 기본적인 실유(實有)이고, 도(道)는 기(器)의 기능, 성질, 관계를 말할 뿐이다. 즉 기(器)는 구체세계에 존재하는 것으로 제일의(第一義)이며, 도(道)는 그것에 의해 파생된 부수적인 것이다. 그렇다고 왕부지가 도(道)를 부정한 것이 아니라, 적극적으로 도(道)를 활용한 것이다. 왜냐하면 도(道)는 인간에게 주어진 현실세계에 침투해 있기 때문이다. 바로 인간이 살아가고는 있는 삶 속에 도(道)는 존재하는 것이지,

44 『思問錄』, 『船山全書』 권12, 406쪽. "私欲淨盡, 天理流行, 則公矣. 天下之理得, 則可以給天下之欲矣."

45 왕부지는 윤리와 관계있는 공(公)과 사(私)의 문제로 연결시켜 다음과 같이 말한다. "사악함과 바름의 구분은 공(公)과 사(私)에서 나누어지고, 공(公)과 사(私)의 나누어짐은 의(義)와 이(利)에서 나누어진다.(사정지분(邪正之分), 분어공사(分於公私); 공사지변(公私之辨), 변어의리(辨於義利). 『사서훈의·상(四書訓義·上)』, 『선산전서(船山全書)』 권7, 300쪽)"하여 公과 私의 관계를 가치론적인 면으로 보아 (公)을 보존하고 사(私)를 버릴 것을 주장하였다. 이것은 또한 의로움[義]과 이로움[利]으로 구분하여 설명하고 있다. 여기서 이로움은 개인적 이로움을 말하며, 의로움이 바탕이 되어야 이로움을 얻을 수 있는 것이다.

인간의 삶을 벗어나 존재하는 어떠한 것이 아니다.

오늘날 송대 유학이 모든 것을 일관하는 원리인 도(道)를 통해서 윤리·도덕의 근거를 세우는데 성공했다고 평가되는 반면, 왕부지는 도(道)를 기(器)안에 내재하고 있는 변화하는 원리라고 제한함으로써 윤리·도덕의 근거를 확립하지 못했다는 비판을 받기도 한다. 하지만 왕부지의 철학사적 의의는 형이상학적인 도(道)를 부정한 것이 아니라, 현상세계를 배제한 형이상학적 세계를 부인하여 도(道)의 개념을 현상세계로 끌어내린 것에 있다. 왕부지는 송유 철학 안에서 벌어진 도(道)와 기(器) 사이의 간격을 가장 확실하고 누구나 파악할 수 있는 현상세계에서 결합하려는 커다란 전환을 시도한 것이다.

왕부지의 관점은 형이상자보다는 형이하자를, 숨어있는 것보다는 드러난 것을, 체(體)보다는 용(用)을 근본으로 보았으며 이러한 태도는 가치론적 측면에까지 일관되게 적용된다. 따라서 그는 도기론(道器論)을 바탕으로 천형론(踐形論)을 주장하여, 송명대 유학의 도덕 가치와 수양 문제의 중심 개념인 천리(天理)·인욕(人欲)을 재구성한다.

■ 토론 주제

1. 송대의 이철학과 청대의 기철학의 궁극적인 차이는 무엇이며 그 차이를 형성하게 된 사상적 계기는 무엇인가?
2. 세계의 원리는 도(道)가 먼저인가 기(器)가 먼저인가?
3. 우리는 늘 악에 끌리는데, 왜 도덕적으로 살아야 하는지에 대해 도기론(道器論)의 입장에서 설명해보자.

■ 참고문헌 및 더 읽어야할 책

船山全書編輯委員會, 『船山全書』, 嶽麓書院, 1988.
김덕균, 『명말 청초 사회사상』, 경기: 한국학술정보, 2007.
김진근, 『왕부지의 주역철학』, 예문서원, 1996.
다카다 아쓰시, 李基東 譯, 『周易이란 무엇인가』, 여강, 1991.
안재호, 『왕부지 철학』, 문사철, 2011.
왕부지 지음, 김진근 옮김, 『주역내전』, 학고방, 2014.
이규성, 『생성의 철학 : 왕선산』, 이화여자대학교출판부, 2001.
조우진, 「왕부지 器중심의 역학역학(易學體系)」, 전남대학교 박사학위 논문, 2010.
朱伯崑, 『易學哲學史』, 華夏出版社, 1995.
천병준, 『왕부지의 내재적 기 철학』, 한국학술정보, 2006.

저자 약력

김경호 전남대 호남학과 교수
서영이 전남대 철학과 강사
양순자 전남대 철학과 교수
이경환 전남대 철학과 강사
이향준 전남대 철학연구교육센터 학술연구교수
정영수 전남대 철학과 BK21PLUS 사업단 학술연구교수
조배균 전남대 철학과 BK21PLUS 사업단 학술연구교수
조우진 전남대 철학연구교육센터 학술연구교수

인물로 보는 중국철학사

2019년 12월 10일 인쇄
2019년 12월 20일 발행

지은이 | 김경호·서영이·양순자·이경환·이향준·정영수·조배균·조우진
펴낸이 | 정병석

펴낸곳 | 전남대학교출판문화원
주소 | 61186 광주광역시 북구 용봉로 77
전화 | (062) 530-0571~3 팩스 | (062) 530-0579
등록 | 1981. 5. 21. 제53호
홈페이지 | http://www.cnup.co.kr
이메일 | cnup0571@hanmail.net

값 15,000 원

ISBN 978-89-6849-677-6 (93150)

이 책은 2018년도 한국연구재단 대학 인문역량 강화사업(CORE) 지원에 의해 출판되었음.

이 도서의 국립중앙도서관 출판예정도서목록(CIP)은 e-CIP홈페이지(http://www.nl.go.kr/ecip)와
국가자료공동목록시스템(http://www.nl.go.kr/kolisnet)에서 이용하실 수 있습니다.
(CIP제어번호: CIP2019051931)